세계 최고의 기업은 어떻게
위기에 더 성장하는가

세계 최고의 기업은 어떻게 위기에 더 성장하는가

결국 이기는 기업의 경영 원칙

리즈 호프먼 지음
박준형 옮김

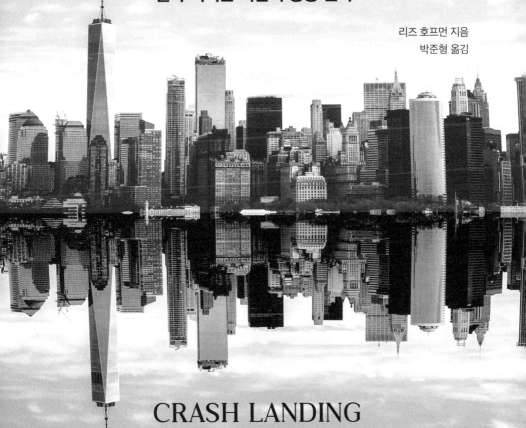

CRASH LANDING

포레스트북스

나의 아버지에게

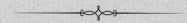

"신께서 우리의 국가를 전쟁과 빈곤, 역병과 흑사병의
맹위로부터 시켜주시며, 지옥의 힘으로부터 보호해주시고,
다른 국가에 맞서 싸우며, 훌륭하게 싸우고 정복하는
사람들의 손에 맡겨 두고 계십니다."

– 윈스턴 처칠, 1890

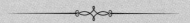

"우리는 다시는 돈을 잃지 않을 것이다."

– 더그 파커Doug Parker,
아메리칸 항공American Airlines 최고경영자, 2017

리즈 호프먼은 우리에게 꼭 필요한 생생한 이야기를 제공하고 있다. 예상치 못했던 엄청난 충격을 어떻게 극복해야 하는지, 회사를 운영하기 위해서 꼭 필요한 것이 무엇인지를 내부의 시선을 빌려 현장감 있게 들려주고 있다. 경영자가 되려는 사람들은 반드시 읽어야 할 필독서이다.

- **하비 슈워츠** 現 칼라일 그룹 CEO, 前 골드만삭스 사장

지각 있고, 훌륭한 연구의 결과이고 더 없이 매력적이다. 이 책은 경영을 공부하는 전 세계 모든 경영학도의 책장에 꽂혀 있어야 한다.

- **데이비드 M. 루벤슈타인** 세계 3대 사모투자펀드 칼라일 그룹 공동 회장

미국의 대기업 최고위층이 단 1초도 안 되는 짧은 시간에 내리는 중요한 결정에 대한 내부의 시각을 제공한다. 이 책은 리즈 호프먼의 소중한 재능, 생생한 글, 믿을 수 없는 접근과 정보력, 실질적인 통찰력의 결합을 반영한다.

- **메리 차일드** 『채권의 왕The Bond King』 저자, NPR 「플래닛 머니」 공동 진행자

이제는 지난 이야기가 되었지만, 작년 이맘때를 돌이켜보면 코로나가 언제 끝날지 알 수 없어 힘들어했었죠. 승승장구하던 숙박업소와 여행사, 항공사 등이 줄도산했고 금융권과 각국 경제도 소행성이 떨어진 듯한 충격을 받았습니다. 그런데 멸종 위기까지 몰렸던 기업들이 사실 코로나가 기승을 부리던 와중에도 활로를 모색해 기사회생하고 성장까지 했었다는 사실을 이 책을 통해 알게 되었습니다. 이런 커다란 교훈은 아무 때고 얻을 수 있는 것이 아닙니다. 인류 문명사를 압축해서 전개한 듯한 지난 코로나 3년간의 글로벌 대기업 생존기는 이후로 다시 찾아올 경제 위기에 최고의 백신이 되어줄 것입니다. 이들의 처절한 생존과 눈부신 진화를 바로 지금 눈여겨봐야 할 이유입니다.

- **박정호** MBC 라디오 「손에 잡히는 경제 플러스」 진행자

이 책에 쏟아진 찬사

이 책은 코로나 시대를 헤쳐 나가기 위해 기업인들과 정치인들의 피땀 어린 노력과 긴박한 순간들을 소설처럼 생생하게 그려내고 있습니다. 위기의 순간마다 최고경영자와 임원들의 사고방식과 결정의 이면을 탐구하여 경영의 심오한 정수를 이해할 수 있도록 충실히 기술하고 있습니다. 다소 지루할 수도 있고 겉돌기 쉬운 경제와 정치 이야기를, 기자 출신의 저자는 사실적으로 묘사하며 매우 흥미롭게 풀어냅니다. 갑자기 다가올 경제 위기에 대비하려는 기업가와 투자자에게 위기 대처 능력 향상을 위한 최적의 매뉴얼이 되어줄 것이다.

- **김동주** 유튜버 김단테, 『절대수익 투자법칙』 저자

우리가 하는 매 순간의 선택 모두가 인생에서 항상 중요한 의미를 갖는 것은 아니다. 하지만 코로나 당시처럼 급박한 상황에서는 어떤 선택을 하느냐가 "인생의 승자와 패자를 나누는 결정적인 역할"을 하기도 한다. 언젠가 운명의 향방을 정하기 위해 결정적인 선택의 순간에 직면했을 때, 이 책에서 소개된 수많은 최고경영자와 글로벌 대기업의 선택이 귀감이 될 것이다.

- **이효석** HS아카데미 대표, 『열두 살 경제 놀이터』 1, 2 저자

이미 다음 책장을 넘기는 순간부터 숨 쉴 틈 없이 빠르게 진행되는 사건의 전개에 몰입하게 될 것이니 더 이상의 사족은 삼가려 한다. 닉슨 쇼크를 이해하지 못하고 1970년대를 살아가는 투자자가 되고 싶지 않다면, 금융위기를 이해하지 못하고 2010년대를 살아가는 투자자가 되고 싶지 않다면, 당장 리즈 호프먼의 걸작 『세계 최고의 기업은 어떻게 위기에 더 성장하는가』를 집어 들기 바란다.

- **최한철** 뉴로퓨전 대표, 「월가아재의 과학적 투자」 유튜브 운영자

대마불사의 절박함과 잊을 수 없는 빅 쇼트의 특징을 가진 중요한 스토리가 담겨 있다.

- **브래드 스톤** 『아마존 언바운드』 『업스타트』 저자

위기에 대처하고 싶다면 이 책의 교훈에 귀를 기울여야 한다.

- **그레고리 주커만** 『과학은 어떻게 세상을 구했는가』 저자

이 책에 쏟아진 찬사

2020년 3월 말의 어느 춥고 맑은 금요일 오전, 나는 브루클린에 있는 집 앞의 계단에 앉아 음습한 적막감 속에서 이메일을 확인하고 있었다. 코로나바이러스가 미국을 강타하고 3주가 지났을 때였다. 뉴욕시는 봉쇄된 상태였다. 내가 일하는 「월스트리트저널Wallstreet Journal」은 2주 전에 도시가 봉쇄되었을 때 함께 문을 닫았다. 나는 집 앞으로 커피를 가지고 나왔다. 밖은 거대한 변화가 일어나기 전의 조용한 기업 반란 행위가 벌어지고 있는 듯한 긴박감이 느껴졌다. 나는 신문사 에디터들이 보낸 이메일에서 '3월의 아이디어'라는 제목의 이메일을 찾아냈다.

「월스트리트저널」에서 내가 담당했던 기사는 거대 은행, 거대 기업 그리고 그 뒤의 투자자들 사이에서 이루어지는 돈의 흐름에 관한 것이었다. 이전 몇 주 동안 이름 모를 바이러스가 금융시장에 미치고 있는 영향에 대한 글을 썼다. 10년 가까이 순항해왔던 금융 분야는 완전히 허를 찔렸다. 이 충격은 모든 변화를 유리하게 활용했던 트레이더들에게도 버거웠다. '코로나바이러스'라고 불리는 바이러스로 인하여 수백 명이 사망했으며, 감염자는 수천 명에 이르렀다. 사람들의 소비는 중단되었다. 매일 대량 해고가 발표되었다. 코로나바이러스는 전 세계 경제를 뒤흔들었고, 모든 방향에서 맹위를 떨치고 있었다. 그날 아침 에디터는 나에게 현재 복잡한 상황을 파악하도록 요구했다. 결과물은 4월의 첫 번째 토요일에 발표되었다. 전 세계가 봉쇄된 2020년 3월의 연대기는 8,000단어로 요약되었고, 가장 큰 도전과제에 직면하고 있는 기업 대표와 투자자 수십 명의 이야기가 담겼다.

이어지는 인터뷰에서 경제의 엘리트들도 다른 사람들만큼이나 당황하고 있다는 사실을 확인할 수 있었다. 이들 대부분에게 지난 10년은 잘 닦인 도로와 같았다. 내가 금융 기자로 일하기 시작했던 2011년부터 경제는 놀라울 정도로 성장을 거듭했다. 주가는 상승했고, 기업의 이윤은 신기록을 기록했다. 월스트리트 거래소에서 크게 돈을 잃는 사람도 없었다. 적어도 신문에 실릴 정도로 이슈가 되는 일은 없었다. 나는 기업 합병에 대한 기사를 계속해서 썼고, 2008년 폭락 이후 금융 산업의 수익 전환에 대한 과정을 기사화했다. 재미있는 일이었고, 많은 것을 배웠다. 심지어 과거 위기에 대한 기사를 썼던 선배들이 부러울 정도였다.

그런데 이제 위기가 닥쳤다.

물론 처음에는 위기처럼 느껴지지 않았다. 2020년 초반, 코로나바이러스 팬데믹은 최근의 역사에서 유례를 찾아보기 힘든 사건이었다. 이 책을 쓰면서 나는 질병이 처음에는 느리게 시작되었지만 갑자기 번져 나갔던 당시의 상황과 시시각각 달라지던 세계 대기업의 렌즈를 통해서 최고경영자들이 내린 결정을 살펴보려고 한다.

우리 대부분은 대기업의 경영자가 아니다. 하지만 2020년 3월의 불안감은 모두가 기억하고 있다. 당시에는 모든 평화가 일순간에 사라졌다. 어느 봄날, 우리의 일상은 멈추었다. 나는 3월 8일에 가족과 걸프 아일랜드로 여행을 다녀왔던 때를 생생히 기억한다. 우리는 탐파에서 뉴욕으로 돌아오는 비행기 좌석에 마스크를 쓰지 않고 앉아서 일주일 전에 취소되었던 여행에 대해 농담을 하며 샌드위치에 딸려온 물티슈로 비행기 좌석의 팔걸이를 닦았다. 3일 후, 나는 맨해튼 중심부의 「월스트리트저널」의 사무실을 떠났고, 이후로 2년 동안 사무실로 돌아가지 못했다.

이후 며칠 동안 우리는 부족한 정보 속에서 팬데믹이 촉발한 새로운 세상에서 살아가는 방법을 찾기 위해 짧은 시간 동안 엄청나게 많은 결론을 내려야 했다. 돌아보면, 당시의 결정 중에는 어리석은 것도 있었다. 일례로 나는 홈트를 등록하지는 않았지만, 산소포화 측정기를 구매하는 실수를 저질렀다. 반대로 나의 삶에 상당한 영향을 미치는 결정도 있었다. 나는 이사를 했고, 일을 그만두었고, 책을 썼다. 이후 3년 동안 우리는 당시에 내렸던 결정과 예기치 못한 결과에 따라 살아가게 되었다.

이 책은 팬데믹 직후 경제적 타격에 관한 나의 초기 보도에서 시작되었다. 당시에는 미국 경제를 얼어붙게 만들었던 팬데믹이 발생했을 때의 충격적인 경제적 사건을 쫓아보려고 했다. 세계에서 가장 크고, 영향력 있는 기업의 수장이라는 위치는 어떤 것인지 이해하려고 했다. 연간은 아니더라도 분기별로 전략을 짜던 기업들이 생존을 위해 즉각적인 결정을 강요당하는 상황을 이해하려고 했다. 패자는 누구인가? 생각지도 못한 승자는 누구인가?

이러한 질문에 대한 답을 구하기 위해서 가장 설득력 있는 기업의 이야기를 이 책에 담으려고 노력했다. 월스트리트 금융가, 중서부의 제조업체, 실리콘 밸리의 여행 스타트업, 궁지에 몰린 유명 기업의 사연과 파산의 위기에서 정부에 도움을 요청했던 항공 산업 등 다양한 기업과 리더를 담기 위하여 노력했다.

나는 기업과 경제가 생존할 수 있을지, 기업을 재편할 수 있을지를 알지 못한 채 이 책을 쓰기 시작했다. 그리고 몇 달이 지난 후에 최근의 경제 역사에서 일찍이 보지 못했던 거대한 블랙 스완과 같은 사건을 책 한 권으로는 요약하기 어렵다는 사실을 알게 되었다. 나는 현대 최고경영자들의 일을 지금의 배경에서 분석하고 위기와 슬픔, 사회적인 변화, 그에 따른 대중의 우려 속에서 이들의 역할이 어떻게 달라지는지를 이해하려고 했다. 서류상으로 2023년 기업의 계층 구조는 2019년의 계층 구조를 닮아 있다. 하지만 기업의 역할은 새로운 차원을 맞고 있다. 최고경영자들은 위기에서 머뭇거리며, 보이는 것에만 집중하는 대응으로 수천 명의 생명을 앗아간 트럼프 행정부가 남긴 리더십의 부재 속으로 빠져들었다. 공중보건 기관은 정치화와 변덕 때문에 수백만 명의 미국인에게 신뢰를 잃어버렸다. 많은 사람이 자신이 일하는 직장에서 안정적인 리더십이 구축되기를 바랐다. 마스크와 백신의 과열 속에서 최고경영자들은 정치적으로 어려운 입장에 처하게 되었다. 국가의 지침을 선택해야 하느냐, 아니면 일부 직원과 고객을 고립시켜야 하느냐 사이에서 선택을 강요받았다.

산업화 이후 경제는 단계를 거치면서 기업의 리더십에 전형성을 부여하였다. 19세기의 날강도 같던 귀족들은 기업과 경영관리의 과학에 해박한 경영자들에게 자리를 내주었다. 제2차 세계대전 이후 세대는 꾸준히 가부장적인 서비스를 만들어냈다. 이들이 오랫동안 자리에 군림하면서 중요한 결정에 직면하는 경우는 드물었다. 이들의 행동은 게으르고 문어발식으로 사업을 확장하며 거대 기업을 만들어냈으며, 1980년대 제국을 무너뜨린 기업 사냥꾼을 탄생시켰다. 하지만 이러한 기업 사냥은 곧 중단되었고, 기업 경영진들은 지속적으로 금융 절제와 수익을 추구했다. 그 뒤를 이은 최고경영자들은 폭발적인 혁신과 10년 동안 두 번의 붕괴를 겪은 기간 동안, 이전에는 보지 못했던 규모로 재무상태표를 합병하고, 아웃소싱을 설계했다. 아마존Amazon의 제프 베조스Jeff Bezos, JP모건JP Morgan의 제이미 다이몬Jamie Dimon, 디즈니의 밥 아이거Bob Iger와 같은 위대하고 강력한 카리스마를 가진 기업인들은 기업의 경계를 벗어나 단축 다이얼을 눌러 정부와 소통하고, 입만 열어도 뉴스가 생산되는 유명인으로 부상했다.

하지만 2020년에 이러한 구조는 완전히 바뀌었다. 세계는 가상적이고, 작고, 전술적이 되었다. 전 세계는 활동을 중단했고, 끝없는 줌 통화와 고통스러울 정도로 어색한 줌 해피아워Happy Hour로 대체되었다. 직원들은 당황했고, 일순간에 수백 가지의 결정을 내리도록 강요받았다. 팬데믹이 장기화하면서 이를 둘러싼 독성 정치가 기업의 모든 이사회 회의실에서 내리는 결정에 스며드는 것처럼 보였다.

기업의 의미와 경영이 새로운 장에 들어섰다는 징후는 그 이전부터 있었다. 다만, 이러한 변화는 팬데믹으로 인하여 더욱 가속화되었으며, 이와 함께 진행된 사회적·정치적·인종적 불안이 병행되었다. 팬데믹은 언젠가 종식될 것이다. 하지만 1980년대 기업 사냥꾼들의 유산이 그들의 움직임을 뒤따랐던 최고경영자들에게 새로운 특징을 심어주었듯이, 팬데믹 위기 동안 기업들과 그들의 리더를 형성했던 힘, 즉 제대로 기능하지 못하는 정책을 피하고, 재정적 쿠션을 구축하고, 절차를 즉각 폐기하고 빠른 의사결정을 내리는 경향은 연례 보고라는 전문 영역에서뿐만 아니라, 이익과 사람들의 균형을 맞추는 일상적인 방식으로 지속적인 영향력을 행사할 것이다.

이 책은 100명이 넘는 사람들을 인터뷰한 결과물이다. 나는 팬데믹이 수년간 우리가 해결해야 할 인간과 경제에 후유증으로 남게 될 세계적 트라우마로 자리 잡게 되면 결국에는 쓸모없고,

심지어 어리석어질 수 있는 순간들을 긴장감 넘치는 이야기로 풀어내려고 노력했다. 책에 포함된 대화는 바로 그 순간에 해당 장소에 있었거나, 보고를 받은 사람들의 기억에 의존해 재구성되었다. 또한 같은 시기의 메모와 이메일, 문자 메시지로 구성을 뒷받침하였다. 하지만 특정한 장면에 있었던 사람을 이야기의 출처로 가정해서는 안 된다.

정확성을 위하여 나는 가능한 달력에 입력된 내용, 개인적인 의사소통, 공개 문서 및 언론 보도를 통해 들은 사실들을 확인하였다. 개인의 기억이 주요한 출처 문서와 달라질 때는 문서에 의존하였다. 하지만 우리 대부분이 증명할 수 있듯이 팬데믹은 우리의 기억을 왜곡하고, 시간을 늘리거나 압축시키는 이상한 작용을 하였다. 그리고 이 책에 등장하는 인물의 직책 및 직함은 기술 당시를 기준으로 명시하였다. 예를 들어 스티븐 므누신의 경우, 코로나 당시 재무부 장관으로 재임(2017년 2월 13일~2021년 1월 20일) 중이었기 때문에 이 책에서는 전임이라고 별도의 표기를 하지 않고 재무부 장관으로 언급하고 있다. 이외에도 각종 지표와 데이터들의 경우도 기술 당시를 기준 삼았음을 알려드린다. 그래서 이 책에는 작고 우연한 오류가 포함되었을 수 있으며, 이에 대해 양해를 구한다. 이후로 잘못된 부분이 확인되는 사항들은 바로잡아 나갈 것이다.

2020년 2월 11일

빌 애크먼^{Bill Ackman}은 줄지어서 셀카를 찍는 사람들을 보고 움찔했다. 밤 9시가 막 지났을 때였다. 빳빳한 흰색 셔츠와 옅은 파란색 넥타이를 맨 애크먼은 런던경제대학원에서 막 강연을 마친 참이었다. 그가 의자 등받이에 걸쳐 있던 정장 재킷으로 손을 뻗었을 때, 한 무리의 젊은 금융학도들이 스마트폰을 손에 들고 서둘러 강당 통로를 내려가고 있었다.

54세가 된 헤지펀드 매니저 애크먼에게 이런 일은 비일비재했다. 1992년 하버드대학에서 경영학석사 학위를 받은 애크먼은 한두 번의 실패 이후에 투자회사 '퍼싱 스퀘어 캐피털 매니지먼트^{Pershing Square Capital Management}'를 설립했다. 이후 그는 30년이 넘는 세월 동안 월스트리트에서 억만장자가 되고 싶은 사람들 사이에서 진정한 유명 인사였다. 대범한 시장 베팅으로 유명한 애크먼은 뉴욕의 타블로이드 신문과 케이블 텔레비전 방송에 어울리는 세련된 외모로 명성이 높았다. 애크먼이 등장하는 뉴욕의 타블로이드 신문의 기사는 높은 조회 수를 기록했다. 케이블 텔레비전에서 애크먼은 자신의 투자를 홍보하고, 가끔은 경쟁자를 비난했다. 짙은 눈썹과 그윽한 담갈색 눈동자에 20대부터 은발이었던 그는 할리우드 영화의 주인공이나 골프 채널의 잘생긴 해설가처럼 보였다.

그는 2010년 파산 위기에 처한 쇼핑몰 '제너럴 그로스 프로퍼티스General Growth Properties'의 소유주를 구하고 30억 달러 이상을 벌었다가, 단백질 쉐이크와 비타민 보충제 제조업체인 '허벌라이프Herballife'가 사기라고 입증하기 위한 전쟁에서 10억 달러를 잃었다. 2008년 서브브라임 모기지 사태에서는 거액의 베팅으로 막대한 돈을 벌어들였지만, '보톡스'를 소유한 제약회사에 돈을 투자하여 더 큰 돈을 잃어 공공연한 실패를 기록했다. 새로운 세기가 시작되었을 때는 뚱뚱하고, 행복하고, 게으른 경영자의 조합을 찾아냈다. 'JC 페니JC Penny와 보더스Borders'(투자 실패), '웬디스Wendy's와 캐나다 퍼시픽 철도Canadian Pacific Railway'(투자 성공)를 비롯하여 모든 우량 기업이 그의 목표물이 되었다.

2010년대 초 퍼싱 스퀘어는 억만장자에서부터 아칸소 교사들의 퇴직 연금에 이르기까지 다양한 투자자들에게서 200억 달러 이상을 운용하며 절정에 달했다. 이후 일련의 투자 손실로 인해 자산이 줄어들었지만, 2020년에도 애크먼은 매력적이면서도 말이 많았고, 옳을 때만큼이나 틀릴 때도 많았지만, 절대 의심하지 않고 자신의 투자 아이디어에 수십억 달러를 투자하는 월스트리트의 대범한 투자 모델의 자리를 유지했다. 이러한 그의 명성은 그가 사들이고 공개적으로 투자를 선언한 기업의 최고경영자들 사이에서 공포를 불러일으켰다. 하지만 그가 자주 모습을 드러내던 맨해튼 미드타운 거리의 젊은 금융가들은 팬으로 만들었다. 애크먼은 이 모두를 탐닉하는 사람이었다.

하지만 그날 밤은 달랐다.

중국에서 미스터리 바이러스가 전파되고 있다는 최초의 보도가 있고 6주가 지났을 때였다. 1월 초, 베이징에서 기차로 약 4시간 거리에 있는 인구 1,100만 명의 내륙 공업 도시인 우한의 보건 당국은 새로운 호흡기 질환 사례가 수십 건에 이른다고 발표했다. 일부 환자들의 경우에 새로 발견된 질환이 폐렴으로 발전되었다. 사례들은 모두 도시 외곽에 있는 '웨트 마켓wet market(수산축산재래시장)'과 관련되어 있다고 판단되었다. 웨트 마켓이란 해산물을 포함하여 살처분 수산물과 동물을 파는, 아시아에서 흔히 볼 수 있는 시장을 말한다. 1월 11일, 첫 번째 사망자가 나왔는데, 이 시장 단골로 알려진 61세의 남성이었다.

애크먼이 2월 런던경제대학원의 강단에 오를 때까지 중국에서는 4만 건, 인근 국가에서는 수천 건의 사례가 보고되었고,

1,000명 이상이 사망했다. 그가 대학원에서 강의하고 있을 때, 약 350명의 미국인들은 미국 전용기를 타고 중국 중부의 핫 존^{hot} ^{zone}에서 미국으로 송환되고 있었다.¹ 이들은 캘리포니아에 있는 미군 기지에서 2주 동안 격리될 예정이었다. 애크먼의 강연이 있던 그날, 세계보건기구^{WHO, World Health Organization}는 새롭게 창궐한 바이러스에 이름을 붙였다. WHO의 사무총장은 기자들에게 바이러스의 이름이 "C-O-V-I-D-19"라고 일일이 스펠링을 알려주어야 했다.

COVID이라는 이름은 당시에는 낯설기만 했던 코로나바이러스군에 속한다는 뜻의 COVI와 숙주를 병들게 하지 않으면서 유전적인 운명을 실현하는 바이러스와 구별하여 질병을 일으키는 바이러스를 뜻하는 D를 결합하여 만든 단어였다. COVID이 처음 발견된 것은 2019년 말이었다. 과학자들은 바이러스의 유전자 코드를 빠르게 해독한 후, 바이러스 학자들에게 학계에 골칫거리로 알려진 병원균 계열인 코로나바이러스의 한 종류임을 확인했다. 코로나바이러스는 대체적으로 약했지만 변이가 문제였다. 코로나바이러스라는 이름은 인간의 숙주 세포를 뚫고 바이러스가 복제되도록 만드는 표면이 뾰족한 단백질로 덮여 있는데, 아이들이 그린 왕관을 닮았다고 해서 붙여진 이름이었다.

애크먼은 증상을 보이지 않고, 심지어 아픈지도 모르는 사람들 사이에서 바이러스가 감염되고 있다는 사실(바이러스가 얼마나 빨리 전파될 수 있는지를 보여주는 결정적인 지표였다)을 확인한 중국발 뉴스 보도를 열심히 확인하고 있었다. 1월 말 우한의 시장이 지역 봉쇄가 시행되기 전인 1월 25일 중국의 춘절 이후 며칠 동안 무려 500만 명의 사람들이 도시를 벗어났다고 인정했을 때 애크먼의 두려움은 현실이 되었다. 그는 아내에게 이 문제의 질병이 중국만의 문제로 끝나지 않을 것이라고 걱정했다.

폐암을 앓았던 아버지가 걱정된 애크먼은 부모님을 맨해튼 센트럴 파크 밖에 있는 자신의 펜트하우스 게스트룸으로 모셔왔다. 그리고 중국에 3,000개 이상의 매장을 가지고 있는 스타벅스 지분을 팔았다.

사실 그는 당시 런던 강연을 거의 취소하려고 했다. 하지만 주요 행사가 건지 섬에 있는 퍼싱 스퀘어의 이사회 회의였기 때문에 약속을 지킬 수밖에 없었다. 광범위한 해안선과 관대한 조세법으로 알려진 영국 해협의 이 작은 섬은 투자 기금이 몰리는 인기 지역이었다. 건지 섬은 많은 점에서 느슨했지만, 연례 회의는 필수였다. 연례 회의를 취소하면 규제와 관련된 문제가 불거질 수 있었다. 런던경제대학원에서의 강의가 끝나갈 무렵, 애크먼은 청중들에게 질문을 받았다. 청중 중 한 명이 신종 코로나바이러스의 망령에 대해 질문을 던졌고, 애크먼이 답하기 시작했을 때 맨 앞줄에 앉아 있던 어떤 학생이 기침을 했다. 애크먼은 반쯤은 장난으로 몸을 빠르게 뒤로 젖혔고, 청중은 웃음을 터뜨렸다. 그는 약간은 심각한 어조로 "코로나바이러스는 현재 진행되는 블랙스완 이론이 적용되는 사건입니다"라고 말했다.

'블랙스완'은 경제학 용어이다. 이 용어는 '백조는 무조건 흰색'이라는 식민지 시대의 생각에 젖은 유럽인들이 우연히 호주를 발견한 뒤 호주 대륙의 생물 무리 속에서 검은 백조를 발견할 때까지 수 세기 동안 유지되었던 잘못된 역사적 믿음에서 탄생했다. 이후 경제학자들은 이 용어를 과거에는 발생한 적이 없지만 매우 위험하고 많은 비용을 초래하는 상황을 뜻하는 경고로 사용하기 시작했다.

이 용어를 만든 경제학자 나심 탈레브^{Nassim Taleb}는 '블랙스완' 사건에 세 가지 특징을 부여했다. 즉 희귀하고, 극단적이며, 사건이 종료된 후에는 해당 사건을 합리화하는 경향이 있다는 것이다. 예를 들어 잘못 구상된 유럽 동맹은 1914년에 세계를 전쟁으로 몰아넣을 수 있고, 결연한 테러리스트들이 뉴욕의 초고층 빌딩을 무너뜨릴 수도 있으며, 2008년에 막대한 비용을 부담하면서 얻은 교훈은 주택가격이 상승했던 만큼 크게 하락할 수도 있다는 것이다.

2020년 2월, 애크먼이 런던에서 차세대 금융가 및 기업 경영진과 이야기를 나눌 때, 코로나바이러스가 억제되지 못하고 확산되어 세계 경제를 마비시키고 재편할 것이라는 생각은 과장되게 들렸다. 조류독감과 돼지독감을 포함한 슈퍼 바이러스의 공포는 오랫동안 케이블 뉴스 프로그램의 주제였다. 하지만 결국에는 큰 주목을 받지 못하고 흐지부지되었다. 때문에 코로나바이러스가 특히 파괴적이고 치명적일 것이라는 예측은 엉뚱한 이론처럼 생각되었다.

하지만 코로나바이러스는 탈레브가 지목한 블랙스완의 두 가지 특징에 맞아떨어졌다. 첫째, 진정한 팬데믹은 희귀했다. 이전 마지막 팬데믹인 1918년 인플루엔자의 발병은 한 세기 전의 일이었다. 그보다 이전의 진정한 팬데믹은 100년 전인 1817년에 세계적으로 발생한 콜레라 재앙이었고, 그 이전은 400년 전인 1300년대의 흑사병이었다. 최근 중국에서 발생한 2004년의 중증급성 호흡기 증후군SARS과 동아프리카에서 발생한 에볼라 바이러스는 끔찍한 팬데믹으로 발전할 것이라는 우려를 잠재우고 전반적으로 억제된 상태로 유지되고 있다.

하지만 팬데믹이 실제로 발생하면 상황은 매우 극단적이어서 탈레브가 지적한 두 번째 기준에 부합한다. 1918년 독감으로 지구상의 인구 약 30명 중 1명이 사망했고, 3명 중 1명을 병들게 했다.[2] 애크먼은 런던의 강의실에 모인 학생들에게 현재 세계는 훨씬 더 상호적으로 연결되어 있다고 지적했다. 팬데믹이 발생한다면 분명 생명과 경제적 후유증은 훨씬 더 심각할 수밖에 없었다.

아내와 9개월 된 아이는 뉴욕의 집에 있었고, 애크먼은 이 병에 가장 먼저 걸린 환자가 되고 싶지 않았다. 이런 강의는 흔히 잠깐 함께 모여 있다가 토론을 진행하는 것이 목적이었다. 당시에 애크먼은 시간이 부족했고, 청중에게 몇 가지 추가 질문을 받은 뒤 8시 30분에 종료가 예정된 행사장을 빠져나갔다. 금융 분야의 애크먼 팬들이 (애크먼은 이들 중 다수가 아시아에서 휴가를 보내고 막 돌아온 유학생들이라는 생각이 들었다) 통로에 무리 지어 있었고, 애크먼은 미안한 마음에 어깨너머로 손을 흔들면서 런던의 추위 속에서 대기해 있던 차 안으로 빠르게 퇴장했다.

몇 달 후였다면 그는 대중에게 인식된 단어를 강의에 적용했을 것이다. 하지만 당시에는 어떤 단어를 써야 할지 몰랐고, 이 강연이 감염을 일으키는 행사가 될 수 있다는 사실도 알지 못했다.

| 차례 |

CRASH LANDING

•1장•
빌려온 시간

"논의의 화제가 잘못되었다."
_ 스티븐 므누신(미국 재무부 장관)

*다보스 포럼에서 바이러스 확산에 대한 위기의식을 지적하며

스티븐 므누신 장관은 지구온난화 이야기가 지긋지긋했다. 스위스 다보스에서 열린 세계경제포럼의 저녁 식사 자리에서 30분이 넘도록 지구온난화 이외의 다른 문제는 거의 언급되지 않고 있었다. 세계적인 대기업의 임원들이 고급스러운 스키 타운의 유명한 벨베데르 그랜드 호텔에 모였다. 다보스의 언덕 기슭에 자리 잡은 이 호텔은 원래 19세기 유럽풍 웰니스의 성지였지만, 최근에는 세계경제포럼의 중심지 역할을 해오고 있다.

1월 말의 일주일 동안 이 호텔에는 세계적인 기업의 엘리트들이 모여들었고, 이들을 보호하기 위한 경호 인력들이 곳곳에 배치되었다. 다보스 포럼에 참석하기 위해서는 전용기를 타고 오더라도 멀고 짜증 나는 여행을 견뎌야 했다. 하지만 전 세계의 경영자와 최고 정부 관료들과 함께 전 세계 유력인사이자 향후 1세기 동안의 선도적인 지도자로 보일 수 있는 기회를 마다하기란 쉽지 않았다. 저녁 식사 자리에 참석한 사람 중에는 우버의 최고경영자인 다라 코스로샤히, 페이스북(현 메타)의 셰릴 샌드버그, 셰브론의 마이크 워스, IBM의 지니 로메티, 폭스바겐의 허버트 디에스 회장, 월스트리트 딜메이커 켄 모엘리스, 미국 트럼프 행정부의 므누신 재무장관과 그의 내각 동료인 윌버 로스 상무부 장관도 포함되어 있었다.

이들이 참석하는 저녁 식사야말로 경영자들이 알프스까지 날아오기를 마다하지 않는 이유였다. 사람들은 신선한 꽃과 우아한 양초가 일정한 간격으로 놓인 흰색 리넨 테이블보가 덮혀 있는 긴 식탁에 앉아 약간의 취기 속에서 지구온난화를 해결하려면 급진적인 해결책이 필요하다며 침울한 표정으로 입을 모았다.

얼마 전부터 다보스 포럼에서는 알파카 파카를 입고 오버슈즈로 덮힌 아르마니 로퍼를 신은 최고경영진과 관료들의 높은 참석률만큼이나 지구온난화를 언급하는 일이 잦았다. 원래 세계경제포럼은 1971년에 스위스의 한 교수가 국제 분쟁을 해결하고 번영을 공유하는 것을 목적으로 설립한 겸허한 학회였다. 하지만 50만 달러가 넘는 고가의 참가비와 하룻밤에 600달러에 달하는 호텔의 방값 때문에 최근에는 자본주의의 성과 잔치가 되어버렸다.

세계적인 기업의 경영진과 헤지펀드 거물, 정부 관료들이 헬리콥터나 검은 세단을 타고 나타나 5일 동안 개발도상국에 경제 조언을 제공하고, 자신들의 성과를 치하했다. 2020년 참석자 중에는 1,000억 달러가 넘는 재산을 가진 부자들도 있었다. 므누신 역시 트럼프 내각에 합류하기 전에 골드만삭스의 경영자였으며, 할리우드의 제작자로 상당한 부를 축적했다. 므누신은 그곳에서의 논의가 위선적이고, 쏠림이 심각하다고 생각했다.

"지구온난화는 중요한 문제입니다. 하지만 문제가 그것만은 아니죠." 턱시도를 입은 웨이터들이 식탁 주변을 돌면서 와인 잔을 채우는 동안 므누신 장관이 입을 뗐다. "이란의 핵무기 프로그램이 점점 더 정교해지고 있습니다. 이에 대한 경각심을 높여야 합니다. 중국에서는 인구 1,200만 명인 도시가 봉쇄되었어요."

2020년 1월 25일은 중국 정부가 새로운 바이러스의 존재를 밝힌 지 3주가 약간 넘은 시점이었다. 중국은 이미 500명이 감염되었으며, 17명이 사망했다는 공식 집계를 발표했다. 참석자들은 바이러스 소식에 당황했다. 개발도상국, 그중에서도 특히 중국에서는 때때로 예기치 못한 질병이 창궐하곤 했다. 중국의 마오쩌둥은 수십 년 전에 "전염병의 신에게 작별을 고한다"라는 표어와 함께 분뇨가 비료로 사용되면서 만연했던 치명적인 기생충 감염을 뿌리 뽑겠다고 천명했고, 중국을 근대사회로 변환시켰다. 하지만 중국은 여전히 각종 병원균의 온상이었다.

도시는 빠르게 팽창하고 있었지만 중국인들은 고집스럽게 과거의 관습을 버리지 않았다. 그 결과, 동물 간 전염으로 제한되어야 하는 전염병들이 인간에게 옮겨가는 종간 전파의 이상적인 조건이 형성되었고 예측하지 못한 결과로 이어졌다. 2004년에 창궐했던 호흡기 질병 사스는 중국에서 수백 명의 희생자를 발생시켰다. 이후 추적에서 동굴에 사는 박쥐의 유전적인 특성이 마을의 시장에서 별미로 팔리는 사향 고양이에게 옮겨가면서 시작된 것으로 추정되었다. 1997년에는 가금류의 조류 인플루엔자가 인간에게 감염되는 신종 플루가 발생했고, 수백만 마리의 닭이 도

살된 후에야 전염이 진정되었다. 1968년에는 홍콩에서 시작된 독감으로 전 세계적으로 수백만 명이 사망하는 일도 있었다.

그러던 중 2020년 1월 말에 새로운 바이러스가 나타난 것이다. 당시에는 이름도 없는 바이러스였고, 병리학적 흔적이나 치료 절차도 없었다. 하지만 이 새로운 바이러스에 주목하던 전 세계 관찰자들에게는 분명한 킬러 바이러스의 특징을 보여주었다. 므누신 장관이 함께 있던 엘리트들에게 화제가 잘못되었다고 지적할 때만 해도 거의 알려진 것이 없었다. 하지만 이 미지의 바이러스가 사람들 사이에서 전파될 수 있다는 가능성은 분명했다. 조기 연구에서 바이러스가 표면에서 며칠이나 생존할 수 있음이 확인되었다. 중국 당국은 바이러스가 창궐한 우한 지역을 봉쇄했다. 음력설을 맞아 수백만 명의 도시 귀향 인구가 전염성 높은 이 새로운 바이러스를 고향으로 옮기지 않도록 막기 위해서였다. 도시 밖으로 나가는 항공기와 철도는 취소되었고, 도시 내 지하철과 여객선도 중단되었다.

하지만 때는 너무 늦었다. 바이러스는 이웃 국가인 대만과 일본으로 번졌다. 다보스 포럼이 열리기 며칠 전, 미국 워싱턴주에서 수일 전 중국을 방문했던 35세의 한 남성이 바이러스에 감염된 것으로 확인되었다. 미국 보건복지부는 "바이러스는 이미 미국으로 전염되었지만, 확인하기 위한 테스트 방법이 없다"라고 경고했다.[1]

그러나 세계경제포럼의 낙관적인 분위기에 흠집을 낼 수는 없었다. 바이러스가 퍼져 나가고 있었지만, 미국의 도널드 트럼

•1장• 빌려온 시간

프 대통령은 이전의 오바마나 부시 대통령과 달리 경제 관료들로 다보스 포럼 대표단을 꾸렸다. 트럼프 대통령은 몇 개월 동안 미국 경제는 그 어느 때보다 견실했으며, 그해 가을에 두 번째 임기에 재선될 것이라고 확신했다. 다보스의 인터뷰에서 트럼프 대통령은 "바이러스를 완벽하게 통제하고 있다"고 자신했다. 그의 발언은 과도하게 낙관적이었고, 이후에도 종종 의도적으로 오해를 불러일으켰다.

지구 반대편에서 들려온 바이러스 소식을 무시한 것은 비단 트럼프와 그의 정책 인사들뿐만은 아니었다. 다보스 포럼의 그 누구도 바이러스에 대해서 크게 우려하지 않았다. 회의에 참석한 몇백 명의 경영자들뿐 아니라, 기삿거리를 찾아서 이들의 주변과 파티장을 배회하는 기자들도 마찬가지였다. 제약 대기업인 노바티스Novartis의 최고경영자는 경제뉴스 채널인 CNBC와의 인터뷰에서 "모든 일이 제대로 진행되고 있다"라고 자신했다. 참석자들은 앞다투어 코트를 맡기고, 올리브와 큐브 그뤼에르 치즈를 먹으면서 샬레 피아노 바에 앉아 힙합 가수 제이슨 데룰로의 노래를 들었다. 그리고 미국 6대 은행인 골드만삭스의 최고경영자이자 아마추어 DJ인 데이비드 솔로몬의 디제잉을 들었다.

저녁 식사 자리에서 바이러스를 언급한 므누신 장관마저 공개적으로 경종을 울릴 생각은 없었다. 그날 아침 CNBC와의 인터뷰에서 므누신 장관은 코로나바이러스에 대한 질문을 받지도 않았고, 언급하지도 않았다. 인터뷰에서는 정부의 추가 감세 계획을 밝혔다. 미국 최대 은행인 JP모건의 최고경영자 제이미 다이몬 역시 바이러스에 대해 언급하지 않았다. JP모건은 그해 최대 실적을 기록했고, 다이몬은 다보스 참석자들을 부유하게 만들어준 경제 체제를 추켜세웠다. "자본주의는 인류를 위한 최고의 선물이다." 다보스에서 참석자들의 심기를 거슬리려는 사람은 없었다.

스위스에서 열린 다보스 만찬에 모인 임원들의 안일한 생각을 비난할 수는 없다. 어느 모로 보나 2020년 초의 세계 경제는 제2차 세계대전 이후 가장 강력했다. 전 세계 주식시장은 거의 매일 신고가를 달성했다. 미국은 2019년 7월에 10년 연속 경제 성장을 기록했는데, 이는 1990년대 클린턴 시대의 호황을 능가하는 기록상 가장 긴 성장이었다. 실업률이 50년 만에 최저치를 기록했고, 기업들에게 가장 큰 문제는 충분한 노동자들을 확보하는 것이었다.

그러나 자세히 들여다보면, 2008년 이후의 경제는 두 개의 전혀 다른 스크린에서 상영되고 있었다. 첫 번째 스크린에서는 경제의 근간이 되는 기업들이 번창하는 모습을 보여주었다. 2019년에 기업 이익은 2년 전에 통과된 트럼프 행정부의 감세 조치에 힘입어 거의 2조 달러에 육박하면서 사상 최고치를 기록했다.[2] 실리콘 밸리 캠퍼스와 도시의 오피스 타워들은 사무직 직원들로 가득 찼고, 이들의 소득은 계속 높아지고 있었다. 이들은 유입된 현금으로 새로운 주택, 자동차 및 스트리밍 서비스에 돈을 쏟아 부었고, 저축한 돈을 연이어 신고가를 기록하고 있는 주식시장에 투자했다.

하지만 다른 한쪽에서는 위기에 취약한 경제를 보여주고 있었다. 이전의 경제 확장을 촉진하고 중산층을 구성하던 안정적이고 보수가 높은 노조의 일자리들이 무서운 속도로 사라지고 있었다. 임금은 소폭의 물가상승률에 맞춰 고정되었고, 노동자들은 먹고사느라 고군분투했다. 연금이나 건강보험 같은 혜택들은 더욱 퍽퍽해지거나, 아예 사라졌다.[3] 10년 남짓한 기간 동안, 기업소득 중에서 노동자에게 지불한 비율은 5.4%포인트나 줄어들었다.

미국 정부 자료에 따르면 2020년 2월에 코로나바이러스가 세계적으로 번지기 시작하면서, 메디케이드(미국에서 65세 미만의 저소득층과 장애인을 위한 의료보험제도_ 역자 주)나 푸드 스탬프(미국에서 빈곤층에게 식료품 구입비용을 지원하기 위한 사회보장제도_ 역자 주)에 등록한 성인 근로자 대다수가 실업자나 실업 수당을 받지 않았지만, 납세자들에게 보조금을 지원하는 생계형 기업 임금을 받는 정규직으로 일하고 있었다. 하루의 노동이 더 이상 안정적인 생존을 보장하지 못했다.

20세기 중반에는 미국 기업들이 증가하는 부를 노동자들과 공유했다. 하지만 주주들이 얻는 기업의 부가 점차 증가하고 있으며, 반세기 동안 자본주의 성장을 뒷받침했던 사회계약이 일방적으로 재검토되고 있다. 게다가 이제는 기업의 정직원들이 아닌 '긱 워커gig worker(계약직이나 임시직으로 일하는 프리랜서처럼 소속된 곳이 없는 근로자)'들의 수가 수백만 명에 달한다. 긱 워커들은 차량 호출 앱을 이용해 운전을 하고, 로펌에서 서류를 스캔하며, 에어비앤비에서 자신의 집을 빌려주면서 돈을 번다. 이전 세대의 노동자들이 부를 축적하기 위해 의존했던 연금이나 401k 연금 펀드와 같은 일자리 기반의 혜택을 받지 못한다. 노벨 경제학상을 수상한 경제학자 조지프 스티글리츠Joseph Stiglitz는 이러한 현상을 일컬어 "우리는 충격 흡수력이 없는 경제를 만들었다"라고 평가했다. 부채는 가계, 기업, 정부 등 모든 수준에서 증가했다. 보스턴 연방준비은행은 2019년 9월에 중앙은행 특유의 건조한 어조로 "이러한 조건들은 경기침체가 발생하면 침체를 더욱 증폭시킬 수 있는 잠재력을 가지고 있다"라고 경고했다.

2008년의 폭발적인 증가 이후에 줄어들었던 기업 부채는 기업들이 인수자금을 조달하고 자사주 매입을 위한 차입을 대규모로 늘리면서 다시 급증하고 있었다. 2010년 말과 2019년 말 사이에 기업 부채는 6조 1,000억 달러에서 10조 1,000억 달러로 증가했다.[4] 은행들과 채권 투자자들은 대출을 유지하기 위해 높은 수준의 기존 부채와 입증되지 않은 비즈니스 모델들을 눈감아주면서 '바닥을 향한 경쟁(국가가 외국 기업의 유치나 산업의 육성 때문에 노동 환경이나 자연환경, 사회 복지 등을 완화하여 최저 수준으로 하락하는 현상_ 역

•1장• 빌려온 시간

자 주)'에 나서고 있었다. 2019년 초에 잉글랜드 은행의 총재였던 미크 카니Mark Carney는 하원에 출석하여 당시 상황이 은행들이 월 스트리트의 주택담보대출 증권을 부양하기 위하여 맹목적으로 대출해주었던 2008년 서브프라임 주택 붐의 상황과 매우 흡사하다고 경고했다.

자세히 살펴보면 주식의 급등 역시 경고 신호를 보내는 것이었다. 2019년 기업 이익 증가율은 여전히 견고했지만 둔화하고 있었고, 세계 양대 경제 대국인 미국과 중국 간의 무역 전쟁에 불이 붙었다. 하지만 증시는 계속해서 사상 최고치를 경신하며 움츠러들지 않았다. 2013년부터 2020년까지 S&P500 지수는 이에 속한 회사가 벌어들인 이익보다 2배 더 빠르게 증가했다. 2020년 1월 S&P500 지수 PER(주가수익비율)은 25:1을 기록하며,[5] 주가와 실제 기업 이익의 격차가 2009년 이후 가장 큰 차이를 보였다. 투자 광풍 속에서 수십 년간의 투자 펀더멘털은 무시되었다.

상승하는 것은 비단 주식뿐만이 아니었다. 10년간의 상승장은 거의 모든 투자에 혜택을 주었다. 기준이 되는 미국의 채권 지수는 2019년에 6% 상승했다. 금도 상승했다. 이례적인 일이었다. 주식시장이 상승할 때는 채권이나 금 등의 안전자산은 하락하고, 반대의 경우도 마찬가지다. 투자자들은 위기가 찾아왔을 때는 안전자산을 선호하고, 위기로 인한 두려움이 사라지면 다시 주식시장으로 복귀한다. 그런데 2019년에는 모든 것이 상승했다.

통념에 따르면 경제 동향의 원인은 하나가 아니다. 하지만 2008년 붕괴의 잔해를 뚫고 시작된 10년간의 불마켓(상승장)은 이러한 통념이 틀렸음을 입증했다. 미국 중앙은행인 연방준비제도이사회는 시장 붕괴로 시작해 빠르게 신용경색으로 변화했던 글로벌 금융위기 이후 수년간 역사적인 최저 금리를 유지했다. 기업이 제품을 소개하고, 확장하고, 인력을 채용하기 위해서는 신용을 사용할 수 있어야 한다. 정부는 금리를 낮게 유지하여 은행이 돈을 빌려주도록 압박하고, 이를 통하여 경제를 뒷받침하려고 했다.

2007년에 10년 만기 미국 재무부 채권은 연간 약 5%의 수익률을 기록했다. 2019년까지 투자자들의 수익은 그 절반이었다. 미국 정부가 채무를 불이행한 적이 없고, 재무부 채권은 현금으로 전환하기 가장 쉬운 자산 중 하나이기 때문에 미국 국채는 지구상에서 가장 안전한 투자처로 여겨졌다. 하지만 이런 미국 국채의 투자 수익률이 쥐꼬리만큼도 되지 않게 되자, 투자자들은 다른 대안 투자를 찾기 시작했다. 투자자들은 주식, 회사채, 부동산 및 수익률을 약속하는 모든 것을 쌓아올렸고, 덕분에 모든 것이 상승했다.

10년간의 경제 성장으로 투자자들은 위험을 무시하게 되었고, 시장이 상승한 만큼 쉽게 하락할 수 있다는 사실을 잊어버렸다. 주가가 계속해서 상승하자, 기업의 경영진은 스스로를 난공불락으로 느끼게 되었다. 경영자들은 저렴한 부채, 주주들을 설득하기 위한 수십억 달러의 지출, 20년 동안 볼 수 없었던 기업 통합의 물결 같은 월스트리트가 갈망하는 금융 공학을 수용했다. 2008년 이후 경제 성장의 물결을 타고 기업들은 좋은 시절이 절대 끝나지 않을 것이라고 확신하게 되었다. 경영진은 자사주 매입에 수십억 달러를 소비했고, 이러한 노력은 다시 주가를 부양하면서 투자자들과 경영자들을 더욱 부자로 만들었다. 이들은 많은 돈을 빌리고도 거의 사용하지 않았다. 예를 들어 미국의 최대 항공사들은 2009년과 2019년 사이에 잉여현금흐름의 96%를 자사주 매입에 사용했다.[6] 이런 행위는 10년 동안 지속한 강세장이 가져온 잘못된 안정감 때문이었다. 세계 경제가 벼랑 끝에 몰리고 있었지만, 모두가 그저 벼랑에서 보이는 경치에 감탄하고 있을 뿐이었다.

몇 주 후, 하룻밤 사이에 팬데믹이 전 세계를 바꿔 버렸다. 사람들의 모임, 회의에 참석하기 위해 사용했던 전용기들, 와인 시음과 사적인 저녁 식사 등 다보스 회의의 모든 것이 웃음거리로 여겨졌다. 사실 이런 것들은 2008년 위기 이후 대중들의 분노로 사라졌지만, 미국이 번영하면서 슬그머니 다시 모습을 드러낸 밀실의 관행들이었다. 억만장자이든 아니든, 좁은 장소에서의 모임은 거래를 성사하고 매각을 진전하기 위한 대면 비즈니스가 잠재적인 감염의 위험이 아닌 자산으로 생각되던 이전 시대의 유물이 될 것 같았다.

2020년 초, 코로나바이러스가 전 세계로 퍼져 나가면서, 현대 역사에서 볼 수 없을 정도의 속도와 규모의 경제 봉쇄에 직면하면서 미국 기업의 경영진들에게 선택을 요구하는 순간이 빠르게 찾아왔다. 3월 말에는 전 세계 대기업의 경영진들이 같은 입장이 되었다. 메이시스 백화점들과 포드의 공장들은 가동을 중단했다. 디즈니월드와 디트로이트의 자동차 공장들도 가동을 중단해야 했다. 할리우드 스튜디오들도 제작을 중단했고, 항공기는 이륙을 중단했다. 공항에서 사람들이 사라졌다. 월스트리트가 공포에 사로잡히면서 9·11 테러 이후 처음으로 시장 폐쇄가 논의되었다.

바이러스가 더욱 확산될 때, 최고경영자들이 가지고 있는 전 세계의 사업장과 공급망은 경종을 울려야 했다. 그들은 전 세계의 정부 관리들과 건강에 대해 경각심을 가져야 하는 전 세계 노동자들에게 접근할 수 있기 때문이다. 하지만 그 누구도 다가오는 위기를 예측하지 못했다. 그리고 위기가 닥쳤을 때, 최고경영자들은 다른 사람들과 마찬가지로 어둠 속에서 살아가고 있었다. 그들은 우호적이었고 돈을 쉽게 약속했던 세상에서 10년 가까운 기간 동안 운영했던 기업들을 계속 유지하기 위해 충분한 정보를 갖고 있다는 것을 느끼지 못했다. 많은 사람이 정부 관리들이나 보건 전문가들을 찾았고, 신탁이사회와 컨트리클럽 회원권을 비롯해 일반 사람들에게는 허용되지 않은 비공식적인 네트워크들을 이용해서 살길을 모색했다.

최고경영자들은 바이러스가 진정되었을 때 자신이 내린 결정이 기업을 살리고 미국 경제의 동력을 보존해주기를 바랐다. 최고경영자들이 세계 경제가 갑작스럽게 정지하게 될 것임을 예측하지 못했던 것처럼, 연방정부가 민간시장에 퍼부은 전례 없는 자금의 홍수 덕분에 살아남을 것이라고는 예측하지 못했다. 게다가 이러한 변화는 2008년 이후 일종의 종교처럼 되어 버린 기업과 경영의 통념에 대한 재고를 촉발하고 있었다. 미국의 자본주의를 견고하게 만드는 성장은 어떠한 비용을 무릅쓰고서라고 추구해야 한다는 통념 자체가 의심받게 된 것이다.

변화는 이미 일어나고 있었다. 세상을 주도하는 경제는 지난 40년 동안 코로나바이러스와 같은 충격에 더 취약한 방식으로 변화했다. 기업 부채는 치솟았고, 임금은 정체되었다. 수백만 명의 노동자가 안정적인 일자리에서 밀려나 긱 워커가 되어 에어비앤비에서 집을 빌려주고, 우버 앱에서 차를 운전하고, 태스크래빗TaskRabbit(일을 대신할 사람을 온라인으로 연결해주는 공유 경제 서비스_ 역자 주)에서 일자리를 구했다.

제조업은 코로나 봉쇄가 끝난 후 스프로킷과 위젯의 주문을 다시 메우면 빠르게 회복할 가능성이 있었다. 하지만 이제 제조업은 미국 경제를 끌어 나가는 동인이 아니었다. 오히려 미국은 미용, 칵테일, 호텔 숙박과 같은 비내구재soft goods의 소비에 의존하는 서비스 경제로 변화하였다. 이들의 수요는 봉쇄가 끝난 후에 더디게 복구되었다.

효율성을 향한 끊임없는 행군은 소량의 재고를 중요시하고, 부품을 적시에 필요한 곳에 공급할 수 있도록 공급망을 미세하게 조정하는 '적시 경영 전략'으로 대체되었다. 이를 통해 조립라인에서 섀시를 고정하기 위해 사용되는 나사못을 생산하는 데 주주의 돈이 낭비되지 않도록 했다. 병원에 비축되는 마스크와 인공호흡기는 줄어들었고, 약도 덜 저장하게 되었으며, 여분의 병상은 청구 비용을 늘리는 데 도움이 되는 외래 진료소로 전환되었다.

기업은 사무실을 더 조밀하게 구성했고, 항공사들도 좌석을 소밀하게 배열했다. 월스트리트는 이러한 정책에 찬사를 보냈다. 기업 분석가들은 원가절감에 치중하는 기업에 '매수' 등급을 매겼다. 헤지펀드들과 기업 매수 회사들은 주식 비중을 늘리고 최고경영자들을 퇴출하는 방식으로 기업 재편에 적합하지 않은 대상을 응징했다.

미국의 기업 리더들에게 코로나 팬데믹은 시험대였다. 기업들은 사업 계획을 취소하고 격리된 생활에 적응했다. 팬데믹 초기에 경영진은 바이러스만큼이나 실업을 두려워하는 직원들을 안심시키기 위해 고군분투했다. 실업에 대한 두려움이 사라진 다음에는 어디에서나 자유롭게 일할 수 있게 되었다는 직원들의 새로운 사고방식을 설득해 다시 사무실로 불러들이려고 했지만 그다지 성공하지 못했다. 기업의 리더들은 자신들을 30년 동안에 걸친 미세한 경영 조정의 산물인 기업 세계의 주인이라고 생각했다. 하지만 미국 정부가 경제 붕괴를 막기 위해 투입한 전례 없는 막대한 자금의 수혜자가 되면서 중앙은행 정책의 조수 속으로 던져졌다.

CRASH LANDING

•2장•
축제의 10년

"사이클은 사이클에 불과하며, 영원히 지속하지 않는다."
_ 크리스 나세타 (힐튼의 최고경영자)

*위기는 곧 시작될 것이다

크리스 나세타^{Chris Nassetta}는 매년 그랬듯이 크리스마스 연휴를 즐기기 위해 멕시코 해변 마을인 카보 산 루카스^{Cabo San Lucas}로 향했다. 그의 친구 부부들은 이미 도착해 나세타 부부가 도착하기로 기다리고 있었다. 나세타는 5시간의 비행을 위해 좌석 등받이에 머리를 기대고 눈을 감았다. 크리스마스를 며칠 앞두고, 힐튼의 최고 경영자인 나세타는 2019년 장부를 마감할 준비가 되어 있었다.

그는 회사 창립 100주년을 기념하여 새로운 호텔을 열고, 투자자들을 만나고, 다양한 축하 행사에 참석하기 위해 전 세계를 돌며 1년에 250일 이상을 여행했다. 콘래드 힐튼^{Conrad Hilton}은 100년 전 뉴멕시코 준주에서 노르웨이 이민자 아버지와 독일계 미국인 어머니 사이에서 태어났다. 그는 텍사스주 시스코^{Cisco}에 인근 유전의 노동자들에게 8시간 단위로 방을 임대해주기 위해 작은 벽돌 여관을 처음 매입하고 회사를 설립했다. 그가 세운 이 회사는 현재 119개국에 97만 개의 방을 보유하고 있으며, 연간 매출 94.5억 달러에 310억 달러의 시장가치를 가진 세계에서 두 번째로 큰 호텔로 성장했다.[1] 업계 선두인 메리어트를 따라잡지 못하고 있었지만, 격차를 줄이고 있었다.

나세타가 힐튼에 합류한 지 11년째인 2019년의 실적은 훌륭했다. 그는 뉴욕증권거래소에서 종을 울렸고, 인기 방송 프로그램인

「굿모닝 아메리카」 세트장에서 피나콜라다를 마시면서 미국 기업과 힐튼에 우호적이었던 10년간의 경제 호황을 축하했다.

2019년에 힐튼은 하루에 1개 이상의 새로운 호텔을 열었다. 이는 세계 여행의 지속적인 증가와 미국 정부의 금융완화 정책으로 인한 자금에 힘입어 새로운 부동산에 돈을 투자하기 위해 혈안이 된 월스트리트 투자자들의 욕구 덕분이었다. 힐튼은 2020년 1월 중순에 18번째 새로운 브랜드인 템포Tempo by Hilton의 출시를 준비하고 있었다. 템포는 답답한 컨시어지 서비스와 터무니없는 가격의 미니바에 돈을 쓰려고 하지 않고, 대신 새로운 경험과 진성성을 제공하는 에어비앤비나 VRBO를 선호하는 젊은 여행객들을 공략했다. 나세타는 블루투스로 연결된 온라인으로 객실과 공동 작업 공간의 모형을 둘러보며, 힐튼이 '현대적인 성취자'라고 부르는 밀레니얼 여행객들을 끌어들일 것이라고 확신했다. 힐튼의 주주들은 이러한 변화에 부응했다. 같은 해 71달러로 시작했던 힐튼의 주가는 사상 최고가인 112달러로 마감했다. 투자자들은 만족했다. 이사회는 만족했고, 나세타에게 2,140만 달러의 급여를 승인함으로써 세계에서 가장 높은 연봉을 받는 최고경영자 중 한 명으로 만들어줄 것이었다.

하지만 1년 만에 첫 휴가를 즐기기 위해 활주로를 이륙하는 비행기 속에서 나세타는 전혀 승리를 만끽할 기분이 아니었다. 피곤하기도 했지만, 일단 걱정이 앞섰다. 2008년 경제 대폭락 이후 이어진 11년간의 경제 호황은 너무 좋았고, 오래 지속되었다. 힐튼은 역사상 가장 빠른 속도로 새로운 호텔을 열었지만, 한편으로 기존의 호텔들은 어려움을 겪고 있었다. 기존 호텔의 수입은 연간 5~6%로 안정적으로 성장했었지만, 이제는 중립 상태에 갇혀 있었다. 출장 고객들의 수요가 줄어들고 있었고, 이는 대기업들이 전 세계에서 새로운 사업을 긍정적으로 추진하지 않고 있다는 신호였다. 이는 워싱턴, 라스베이거스 및 애틀랜타처럼 회의가 자주 열리는 컨벤션 허브에 위치한 힐튼 호텔에게만 경종을 울리는 것으로 끝나지 않고, 임박한 더 큰 문제들의 징후이기도 했다. 나세타는 글로벌 기업들이 성장을 멈추면 정체되는 경향이 있다는 것을 알고 있었다. 이전에 목격했던 상황이 반복되고 있는 것처럼 보였다. 그래서 나세타는 경기침체의 불가피성과 직전의 행복감에 대해 냉철한 입장을 유지할 수밖에 없었다.

환한 미소와 은발을 가진 나세타는 근면하고 다정했지만, 타고난 싸움꾼이었다. 워싱턴 D.C.의 외곽에서 성장한 나세타는 겨울에는 차도의 눈을 치우고, 여름에는 인근 홀리데이 인의 엔지니어링 부서에서 일했다. 홀리데이 인에서는 그에게 금박을 입힌 화장실 배관 청소도구를 퇴사 선물로 주었다. 나세타는 1990년대 초에 저축과 대출 위기로 인한 문제를 해결하고, 은행들의 엉터리 기준이 부동산담보대출을 옭아매자 대출을 재구성하면서 경력을 쌓기 시작했다. 2001년 닷컴 버블이 터져 또 다른 경기침체를 촉발했을 당시, 그는 초임의 젊은 최고경영자가 되었다. 나세타는 힐튼이 결국에는 완전히 이겨내지 못했던 위기가 닥치기 몇 달 전인 2007년 10월 힐튼에 합류했다.

위기로 점철된 힐튼에서의 경력으로 잔뼈가 굵은 나세타는 앞으로의 상황을 더욱 예의주시하게 되었다. 경제는 빠른 속도로 성장하고 있었고, 몇 달 동안 힐튼의 주식은 최고가를 경신했다. 하지만 그는 위기가 어디에서 시작될지는 모르지만 곧 시작될 것이라고 확신하고 조용히 대비 중이었다. 나세타는 마케팅 지출을 삭감하고, 꼭 필요하지 않은 기술은 더 이상 업그레이드하지 않도록 했다. 또한 최고재무책임자인 케빈 제이콥스Kevin Jacobs에게 상황이 악화될 것에 대비하여 갑자기 돈을 갚을 일이 없도록 부채를 재조정하도록 지시하여 재정적인 여유를 확보했다. 그는 크리스마스 휴가를 위해 짐을 싸기 전에 제이콥스에게 "사이클은 사이클에 불과하며, 영원히 지속하지는 않는다"라고 말했다.

나세타는 멕시코에서 최근 힐튼이 개장한 월도프 아스토리아 Waldorf Astoria 리조트를 둘러본 뒤 크리스마스 때마다 늘 그래왔듯이 아내와 여섯 명의 딸과 함께 엘프 커스텀을 입고 힐튼의 로스 카보스Los Cabos 리조트 스위트룸에서 크리스마스이브를 보냈다. 마침 멕시코 해변 마을에서 연휴를 보내고 있던 스티븐 므누신 재무장관과 거대 사모펀드 블랙스톤Blackstone의 회장인 스티브 슈워츠만Steve Schwartzmann과 인사를 나누었다. 나세타는 두 사람과 이야기를 나누면서 자신의 걱정이 괜한 기우는 아닌지 알아내려고 했지만 별 성과가 없었다.

그는 결국 월스트리트의 거대 기업인 골드만삭스의 최고경영자 데이비드 솔로몬David Solomon에게 걱정거리를 털어놓았다. 두 사람은 가까운 친구 사이였다. 두 사람은 나세타가 부동산 투자자로 이름을 알리기 시작했던 1990년대 초에 처음 만났다. 당시 투자은행인 베어스턴스Bear Stearns의 중역이었던 솔로몬은 나세타가 거래 자금을 모으는 데 도움을 주었다. 이후 20년이 흘렀고, 두 사람 모두 「포춘」지가 선정한 500대 기업의 최고경영자가 될 정도로 각자의 산업에서 정점에 올랐다. 두 사람은 서로를 절친이자, 각자의 산업에서 최고의 위치를 성취한 소수의 리더로 생각했다. 두 사람은 폴로 브랜드의 옷을 입고 엘도라도El dorado에서 골프 라운딩을 즐긴 후 와인 애호가인 솔로몬이 고른 로제 와인을 마셨다.

나세타는 그의 친구이자 전 은행가에게 "기분이 꺼림칙하다. 미국 경제는 기름이 떨어진 자동차 같고, 주유소를 찾을 수 없을 것처럼 생각된다"라고 말했다.

며칠 후, 나세타는 힐튼 브랜드를 달고 있는 카도 왈도프의 개인 식당에서 가족과 친구를 위한 새해 만찬을 주최했다. 식사에 참석한 사람들은 새해 덕담을 나누면서 건배했고, 나세타는 불안을 잠재우려고 노력했다. 모두가 즐거운 것처럼 보였다. 왜 그렇지 않겠는가? 미국의 기업들은 믿어지지 않을 정도로 좋았던 10년을 마감하고 있었기 때문이다.

하지만 그때 7,000마일 떨어진 홍콩에서 보건 당국은 외신의 주목을 거의 받지 못한 채 막 보고서를 발표한 참이었다.[2] 홍콩의 보건 당국은 27건의 폐렴 사례를 모니터링하고 있었다. 이 중 7건은 중증이며, 원인 병원체가 알려지지 않았다고 발표했다.

몇 주 후, 수백 명의 손님들이 맨해튼 남부에 있는 그리스 스타일의 8층 건물로 쏟아져 들어갔다. 사람들은 겨울밤의 추위를 막아주는 임시 천막의 레드 카펫 위에서 사진 촬영을 했다. 2월 말이었고, 마스크를 쓴 사람은 없었다.

뉴욕의 금융인들은 자신들의 성과를 기념하기 위해 같은 자리에 모였다. 미국 자본주의의 세계적 확장의 기념비적인 장소로 알려진 미국금융박물관Museum of American Finance에서 매년 개최되는 행사였다. 내셔널시티뱅크National City Bank의 옛 본사였던 6층짜리 무도회장 위에서는 샹들리에가 은은하게 빛나고 있었다. 20세기 말, 내셔널시티뱅크는 월스트리트가 합병과 세계적인 권력을 지속하는 과정에서 시티그룹으로 발전했다.

동굴 같은 무도회장에서 185센티미터의 큰 키에 호리호리한 체격, 깔끔하게 머리를 뒤로 넘긴 제임스 고먼James Gorman은 단연코 눈에 띄는 귀빈이었다. 그는 남색 정장과 자주색 넥타이를 매고, 스카치위스키를 손에 들고 있지만, 마시지는 않았다. 약간은 통제광인 고먼은 공공장소에서 술을 거의 마시지 않는 데다가 오늘 밤에는 연설을 해야 했다.

지인들이 그에게 축사 인사를 건네는 이유는 그날 저녁에 리더십 상을 받게 되어 있기 때문만은 아니었다. 그가 새로운 월스트리트의 합병 영웅으로 부상했다는 사실을 축하하는 것이기도 했다. 며칠 전, 고먼은 거대 소매 거래 중개회사인 이-트레이드 E*Trade를 인수하기 위해 130억 달러를 투자하면서 놀라움을 안겨주었다. 월스트리트에서도 10년 만에 가장 대규모 거래였고,[3] 20년째 이어지고 있는 불마켓을 낙관하는 거대한 베팅이었다. 모건스탠리의 내부에서 '프로젝트 이글'이라고 불렸던 이-트레이드 인수는 수개월 동안 비밀리에 진행되었고, 2월 20일 아침에 최종적으로 발표되었다. 미국 주식시장은 전날에 사상 최고치를 기록하면서 마감했다.

이-트레이드의 인수는 월스트리트의 과거와 미래에 대해 많은 것을 말해주고 있었다. 2008년 위기에서 부상했던 하이 파이낸스high finance(거대 자본을 사용하는 금융 거래_ 역자 주)는 당연히 새로운 규제에 길들었고, 상처 입은 대중의 멸시를 받았다. 그 후 몇 년 동안 처음 문제를 일으켰던 트레이딩 업체는 인기를 잃었고, 개인의 자금 관리를 돕는 거래업체들로 대체되었다. 3대 소매 증권회사인 스콧레이드Scottrade, TD 아메리트레이드TD Ameritrade, 찰스 슈왑Charles Schwab은 빠른 속도로 합병되었다. 이-트레이드는 유일하게 남은 기업이었다. 혼자 생존하기에는 규모가 작기도 했지만, 보유 고객이 500만 명이 넘는 덕분에 이 시장을 주시하던 거대 은행들이 눈독을 들이고 있었다.

기업의 합병과 상장, 자금 조달을 위한 신규 증권 발행을 돕는 트레이딩과 투자은행 업무와 달리 자산 관리는 비교적 안정적이다. 시장의 추세가 변하면 합병은 시들해지고, 기업의 리더들은 물러난다. 그러나 사람들은 여전히 자신의 돈을 관리해줄 누군가를 필요로 한다. 리더의 자리에서 10년을 보낸 고먼은 자산 관리에 모건 스탠리의 미래를 걸었다.

　　2019년 말까지 모건 스탠리는 300만 명 이상의 미국인들을 위하여 총 2조 7,000억 달러의 자산을 관리했다. 그러나 그것만으로는 충분하지 않았다. 자금 관리는 월스트리트에서 고정 간접비로 계정이 증가할 때마다 수익이 증가하는 '스케일 비즈니스 scale business'라고 알려져 있다. 이-트레이드를 인수한다는 것은 고객의 돈 3,600억 달러를 추가로 유치한다는 의미였다. 고객이 맡긴 돈이 1달러 늘어날 때마다 기업의 수익은 늘어난다. 이는 고먼의 경력을 한층 돋보이게 해줄 성과이기도 했다. 이-트레이드 인수는 2008년 이후 평온했던 시장에서 단연코 이목을 끄는 사건이었다.

　　사실 모건 스탠리는 이-트레이드 인수 가능성이 크지 않아 보였다. 2008년에 모건 스탠리는 파산 위기를 맞았고, 이후 월스트리트가 위기를 겪을 때마다 함께 휘청거렸다. 잡지의 표지를 장식한 이-트레이드 인수는 일종의 쿠데타였으며, 2008년 위기 이후 주요 은행의 기업 인수 중에서 최대 규모였다.

　　얼마 전까지 업계의 열등생이던 모건 스탠리가 이-트레이드를 인수했다는 소식은 '고먼'의 통제하에서 모건 스탠리가 호전되었음을 보어주는 증거였다. 당시는 인수 후 일주일이 지났을 때였고, 눈발이 흩날리던 그날에 그렇지 않아도 쾌활한 성격의 고먼은 특히 기분이 좋아 보였다.

월스트리트의 보스들은 뻔뻔한 트레이더와 말주변이 좋은 은행가라는 두 가지 유형이 있다. 하지만 61세의 고먼은 이 두 가지 성향과 거리가 멀었다. 그는 12명의 가족과 호주 멜버른 교외에서 살았다. 고먼은 변호사가 되면서 엔지니어가 되기를 바랐던 아버지와 성직자가 되기를 바랐던 어머니 모두를 실망시켰다. 고먼은 맥킨지 컨설팅과 투자은행인 메릴린치에서 잠깐 경력을 쌓았고, 2006년에는 미국의 중산층에게 주식을 판매하면서 수수료를 받던 '선더링 허드thundering herd(천둥 번개가 칠 때 한꺼번에 움직이는 소떼라는 뜻으로, 황소를 뜻하는 불마켓에서 활동한다는 의미를 가지고 있다._ 역자 주)'로 알려진 주식 중개인들을 부유한 고객들에게 컨시어지 금융자문을 제공하면서 수익을 창출하는 인력으로 변화시키겠다는 포부를 가지고 모건 스탠리에 합류했다.

객관적이면서도 냉담한 고먼은 모건 스탠리의 베테랑들도 상대하기 힘든 존재였다. 그가 성과가 가장 낮은 고문 2,000명을 해고했을 때, 동료들은 뉴욕 교외 사무실 창문에 서서 쌍안경으로 호주 양치기들이 사슴을 쫓는 모습을 보면서 기뻐하는 그의 모습에서 그나마 인간적인 면을 확인할 수 있었다.

모건 스탠리는 2000년대 초 새로운 유형의 이색적이고 위험한 거래가 월스트리트에 유행할 때마다 크게 뒤처지곤 했다. 고먼의 전임자인 존 맥John Mack이 최고경영자이던 시절, 모건 스탠리는 신용 및 부동산 가격이 정점에 달했던 최악의 순간에 돈을 투자했다. 2007년 모건 스탠리는 단 한 차례의 모기지 거래로 90억 달러의 손실을 입었고, 이로 인해 1년 후 모건 스탠리를 파산 직전까지 몰고 갔던 소용돌이가 시작되었다. 규제당국이 개입하지 않았다면 모건 스탠리는 분명 파산했을 것이다.

이 위기로 맥이 자리에서 물러나고, 고먼이 최고경영자의 지리에 오른 뒤 상황은 완전히 반전되었다. 맥은 대학 미식축구 스타 출신으로 모건 스탠리 구내식당에서 사람들과 어울리기를 좋아했다. 반면 고먼은 매일 밤 회사 주요 부서의 하루 매출액을 일일이 손으로 적고, 메모패드를 붙여서 책상 서랍에 보관하느라 조용한 사무실에서 시간을 보내곤 했다. 그는 모건 스탠리가 소유하고 있던 트레이딩 데스크들을 없애고, 계속 실수를 반복하고 있던 채권 부서를 축소했다. 한때 월스트리트를 지배했던 자유분방한 문화의 잔재들인 유조선과 애틀랜틱시티Atlantic City에 있는 카지노는 매각했다. 대신 안정적인 자산 관리와 가계의 금융자문 사업에 집중했고, 최고경영자가 되고 얼마 지나지 않았을 때 소매 중개업자인 스미스 바니Smith Barney를 영입했다.

그러던 중 이-트레이드라는 대어를 낚게 된 것이다. 한때 말하는 아기가 등장하는 슈퍼볼 광고로 유명했던 닷컴회사인 이-

트레이드는 시장에서 자산을 불리려고 노력하는 영세 트레이더들의 욕구를 충족시키면서 오랫동안 소매투자 산업을 압도해왔다. 모든 기준에서 모건 스탠리의 이-트레이드 인수는 월스트리트 사람들의 가슴을 두근거리게 만드는 큰 사건이었다.

고먼이 맨해튼 남부 외곽의 거리에서 내리는 눈을 맞으며 마이크를 잡았다. 그는 의례적인 감사를 표한 후, "자본가의 의무는 적시에 발행회사들과 투자자들이 만나는 것을 돕고, 저축자들과 대출자들이 만나는 것을 돕는 것"이라고 밝혔다. 또한 청중들에게 위험을 간과하고 열정이 이성을 넘어설 때는 "12년 전과 같이 끔찍한 결과를 일으킬 수 있다"라고 상기시켰다.

샌 재신토 산맥의 그림자가 드리워진 방 안에 포드 모터 컴퍼니의 최고경영자인 짐 해켓Jim Hackett과 포드의 회장이자 가문의 후손인 빌 포드Bill Ford가 앉아 있었다. 건물 밖의 사막에서 바람이 날카로운 소리를 내면서 불고 있었다. 해켓과 포드는 편안한 복장으로 차가운 미네랄워터를 마시면서 연휴의 마지막을 즐기고 있었다.

해켓은 아이들과 어린 손녀와 함께 뉴포트 비치Newport Beach의 집에서 연휴를 즐기다가 빌 포드를 만나기 위해 캘리포니아 팜 스프링Palm Springs 밖에 위치한 유명한 스모크 트리 목장Smoke Tree Ranch으로 차를 몰아야 했다. 소박하지만 많은 돈을 들여 탄생시킨 이 목장은 일부러 통신망을 벗어난 곳에 만들어졌고, 덕분에 해켓은 구글 맵으로 목장을 찾다가 길을 잃어 포드에게 전화로 목장으로 가는 길을 물어야 했다. 포드는 어릴 때부터 이곳 가족 별장에서 겨울을 나곤 했다.[4] 어린 시절 포드는 목장의 도로 아래쪽에 있는 집에서 겨울을 보내는 월트 디즈니에게 손을 흔들며 인사했고, 헨리 포드의 마지막 손자인 그의 아버지 윌리엄 클레이 포드William Clay Ford가 프랭크 시나트라와 골프를 즐기다가 돌아오기를 기다리곤 했다. 그는 프랭크 시나트라를 '삼촌'이라고 불렀다.

해켓이 포드의 경영자가 된 지 2년도 채 지나지 않았을 때였다. 그는 세계에서 가장 큰 사무용 기구 제조업체인 스틸케이스Steelcase를 오랫동안 운영했다. 1970년대 미시간 대학의 축구팀 감독으로 1년 6개월을 일한 후 외부인사로 포드에 영입되었다. 해켓은 포드에서 드문 외부인사였지만, 미시간주 토박이였다. 축구팀에 대한 그의 사랑은 미시간 직원들과 노조의 마음을 얻는 데 도움이 되었다.

목장까지의 드라이브를 마치고 차에서 내리던 해켓은 가족과의 휴가지에서 아이패드로 읽었던 중국발 코로나바이러스의 확진자가 계속 증가하고 있다는 기사를 머릿속에서 지울 수 없었다. 미국 산업의 강자들이 대부분 그렇듯, 포드는 픽업 트럭과 세단에 들어가는 원자재 부품을 조달하기 위해 중국 공급업체들에 크게 의존했다. 10년 전에 포드 자동차는 일본 경쟁사인 도요타가 개발한 적시생산 시스템JIT, Just in Time System(재고를 최소화하며 고객 반응의 속도를 높이는 방법_ 역자 주)을 수용했다. 적시생산 시스템은 리벳이나 좌석 같은 부품의 재고를 미리 쌓아두는 것이 아니라 설치해야 할 요구기 발생하기 직전에 조달하는 방식이다. 적시생산 시스템 모델은 미국 기업에서 효율성을 향한 광범위한 노력의 일환으로 진행되었으며, 수익을 창출하는 데 도움이 되었다. 하지만 그 결과 기업은 운신의 폭이 크게 줄었다. 포드의 창고에는 과거와 달리 부품의 재고를 유지하지 않았기 때문에 중국에서 선적이 지연된다면 상당한 비용이 소요될 수 있었다. 중국 당국이 바이러스를 추적하고 있다고 발표한 지 2주가 지났고, 중국 항구들은 이미 선적 지연을 알리기 시작하고 있었다.

하지만 두 사람이 사막에서 회동한 이유는 그 때문이 아니었다. 두 사람이 모인 이유는 포드의 미래, 구체적으로 얼마나 오랫동안 해켓이 경영자의 자리를 유지해야 할지에 대해 논의하기 위해서였다. 64세의 해켓은 포드의 지분 5%를 소유하고 있던 전임자인 마크 필즈Mark Fields가 의결권의 40%를 장악하고 있던 포드 가문과 주주들의 지지를 잃고 쫓겨난 직후에 임시직으로 경영자 자리에 올랐다.

해켓과 빌 포드는 잘 어울리는 듀오였다. 포드는 귀족 포드 집안의 아들이자 파이어스톤 타이어 가문의 상속자로, 업계의 왕자로 태어났다. 그는 코네티컷Connecticut의 명문 기숙학교인 하치키스Hotchkiss에 다녔고, 희귀한 초록색 머스탱을 타고 프린스턴 대학Princeton University에 입학했다. 해켓은 아일랜드계 가톨릭 신자인 부모에게서 네 아들 중 막내로 태어났다. 그의 부모는 여유가 없어서 아이를 더 갖지 않았다고 한다. 이지적이면서도 동그란 얼굴의 그는 39세의 나이에 처음으로 최고경영자 자리에 올랐다.

이처럼 환경이 다른 두 사람이었지만 곧 굉장히 가까운 사이가 되었다. 포드가 해켓을 최고경영자로 임명한 것은 일종의 도박이었다. 해켓은 자동차 산업에서의 경력이 전혀 없었다. 실리콘 밸리를 따라잡기 위한 필사적인 시도로 자율주행과 차량 공유 기술을 탐구하는 비밀 프로젝트를 운영하기 위해 2016년에 포드에 합류하기 전까지 19년 동안 그는 세계 최대 사무용 가구 제조업체를 경영하는 데 집중했다. 빌 포드는 필즈가 떠났을 때 해켓에게 최고경영자 자리를 제안했고, 해켓은 흔쾌히 받아들이면서도 "월스트리트가 저를 좋아하지는 않을 겁니다"라고 경고했다. 해켓의 판단은 옳았다. 월스트리트는 그를 좋아하지 않았고, 심지어 이해하지도 못했다. 그의 직원 중 상당수도 마찬가지였다.

해켓은 완고할 정도로 보수적이었던 포드 기업을 더 빠르게 행동하고, 거시적으로 생각하도록 만들려고 노력했다. 하지만 그의 비전은 때때로 따라가기 어려웠고, 그의 로드맵을 따라가기 위해 엔지니어들은 우왕좌왕했다. 해켓은 한밤중에 직원들에게 이메일을 보내곤 했는데, 가정적이기로 유명한 중서부 지역의 포드 직원들은 이미 잠자리에 들고도 한참 지난 후였다. 간혹 해켓의 이메일에는 유명 사유가들과 인플루언서들인 동시에 지식을 과시하는 자기중심적인 사람들이라고 비난받는 이들의 성지라고 할 수 있는 TED 토크의 링크와 과학 잡지 기사가 포함되곤 했다.

언젠가 해킷은 포드가 왜 스마트 자동차 사업에 뛰어들었냐는 질문에 "시간의 흐름 속에서 비즈니스를 성공적으로 운영하기 위한 방법의 본질은 전투나 풋볼 경기를 이기는 방법이나 시장이 움직이는 방법과 다르지 않아요. 저는 복잡성 이론complexity theory(행위자들은 스스로를 조직하며 각자의 지형도에서 목표와 행동에 대한 인식을 스스로 창조한다고 보는 이론이다. _역자 주)을 믿습니다"라는 난해한 답변으로 직원들의 충성심을 얻는 데 실패했다.[5] 해킷이 2019년까지 모든 차량 모델에 와이파이를 연결해야 한다고 요구했을 때,[6] 엔지니어들은 와이파이를 차량에 연결하는 기술에 오류가 있으며, 품질을 중요시하는 포드의 평판에 흠집이 날 것이라며 반발했다. 게다가 누가 자신의 차가 컴퓨터가 되기를 바라겠는가?

해킷은 행동경제학자들의 말을 인용하는 경향이 있는데, 월스트리트의 애널리스트들은 이러한 그의 성향에 난색을 표했다. 해킷의 재임 초기에 포드는 계속해서 자체 이익 전망치에 미치지 못했다. 2018년 여름, 포드가 9월로 예정된 투자자 행사를 연기했을 때 모건 스탠리의 한 애널리스트가 해킷에게 9월까지 최고경영자 자리를 유지할 것인지를 물었다.[7] 그러자 그는 "애석하지만 그렇죠"라고 답했다. 해킷이 경영자 자리에 앉아 있는 동안 포드의 주가는 20% 하락했다. 미국에서 설립된 자동차 회사의 대명사라고 할 수 있는 포드가 길을 잃은 것일까?

2020년을 앞두고 팜 스프링스에서 두 사람이 만나고 있을 때 포드에게 희망적인 소식이 막 시작되고 있었다. 전기 머스탱이 새로운 세대의 클래식 머슬카로 로스앤젤레스에서 막 출시된 것이다(이 모델의 드라이빙 모드는 '위스퍼whisper', '인게이지engage', '언브리들드unbridled'였으며, 이후 테슬라, 아우디, 볼보, 포르쉐를 제치고 '올해의 자동차 및 드라이버들이 꿈꾸는 자동차' 상을 수상했다). 포드 최초의 전기 트럭 F-150의 개발은 비밀리에 진행되고 있었다. 해켓은 디즈니 TV와 방송에 새로 출시될 브롱코에 대한 일련의 홍보 비디오를 내보내기 위해 디즈니사의 최고경영자인 밥 아이거Bob Iger와 논의를 막 끝낸 참이었다. 지난 몇 년 동안 창업자인 헨리 포드의 기업가 정신으로부터 멀리 떨어져 있던 빌 포드가 이제 막 다시 돌아갈 길을 찾은 것처럼 보였다.

"결과를 확인하고 싶지 않아요?" 포드가 해켓에게 물었다.

하지만 64세인 해켓은 지금이 물러날 때라고 생각했다. 해켓은 포드 가문의 관리자에게 현재 포드에서 전략 및 기술 책임을 맡고 있는 짐 팔리Jim Farley를 적절한 후임자라고 생각하고 있다고 말했다. 하지만 포드는 막대한 부채를 지고 있었고, 미국 전역에 위치한 공장에서 대리점과 주차장으로 자동차를 옮기는 데 복잡하게 얽힌 자금조달 자회사들에 의존하고 있는 점을 감안했을 때, 팔리는 포드의 재정을 운영할 만한 경험이 부족했다. 하지만 그는 자동차광이었다.[8] 스포츠카를 몇 대나 가지고 있었고, 빨간색의 1966년식 포드 GT40으로 유럽의 아마추어 레이싱에 참가한 경험도 있었다. 포드에게는 중요한 의미가 있는 장점이었다.

포드는 햇빛이 건물 밖의 유카 나무로 비치기 시작할 즈음, 재치 있게 말했다. "당신이 결정할 일이에요, 짐." 그러자 해켓은 "글쎄요, 당신 회사잖아요, 빌"이라고 대답했다. 두 사람은 팔리를 COO로 승진시키는 것을 포함하여 기반을 마련하기로 합의했고, 2020년의 상황을 확인하기로 했다. 차기 최고경영자를 위해 길을 닦아주기 위해서였다.

브라이언 체스키Brian Chesky는 스타트업에게 가장 중요하다고 할 수 있는 IPO(기업공개)를 준비하면서 연휴를 보냈다. 그의 회사 에어비앤비는 샌프란시스코 룸메이트와 이메일을 공유하며, 약간의 돈을 벌기 위해 거실 바닥에 놓아둔 매트리스를 빌려주며 갑자기 떠오른 아이디어에서 실리콘 밸리의 거대 기업으로 성장했다. 에어비앤비는 최근의 기금 마련 행사에서 벤처 투자자들에게 310억 달러의 가치를 평가받았고, 38세의 체스키는 지금이 IPO의 적기라고 판단했다.

에어비앤비는 빠른 성장과 높은 기업 가치, 문법을 벗어날 신조어를 만들 정도의 높은 브랜드 인지도 등 실리콘 밸리의 애정공세를 받을 수 있는 모든 조건을 갖추고 있었다. 게다가 우버와 같은 다른 유명 스타트업들을 괴롭힌 투자 드라마나 기업에 해를 미치는 직장 내의 불만이 없었다. 에어비앤비는 주택을 소유한 사람들과 휴가를 즐기려는 고객들을 연결해주는 기존의 비즈니스를 넘어 확장의 기로에 서 있었다. 그래서 항공사인 버진 아메리카Virgin America의 전 최고경영자를 영입하여 새로운 변화를 추진하고 있었다. 체스키는 에어비앤비가 단순히 휴가를 위하여 활용되는 것이 아니라, 휴가지로의 이동과 다시 집으로 돌아올 때의 이동 수단을 제공할 수 있을 것이라고 생각했다. 그래서 버스 운전자, 택시 연합, 또한 선박 가이드들과도 협력을 논의하고 있었다.

2019년에 유능한 IT 기업이라면 으레 그렇듯이, 에어비앤비도 미디어에서 강한 입지를 가지고 있었다. 미디어 거물인 허스트Hearst와 세련된 잡지를 만들었고, 애플 스트리밍으로 방송될 다큐멘터리를 만들고, 전 세계의 독특한 집을 공개하기 위해 할리우드에 진출하려고 했다. 신문 헤드라인의 제목처럼 "에어비앤비가 스트리밍 미디어에 진출한다. 안 될 이유가 없지 않은가?"

이제 남은 것은 개인 회사가 주식을 상장하고 기업 엘리트 대열에 합류하는 화려한 기업공개뿐이었다. 에어비앤비는 봄까지 주식을 상장하겠다는 목표를 가지고 있었는데, 월스트리트의 자문들은 체스키에게 에어비앤비의 가치가 500억 달러 이상으로 평가될 수 있다고 말했다. 그렇게 되면 에어비앤비는 실리콘 밸리에서 입지를 완전하게 굳힐 것이고, 체스키는 40세가 되기 전에 수십억 달러를 벌어들일 수 있을 것이다. 에어비앤비의 직원들은 휴가를 떠나는 체스키에게 다른 실리콘 밸리 회사들이 IPO에 활용했던 '사업 설명서'라며 엄청난 양의 제안서를 안겨주었다.

체스키는 뉴욕에서 올랜도, 카리브해로 이동하면서 사업 설명서의 여백에 마음에 드는 부분과 그렇지 않은 부분을 메모했다. 사업 설명서는 전 세계에 에어비앤비를 알릴 것이다. 예술을 전공한 체스키는 디자인과 브랜드에 강박관념이 있었고, 에어비앤비의 IPO가 다른 기업과는 다르기를 바랐다. 그의 머릿속에는 2019년의 마지막 날에 발행된 「런던 타임스Times of London」에서 읽었던 기사가 맴돌았다.[9]

기사에서는 2010년대를 '단절의 10년'이라고 표현했다. 사람들을 더 가깝게 만들어줄 것이라고 생각되었던 모바일 기술과 소셜미디어는 오히려 분열과 고립을 양산했다. 공공장소는 온라인으로 이동했고, 이전의 물리적인 모임 장소는 빈 공간으로 남겨졌다. 체스키는 에어비앤비를 활용하여 그 격차를 메우고 사람들을 하나로 모으기 위해 전념했다. 체스키의 목표는 같은 세대의 IT 선구자들이 공통으로 가지고 있는 목표였다. 예를 들어, 페이스북은 오래전부터 세상을 더 '개방적으로 연결'되게 만들겠다는 목표를 가지고 있었다. 체스키는 에어비앤비가 다른 기업이 만들어낸 부작용 없이 목표를 달성할 수 있을 것이라고 생각했다.

2020년, 체스키는 아이폰 노트 앱의 '나에게 보내는 메시지'에 '연결connection'이라는 단어를 입력했다.

에드 바스티안Ed Bastian은 애틀랜타의 하츠필드 잭슨Hartsfield-Jackson 공항의 넓은 격납고로 서둘러 들어가면서 짜증을 떨쳐내려 했다.

델타 항공의 최고경영자인 바스티안은 비행기 좌석을 뒤로 젖히는 예절에 대한 생방송 토론이 벌어진 텔레비전 인터뷰를 막 마친 참이었다. 몇 주 전, 아메리칸 항공 여객기에 탑승한 한 승객이 앞의 승객이 완전히 좌석을 젖히자 좌석 등받이를 주먹으로 반복해서 때리는 동영상이 온라인상에서 화제가 되었다. 신앙심 깊은 바스티안은 델타 항공이 이런 일에 휘말리지 않은 것에 대해 하느님께 감사드렸다. 하지만 델타 항공사 역시 지난 10년 동안 승객들의 좌석을 더욱 좁게 만들었고, 다리 공간의 추가 사용에 대해 요금을 청구했기 때문에 안심하고 있을 수 없었다.

세련된 인터뷰이인 바스티안은 인터뷰에서 위기의 순간을 기회로 바꾸었다. 키가 190센티미터나 되는 바스티안은 TV 인터뷰 진행자에게 늘 그렇듯이 인터뷰를 위해서 이코노미석을 타고 이동했으며, 좌석을 젖히지 않았다고 이야기했다. 만약 좌석을 젖혀야 한다면 정중하게 뒷사람에게 양해를 구해야 한다고 설명하면서, 예의를 지키는 것이 중요하다고 강조했다. 공항의 격납고로 향하면서 바스티안은 짜증을 가라앉히고 행복한 생각에 집중하려고 노력했다. 어쨌거나 그날은 밸런타인데이였으니 말이다.

바스티안이 격납고로 간 이유는 델타 항공의 가장 큰 허브에서 직원들에게 일종의 러브레터를 전달하기 위해서였다. 델타 항공은 얼마 전 2019년 재무보고를 발표했고, 매출 449억 달러와 순수익 41억 달러를 기록하면서 전 세계 항공사 중에서 가장 높은 수익을 기록했다고 밝혔다. 검은색 스트라이프 슈트와 포레스트

그린 색의 타이를 맨 바스티안은 직원들에게 이익에서 그들의 몫을 지불할 것이리고 발표했다. 상여금은 평균 월급의 2개월 치로, 직원들에게 지급될 총상여금은 약 16억 달러였다. 그의 이야기를 들은 직원들은 손을 들어 올리면서 환했다. 바스티안은 "이번 밸런타인데이는 붉은색이 아니라 달러를 의미하는 초록색입니다. 오늘은 수익을 공유하는 날이니까요." 115에이커의 격납고가 요동쳤다.

이번 결정은 기업으로서는 이례적이었지만, 델타 항공이 10여 년 전 파산을 신청하면서 약속했던 유산이었다. 2005년 델타 항공은 직원들에게 급여와 연금 삭감을 수용해달라고 간청하면서, 회사가 회복되면 보상금을 나누어주겠다고 약속했었다. 델타 항공이 지난 수년간 노조를 조직하려는 직원들의 움직임을 막을 때에도 이 같은 약속이 주효하게 작용했고, 2만 5,000명의 승무원은 노조에 가입하지 않았다(전국승무원노조 위원장인 사라 넬슨Sara Nelson은 애틀랜타 공항의 직원들 속에서 상황을 주시하고 있었다. 사라의 노조는 델타 항공의 승무원들을 노조에 가입시키기 위하여 세 번의 노력을 했으며, 이번에는 네 번째 준비를 하고 있었다).

델타 항공은 이후 매년 연간 수익의 약 15%를 직원들에게 지급하면서 약속을 지켜왔다. 처음 델타 항공이 파산 선고를 했을 때는 적은 액수였다. 하지만 이제는 6년 연속 수익이 10억 달러가 넘고 있었다. 바스티안은 직원들에게 역사상 어느 기업의 성과금보다 많은 금액이라고 설명했다.

바스티안은 관리 직원에게 손짓을 했고, 그는 버튼을 눌렀다. 그러자 커다란 흰색 천이 바닥으로 떨어지면서 두 달 전에 독일 함부르크에서 생산된 1억 1,600만 달러의 199인승 제트기인 에어버스 A321기가 모습을 드러냈다. 본체에는 델타 항공 직원 한 명 한 명의 이름과 델타 고유의 붉은색 블록 글자로 '감사합니다'라고 새겨져 있었다. 모두 9만 명의 이름이 새겨졌다. 이들 중 상당수는 바스티안이 말하는 '가장 어두운 시간'에 델타 항공을 지켜냈으며, 이제 그에 대한 보상을 받게 되었다. 하지만 직원들도, 바스티안도 또 다른 어두운 시간이 다가오고 있다는 사실은 알지 못했다. 이후 연말이 되면 그들 중 1만 8,000명은 월급을 받지 못하게 될 운명이었다.

불과 몇 주 전, 바스티안은 라스베이거스 컨벤션센터의 무대에 올랐다. 그곳에는 기자와 애널리스트, 얼리어답터 수천 명이 기술 장비 분야의 최대 연례 회의인 '소비자 가전 전시회Consumer Electronics Show, CES'를 위해 모여 있었다. 바스티안은 넷플릭스, 벤츠, NFLNational Football League 같은 회사의 임원들이 참석한 행사에서 항공 분야의 최고경영자로는 최초로 기조연설을 했다. 바스티안은 수년 동안 델타 항공을 고객들과 월스트리트 투자자들로부터 낮은 점수를 받았던 상품화와 자본 집약적이고 경쟁이 치열한 항공사에서 혁신적인 기업으로 탈바꿈시켰다. 그는 델타 항공이 상품을 판매하는 것이 아니라, 경험을 판매한다고 믿었다.

확실히 델타 항공은 자랑할 만한 성과가 많았다. 미국의 주요 항공사 중 최고의 정시율, 가장 건강한 재정 상태, 업계 평균보다 항공권 가격을 10% 높게 책정할 수 있는 프리미엄 위치였다. 애틀랜타 본사에 있는 바스티안의 팀은 전 세계에서 가장 높은 매출을 기록한 항공사로서 2019년을 마무리하고 있었다. 지난 여름은 델타에게 최고의 시간이었다. 항공기의 좌석은 평균 90% 이상 채워졌고, 하루에 60만 명의 승객을 전 세계 300개 이상의 공항으로 실어 날랐다. 델타 항공은 2020년에 6%의 매출 성장을 예측하고 있었다.

그러나 라스베이거스 컨벤션센터는 이러한 성과를 늘어놓기에 좋은 장소가 아니었다. 대신 바스티안은 항공 여행이 만들어 내는 마법을 회복할 수 있는 원활하면서도 쾌적한 새로운 제트기 시대에 대한 미래지향적인 비전을 제시했다.[10] 생체인식 키오스크가 여행객들을 공항 라운지로 안내할 것이며, 여행객의 짐을 실시간으로 추적하여 확실하게 목적지에 도달하도록 만들 계획이었다. 바스티안은 짐을 처리하는 직원들이 무거운 캐리어를 쉽게 나를 수 있도록 제작된 로봇 외골격을 선보였다. 또한 영화 넷플릭스와 훌루Hulu 스트리밍 서비스의 대안으로 제안된 기내 좌석 엔터테인먼트 시스템에서 제공하는 「페어웰The Farewell」의 감독과 7분간 인터뷰했다(바스티안은 사람들이 항공기 내에서 눈물을 흘리기 쉽다는 데이터를 인용하면서, 눈물샘을 자극하는 영화를 좋아하는 고객들을 공략하기 좋다고 강조했다).

바스티안은 델타 항공을 항공사가 아니라, 공항까지 여행객들에게 교통수단을 공유하고, 줄이 짧은 검색대를 알려주는 디지털 여행 컨시어지라고 브랜딩했다. 델타의 사내 벤처 캐피털 조직이 공동 개발한 '평행 현실Parallel Reality 화면'은 공항의 항공편 안내 화면 앞에서 정보를 확인하는 여행객을 인식한 후 일정을 그의 언어로 보여줄 수 있다. 이 새로운 시스템은 승객이 항공권을 예약한 순간부터 수화물을 찾는 순간까지 모든 경험을 선물처럼 포장해 리본으로 묶어주는 것과 같다고 해서 델타 항공이 '트래블 리본travel ribbon'이라고 이름 붙인 시스템을 한 단계 발전시킨 것이었다.

델타 항공은 제트 연료를 석유 공급망의 변화에 의존하는 대신, 필라델피아에 자체 정유소를 구입했다. 좌석의 엔터테인먼트 스크린도 제작했다. 델타 항공기의 정비사들은 델타 항공기를 수리하는 것뿐만 아니라 150개 이상의 다른 항공사와 동일한 서비스를 위하여 돈을 지불하는 공항의 고객들을 위해 일했다. 몇 주 내에 델타 항공은 향후 10년 동안 탄소 중립을 위한 10억 달러 규모의 투자 계획을 발표할 예정이었다.

바스티안이 최고경영자로 있는 동안, 델타 항공은 업계의 최정상에 올랐다. 너무나도 많은 성과를 달성한 델타 항공은 스스로 운명을 개척하는 것처럼 보였다.

하지만 성공은 델타 항공의 전유물은 아니었다. 항공 업계는 지난 10년 동안 호황을 맞았다. 2000년대 중반 미국의 대형 항공사들의 도미노식 파산은 오래전의 기억이었다. 공화당이건 민주당이긴 정부는 규제를 배제하면서 계속해서 항공사들의 합병을 허용했다. 덕분에 수십 개의 미국 항공사들이 델타, 아메리칸, 유나이티드 등 세 개의 메이저 항공사로 통합되었다. 산업이 독점화하면서 기업들은 잔혹하게 비용을 절감하고, 노조에 가혹한 조건을 강요하고, 수화물이나 기내식 같은 무료 서비스는 유료로 전환되었다. 승객들의 불만은 커졌지만, 그렇다고 여행을 단념하지는 않았다. 승객들이 항공 여행에 소비하는 금액은 2006년부터 2019년까지 두 배 이상 증가해 8,000억 달러에 달했다.[11] 항공 산업은 미국 총 GDP의 5%를 차지하면서 미국 경제를 견인했으며, 미국 내 일자리 14개 중 하나를 직간접적으로 지원했다.

경영진들은 부채를 갚고, 노후된 항공기들을 새로운 항공기로 교체했다. 그리고 2010년부터 2019년까지 발생한 현금흐름의 96%인 수백억 달러를 자사주 매입에 사용했다. 이러한 결단의 이유는 2000년대와 1990년대, 그리고 1980년대에 반복된 호황과 불황 때문이었다. 2017년에 항공 산업이 벌어들인 돈은 2011년 대비 약 5배 증가한 380억 달러에 달했다. 이들에게 가장 큰 걱정거리는 곧 닥쳐올 조종사의 부족이었다. 2020년 3월이 되고 며칠 동안 항공 산업의 로비 그룹인 미국항공연합Airlines for America의 회장은 3월 5일로 예정된 연례 전략 회의에 앞서, 미국의 9개 항공사의 최고경영자들의 의견을 타진했다. 그리고 전략 회의에서는 환경과 지속 가능성에 대한 노력이 최우선 의제가 될 것이라고 밝혔다. 항공사의 최고경영자 중 여섯 명은 연합 회장에게 코로나바이러스 때문에 당초의 의제에서 벗어나지 않기를 바란다고 말했다.

우습게도 코로나바이러스의 확산에 불을 붙인 항공 산업은 코로나바이러스로 인해 쓰러질 위기에 처했다. 2020년의 세계는 일반 시민들에게도 부담되지 않는 저렴한 항공 요금 덕분에 유례가 없을 정도로 빠르게 연결되었다. 그 결과, 바이러스는 육로를 통해 느리게 퍼진 것이 아니라 순식간에 퍼져 나갈 수 있게 되었다. 두 도시 간의 직항 연결은 2019년 말을 기준으로 2만 2,000개로 증가하면서 20년이 채 안 되는 기간 동안 두 배로 늘어났다. 12월 말에 중국에서 처음 확인된 코로나바이러스는 여러 국가를 정복하고, 바다 너머로 날아가 먼저 태국, 대만, 한국, 일본을 감염시켰다. 그리고 그다음에는 이란과 이탈리아로 번져 나갔다. 2월 말이 되자 이들 국가는 코로나바이러스의 세계적인 진원지가 되었다.

미국의 첫 번째 사례는 워싱턴주에 사는 35세 남성이었다.[12] 그는 1월 15일 중국에서 집으로 돌아오면서, 시애틀에서 워싱턴의 타코마Tacoma 공항까지 이동했다. 이 남성은 비행기를 타고 있을 때만 해도 전혀 아프지 않았다.

CRASH LANDING

· 3장 ·

이번엔
심각할 것 같아

"지금 상황에서 중국행 항공기를 조종하고 싶나요?"
_ 에드 바스티안(델타 항공 최고경영자)

*중국으로의 비행을 전면 중단할 위기에 처하다

제임스 고먼^{James Gorman}은 초조하게 금으로 도금된 티슈 상자를 바라보았다.

그는 사우디아라비아 리야드^{Riyadh}의 왕궁에서 왕세자인 모하메드 빈 살만^{Mohammed bin Salman}의 오른쪽에 앉아 있었다. 3월 초였고, 리야드의 왕궁에서 시상식이 있은 지 일주일 뒤였다. 이 행사는 고객과 고위 관리의 중동 방문을 동행하고 있는 무건 스탠리의 최고경영자 고먼의 세 가지 일정 중에서 두 번째였다. 며칠 전, 미국은 워싱턴주에서 50대 남성이 코로나 첫 번째 사망자라고 발표했다. 시애틀 근처의 장기 요양 시설에서 환자들이 발생한 것으로 보였고, 캘리포니아와 일리노이, 매사추세츠의 일부 지역에서도 환자들이 확인되었다. 그러나 미국에서의 생활은 대부분 평소와 같이 계속되고 있었다. 고먼은 여행을 취소해야 한다는 생각은 하지 못했다.

정부에 경제의 현대화와 투자에 대한 조언을 하기 위해 줄을 서 있는 월스트리트의 최고경영자에게 전 세계 출장은 특히 중요한 업무였다. 이런 출장은 세계 자본의 교차로라고 할 수 있는 뉴욕에서도 얻기 힘든 전 세계 추세를 확인할 수 있는 창을 제공했는데, 3월 초에는 그러한 창을 찾기 어려웠다.

고먼이 처음 방문한 곳은 쿠웨이트였다. 그곳의 보안 요원은

•3장• 이번엔 심각할 것 같아

아랍에미리트 국부펀드 임원들과의 회의를 위해 건물로 들어가는 그의 이마에 체온계를 갖다 댔다. 고먼은 이 새로운 절차에 마음이 흔들렸다. 그는 2012년 사우디 반도를 강타했던 코로나바이러스의 종류 중 하나인 중동 호흡기 증후군(메르스)을 경험했었다(메르스는 매우 치명적이어서 평균적으로 감염자 10명 중 4명이 사망했다. 천연두보다 더 치명적인 사망률이었다. 하지만 메르스는 감염률이 낮아서 자체적으로 잦아들었다). 쿠웨이트가 최근에 메르스를 경험했다는 사실을 감안하면 특히 주의를 기울이는 것도 당연했다. 그리고 어쩌면 서구 사회가 바이러스의 위험을 과소평가하고 있다는 판단을 하게 되었다. 이틀 후 사우디아라비아에 도착할 때까지 고먼은 왕궁의 의전 담당자들에게 계속해서 악수하지 않겠다고 사양했다. 그들은 고먼에게 몸이 좋지 않은지를 물었고, 고먼은 "아니요, 그냥 조심하는 겁니다"라고 답했다.

사우디아라비아의 에너지 장관이 짧은 회담 중에 호리호리한 그의 어깨에 팔을 두르고 한동안 같은 자세를 유지한 것을 제외한다면 고먼은 신체 접촉을 제한하겠다는 목적을 대체로 달성했다. 하지만 말썽꾸러기로 유명한 34세의 왕세자가 사우디아라비아의 경제를 다양화하고 석유에 대한 의존을 줄일 수 있는 방법에 대해 이야기를 나눌 때 재채기하는 것을 막을 수는 없었다. 왕세자는 재채기할 때마다 갓 잘라낸 듯이 싱싱한 흰색 튤립이 꽂힌 화병 옆 대리석 테이블 위에 놓인 금박을 두른 화려한 티슈 상자에서 티슈를 뽑아냈고, 사용한 티슈는 두 사람 무릎 사이 바닥에 놓인 쓰레기통에 던져 넣었다. 고먼인 이미 이번 회의에 대한 감이 좋지 않았다. 사우디아라비아의 경제는 빠르게 성장하고 있었고, 국제 금융과 투자에 있어서 핵심 국가로 발돋움하기 위해 석유로 벌어들인 돈을 쏟아붓고 있었다. 하지만 미국 정보국이 2018년 「워싱턴포스트」 기자가 암살당한 사건의 배후가 사우디아라비아의 어린 왕세자라고 지목하면서 서구권에서의 평판이 실추되었다. 휴지가 쌓이면서, 고먼의 걱정도 함께 쌓여갔다. 그는 왕궁을 떠나면서 자신과 함께 여행 중이던 모건 스탠리의 국제사업부 책임자 프랭크 페티가스Franck Petitgas에게 걱정을 털어놓았다. 고먼은 "이번 전염병은 심각할 것 같아"라고 중얼거렸다.

심각한 전염병에 대한 경고는 계속되었다. 몇 년 전부터 제약회사 경영진과 공중보건 전문가들은 치명적인 병원체, 즉 슈퍼버그는 크고 작은 방식으로 완벽하게 진화하여 은밀하고 우연한 방식으로 피해를 입힐 수 있다고 경고해왔다. 이러한 경고는 1990년대에 인기를 끌었던 팬데믹을 소재로 다룬 할리우드 고전 영화 「아웃브레이크Outbreak」에서 영감을 제공했다. 「아웃브레이크」는 아프리카의 정글에서 상업적인 이유로 포획된 동물을 판매하는 애완동물 가게에서 판매된 원숭이가 옮기는 치명적인 열대열병이 전 세계를 전염시킨다는 내용의 베스트셀러『핫 존The Hot Zone』을 영화화한 것이다. 책과 영화에서 그려진 허구의 바이러스에 가장 가깝다고 할 수 있는 현실 속 바이러스는 2010년대 중반 아프리카에서 맹위를 떨친 에볼라 바이러스다. 이 바이러스로 1만 1,000명이 넘는 사람들이 사망했으며, 피로 얼룩진 병원 바닥과 장례식 장작더미의 사진이 뉴스를 통해 전 세계에 방송되면서 공포를 불러왔다.

하지만 에볼라와 같은 열대성 질병에 걸린 감염자는 너무 빨리 사망하기 때문에 전 세계로 퍼져 나갈 수 없었다. 사망하지 않더라도, 일단 감염된 사람은 너무 아프기 때문에 식당이나 영화관, 또는 다른 사람들을 감염시킬 수 있는 무리에 섞일 수 없다. 게다가 열대성 질병은 대부분 혈액으로 전염된다. 다시 말해 체액에 밀접하게 접촉해야만 병을 퍼뜨릴 수 있다.

공중보건 전문가들은 진짜 공포는 매우 일상적인, 계절성 독감처럼 공기를 통해 퍼지는 바이러스라고 경고했다. 할리우드 영화 속에서 무섭게 그려진 바이러스보다 2000년대 중반 중국에서 발생한 사스와 같은 바이러스가 더 공포라는 뜻이었다. 이 바이러스는 장기를 녹이고 혈관을 찢는 수고를 하지 않는다. 대신 인체에 유입되어 자리를 잡고, 폐로 들어가 느리면서도 조용하게 확실한 피해를 입힌다. 진짜 무시무시한 바이러스의 초기 증상은 우리가 단순 감기로 치부하는 수많은 바이러스와 비슷하다. 즉 영화 속에서 그려진 허구의 괴물 같은 바이러스가 아니라, 바이러스 감염에 유리한 특정을 가지고 있어서 바이러스 학자들을 당황하게 만들 것이라는 예측이었다. 전문가들에 의하면 보건 당국이 긴장할 정도의 사망자를 초래하지만, 감염자 상당수는 살아 있고 심지어 일상생활에 문제가 없을 정도로 움직임이 가능하여 감염률을 더욱 높일 것이라고 경고했다.

그러한 중간 지대는 생물학적 특징으로 유전자 코드 가닥에서 돌연변이가 발생해 진화의 측면에서 이점을 갖게 될 것이다. 바이러스가 가진 한 가지 목적은 더 많이 퍼지는 것이다. 그런데 숙주가 너무 빨리 죽어버린다면, 이러한 목적을 달성하지 못하게 된다.

2020년 3월, 코로나19는 이 모든 특징에 모두 부합하는 것처럼 보였다. 우한의 시장에서 감염이 시작되었다는 징후는 확인되었다. 중국 내 초기 감염 사례에는 가족들이 다수 포함되어 있었다. 가족 구성원이 함께 우한 시장에서 판매되는 우리에 갇힌 마멋이나 말레이 고슴도치 같은 이국적인 동물들에 의해 감염되었을 가능성은 작았다. 가족 간 전염은 바이러스가 밀접한 접촉에 의해 전파된다는 사실을 반증했다. 말을 하면서 자연스럽게 교환하는 공기 중 비말에 의해 전염되고 있음을 나타내고 있었다.

그러던 중 2월에 발표된 초기 과학 연구[1]에서는 코로나19의 사망률이 사스의 절반에 가까운 5.25%라고 했다. 일반 겨울 독감보다 약 50배나 치명적이었다. 명확하게 바이러스 감염의 유리한 특징을 가지고 있었다. 초기 보고서들은 코로나19에 걸린 사람들이 증상을 보이기 전에도 병을 전염시킬 수 있는 것으로 보인다고 판단했는데, 이후 사실로 확인되었다. 때문에 코로나 19는 제어가 더욱 어려웠다. 직장이나 학교에서 입증된 것처럼 누군가 아플 때 집에 머물게 하는 것은 쉬운 일이 아니다. 하물며 건강한 사람을 격리하는 것은 거의 불가능하다.

이 새로운 바이러스는 국경을 훌쩍 뛰어넘어 중국 정부의 봉쇄 조치를 피했다. 중국의 봉쇄 조치는 스스로 인정한 것처럼 늦었지만 중국보다 덜 권위주의적인 국가의 봉쇄 조치보다 훨씬 과감하고 엄격하게 시행되었다. 코로나19의 유전적인 뿌리는 현대 의학에 잘 알려진 바이러스군과 같지만, 바이러스는 예측이 매우 어렵다. 어떤 사람은 치료에 잘 반응하고, 또 어떤 사람들은 그렇지 못하다. 어떤 사람은 백신으로 바이러스에 대응할 수 있지만, 그렇지 않은 사람도 있다(예를 들어 아직도 감기를 치료할 수 있는 방법은 없으며, HIV 백신은 수십 년 동안 연구하고 있지만 만들어지지 못하고 있다). 바이러스는 교활하고, 복잡하고, 일편단심이다. 그리고 이 바이러스는 출발부터 인간을 앞지르고 있었다.

며칠 후, 고먼은 뉴욕으로 돌아왔다. 뉴욕에서의 생활은 평소와 다름없어 보였다. 그는 뉴욕 어퍼 이스트 사이드Upper East Side에 있는 이탈리아 식당인 엘리오스Elio's에서 저녁을 먹었다. 함께 식사한 세 커플 중에는 시카고에 파견된 호주 총영사와 그 부인도 포함되어 있었다. 다음 날 고먼은 영사관에서 영예로운 상인 호주 훈장을 받기로 되어 있었고, 총영사 부부는 이 일정을 위해 뉴욕을 방문 중이었다. 몇 달 후에 우울하면서도 자조적인 목소리로 팬데믹 전(미국에서는 이때를 비포 타임스before times(코로나 이전의 시대)라고 불렀다)에 마지막으로 정상적인 외출을 했을 때가 언제냐고 묻는다면, 아마 고먼은 이 당시의 식사를 이야기했을 것이다.

에드 바스티안은 해가 지는 사막에서 음료수를 마시고 있었다. 1월 말, 델타 항공의 최고경영자는 칠레 북동쪽의 아타카마Atacama 사막에서 대여섯 명의 직원과 함께 남아메리카 최대 항공사인 라탐LatAm 항공에 20억 달러를 투자한 일을 축하하고 있었다. 몇 주 전에 성사된 이 거래는 일종의 쿠데타였다. 델타 항공은 뉴욕과 마이애미에서 수개월 동안 비밀회의를 열어 협상을 진행했고, 미국 내에서 오랫동안 파트너였던 아메리칸 항공American Airlines에게서 라탐을 낚아챘다. 나흘간의 아타카마 여행은 두 기업의 경영진 중 다수가 참여한 최초의 회의였다. 라탐 측은 자신의 나라를 보여주고 싶었고, 델타 항공 측은 20억 달러로 구매한 대상을 확인하고 싶어 했다. 그룹 하이킹, 현지 온천에서의 머드 목욕, 세계에서 가장 큰 지하 광산 투어를 마친 후, 붉고 들쭉날쭉한 화성처럼 보이는 풍경이 내려다보이는 호텔 테라스에서 칵테일과 칠레 바비큐 파티가 벌어졌다.

그런데 바스티안에게는 더 큰 걱정거리가 있었다. 그는 무리에서 빠져나와 사장인 글렌 하인스타인Glen Hauenstein과 델타 항공의 국제 사업부 책임자인 스티브 시어Steve Sear에게 따라오라는 신호를 보냈다. 세 사람은 테라스에 모였고, 바스티안은 "중국 문제에 대한 해결책을 찾아야 해요"라고 말했다.

중국에서 보고된 코로나바이러스 사망자 수는 약 170명, 감염자는 7,700명으로, 2003년 사스의 암울한 기록을 넘어선 상황이었다. 베이징에서 격리된 사람의 수만 5,000만 명이었다. 미국 서부 해안 전체의 인구와 맞먹는 수치였다. 중국 관리들이 소셜 미디어 앱의 정보를 억압하고, 의료 전문가를 포함하여 바이러스의 위협을 알리려는 모든 사람의 입을 막고 있다는 보도가 파다했다.[2] 전 세계 비즈니스 업계는 사스 발병 당시에도 중국의 이와 같은 행위를 목격한 적이 있었다. 누구나 코로나바이러스가 중국 정부의 보고보다 더 심각한 상황일 것이라고 판단했고, 최소한 중국의 공식적인 수치[3]를 믿을 수 없다고 생각했다.

기업들은 조금씩 물러나고 있었다. 일주일 전에 디즈니는 상하이의 놀이동산을 폐쇄했다. 맥도날드는 중국 발병의 중심인 우한에 있는 매장의 문을 닫았다. 스타벅스는 후베이 전역의 스타벅스 카페를 폐쇄했고, 전 세계 두 번째 시장인 중국에서 일하는 바리스타들에게 마스크를 배포했다. 유나이티드 항공은 로스앤젤레스에서 상하이와 베이징으로 가는 주요 노선을 중단했다. 한편 델타 항공은 예약 수요가 줄어들기 시작한 미국과 중국 간의 일일 비행 스케줄을 절반으로 줄였다.

바스티안은 미국 정부가 중국으로의 비행을 전면적으로 중단하도록 요구하는 것은 시간문제라고 생각했다. 미주리Missouri주 출신의 보수적인 상원의원인 톰 코튼Tom Cotton은 트럼프 정부에 비행을 중단하도록 공개적으로 압력을 가했다. 그리고 행정부의 고위 관리들은 일부 항공사의 임원들에게 해당 조치를 고려하라고 주문했다.

바스티안은 선제적인 조치를 바랐다. 특히 정책적인 결정을 단순하게 트윗하는 것에 그치는 도널드 트럼프 대통령의 성향을 고려하면, 미리 대비해야 할 필요가 있었다. 델타 항공은 이미 1월 마지막 주에 중국 여행이 예정되어 있던 고객 수천 명이 추가 수수료 없이 항공편을 변경할 수 있도록 했다. 하지만 바스티안은 중진 임원들에게 이 조치만으로는 부족하다고 말했다. 결국 중국 일정 전체를 취소해야 한다고 생각했다. 델타 항공은 마일당 최고의 수익성을 기록하고 있는 일일 항공편 수십 개를 취소해야 한다는 뜻이었다.

하인스타인은 "너무 극단적입니다. 정말입니까"라고 반문했다. 그는 이러한 조치를 이행한다면 업계를 혼란에 빠뜨리고, 이미 해외에 있는 승객들을 당황하게 만들 것이라고 생각했다. 게다가 델타 항공의 비즈니스에서 아시아로의 항공편이 차지하는 비율은 약 7%에 달했다. 경쟁사들보다 적지만 타격을 입기에 충분했다. 즉각적인 재정적 타격을 무시한다고 하더라도, 델타 항공은 서구의 출장 고객들 사이에서 더욱 중요해지고 있는 중국에서 발판을 마련하기 위해 상당한 노력을 기울여왔다. 어렵게 얻은 성과였다. 중국의 하늘길은 개방적이지 않았다. 정부가 항공 여행을 통제했기 때문이었다. 해외 항공사들이 공항의 게이트를

·3장· 이번엔 심각할 것 같아

추가하고 가장 인기 많은 항로를 얻기 위해서는 수많은 승인을 얻어야 했다.

2015년에 델타 항공은 중국 내 기반을 강화하고 정부에 자사의 의도를 증명하기 위하여 중국의 3대 항공사 중 하나인 차이나 이스턴China Eastern의 지분을 약간 매입하기 위하여 4억 5,000만 달러를 투자했다. 하인스타인은 너무 빠른 조치 때문에 중국 내에서 델타 항공의 계획이 피해를 입을 것이라고 경고한 것이었다. 또한 바이러스의 위세가 생각보다 약할 수도 있었다. 미국 정부가 항공 스케줄을 취소하도록 명령한다면 따르면 되지만, 델타 항공사가 자발적으로 모든 항공 스케줄을 취소한다면 중국 내 입지를 강화할 때 승인을 받아야 할 관리들의 눈길이 곱지 않을 것이다. 하인스타인은 바스티안에게 모든 가정을 고려하도록 부드럽게 권하고 있었다.

"지금 상황에서 당신이라면 중국행 항공기를 조종하고 싶나요?" 바스티안이 눈을 가늘게 뜨면서 물었다. 승객들은 국제선으로 여행하는 위험에 대한 가치를 판단할 수 있다. 하지만 델타 항공의 조종사들과 승무원들에게는 이동을 거부할 선택권이 없었다. 게다가 바스티안은 정부가 항공사에게 중국으로 가는 항공기를 취소하도록 명령한다면, 남보다 앞서 나가는 것이 가치가 있다고 덧붙였다.

스티브 시어는 마침 술잔을 들고 주위를 배회하던 페리 칸타루티Perry Cantarutti에게 "지금 델타 항공의 중국 스케줄이 전면 취소된 것 같다"고 말했고, 칸타루티는 어리둥절했다.

그의 결정은 며칠 후 발표되었고, 유나이티드 항공과 아메리칸 항공 모두 같은 정책을 발표했다. 치열하게 경쟁하고 있는 미국의 3대 항공사들이 모두 같은 결정을 내렸다는 사실은 당시의 두려움이 얼마나 극에 달했는지를 보여주는 것이었다. 경쟁사가 물러났을 때를 시장 점유율을 확대하는 기회로 삼을 상황이 아니었다.

미국의 항공사들이 같은 우려에 의해 가장 극단적인 방법을 선택했지만, 중국 항공편이 얼마나 오랫동안 운항을 중단할지에 대해서는 합의가 이루어지지 않았다. 아메리칸 항공은 3월 27일까지 중국행 항공기의 운항을 즉각적으로 중단하기로 했다. 델타 항공과 유나이티드 항공은 일주일 동안 일정을 유지한 다음 유나이티드 항공은 3월 28일까지, 델타 항공은 4월 30일까지 일정을 취소하겠다고 밝혔다. 코로나바이러스의 위협이 얼마나 오래갈지 아무도 예측하지 못했다. 항공사들은 수개월 전에 미리 항공 스케줄을 계획하고, 소프트웨어에 막대한 양의 데이터를 투입한다. 예를 들어 시카고에서 올랜도로 가는 추가 노선을 만들거나, 인기 드라마인 「왕좌의 게임」 덕분에 급증하는 아이슬란드 관광을 기회로 활용할지를 판단한다. 하지만 당시에는 아무런 계획도 세우지 못했다.

경영진과 애널리스트들이 항공 업계에 미칠 잠재적인 영향을 예측하려고 노력하는 가운데 유일하게 활용할 수 있는 선례는 사

•3장• 이번엔 심각할 것 같아

스 바이러스뿐이었다. 2003년에 사스가 발병했을 때, 태평양을 횡단하는 항공편의 이륙이 중단되었고, 겁을 먹은 여행객들이 칩거하면서 국제 항공사의 수익 약 100억 달러가 증발했다.[4] 하지만 지난 몇 년간 항공 산업계에서 중국이 차지하는 중요성이 폭발적으로 커졌다. 2020년을 기준으로 중국을 드나드는 국제 여행객은 2003년 대비 10배나 증가했고, 1년 평균 4억 5,000만 명이 늘었다. 주요 항공사들에게 수익성이 가장 좋은 고객은 출장 여행객들이었다. 그들은 공장을 세우고, 거래를 성사시키며, 급성장하는 중국의 기술 현장과 번영하는 소비자 계층에 대한 통찰력을 얻기 위해 중국으로 몰려들었다. 따라서 이번에는 사스가 발병했을 때보다 상황이 훨씬 나쁠 것이었지만, 얼마나 나쁠지는 아무도 알 수 없었다.

기업의 최고경영자들은 다음 상황을 알지도 못한 채 기존의 계획을 수정해야 했다. 확진자가 매일 늘었고, 알지 못했던 생물학 정보가 밝혀지면서 매일 지침이 바뀌었다. 3년 단위의 계획에 익숙했던 경영진들은 즉석에서 결정을 내려야 했다. 게다가 그 계획은 며칠 후면 다시 변경되기 일쑤였다.

메리 플뢰리Mary Fleury는 디트로이트 공항 근처에 있는 이름 모를 호텔 복도에 앉아 있다가 자신의 이름이 불리는 것을 들었다. 플뢰리는 오랫동안 포드의 보안 책임자로 일하면서 전 세계 수십 개의 공장과 임원들을 감독하고, 공장 현장의 사진을 찍기 위해

온 정치인들과 고위 관리들을 보호하는 임무를 맡고 있었다. 플뢰리가 지키고 있는 곳은 지금까지 맡았던 장소보다 저렴한 곳이었다. 플뢰리는 상사인 짐 해켓과 회장인 빌 포드가 극비 프로젝트를 진행하고 있는 호텔 스위트룸 밖에서 경비를 서고 있었다. 두 사람은 몇 주 전에 해켓의 은퇴 일정을 짜기 위해 팜 스프링스에서 만났고, 이제는 첫 번째 단계를 계획하고 있었다. 그것은 바로 오랫동안 자리를 차지했던 자동차 부서의 수장이 물러나고, 포드의 전략 책임자인 짐 팔리가 해켓의 후임자로 임명되는 경영재편이었다.

이러한 조치는 해켓이 포드에서 진행한 중국과 실리콘 밸리의 경쟁사를 앞지르며, 월스트리트의 비난을 받았던 110억 달러 규모의 구조조정 다음 단계였다.[5] 매우 민감한 논의였다. 해켓은 언제나 사무실을 개방했지만 이번에는 누가 눈치라도 챌까 봐 디트로이트 시내 외곽에 위치한 포드의 본사에서 논의할 수 없다고 판단했고, 어쩔 수 없이 공항 호텔의 스위트룸을 예약했다. 호텔의 벽은 경영 재편을 보여주는 조직도로 뒤덮였고, 경계를 위하여 플뢰리에게 밖을 감시하도록 했다.

잠깐의 휴식 중에 해켓의 생각은 다시 바이러스로 향했다. 일주일 전 그는 라스베이거스 포드 딜러들과의 회의에서 전국에서 날아온 3,000명의 참석자들 중 많은 사람과 악수를 나누었다. 이후 그는 수석비서에게 "여기에 이미 바이러스가 퍼져 있다면 어떻게 될까?"라고 말했다. 이런 걱정은 바이러스가 이란으로, 그다음으로는 이탈리아로 번지고, 모든 병원의 인공호흡기가 동이 나고, 환자들은 호흡곤란으로 사망하며, 간호사들이 플라스틱 커버를 씌운 아이패드로 입을 가리며 작별인사를 하는 종말론적 뉴스가 전해지면서 더욱 증폭되었다. 해켓은 역학을 잘 알지 못했다. 하지만 그의 아버지는 대형 동물을 치료하는 수의사였고, 소들에게 번진 전염병의 치료 방법을 이야기할 때 아버지의 얼굴이 어떻게 변했었는지 기억하고 있었다. 질병은 무자비하고 빠르게 퍼진다.

그는 복도로 머리를 내밀고 보안 책임자에게 "플뢰리, 위기관리팀이 있나요? 일종의 비상대응팀이 있냐고요?"라고 물었다. 플뢰리는 전사적 임원으로 구성된 비상대응팀이 있다고 말했다. 해켓은 "그들을 불러야겠어요"라고 말했다.

빠르게 이동하는 바이러스와 그에 따른 피해의 가능성이 해켓의 세심한 후계 계획을 망쳐 버릴 가능성이 있었다. 다음 주 월요일, 2월 초였지만 온도가 낮은 미시간주에서도 유독 쌀쌀한 날씨였다. 하지만 해켓은 새벽 6시부터 사무실에서 비상대응팀에 전화했다. 이후에는 일주일에 한 번, 일주일에 두 번, 그러다 매일 전 세계 핵심 지역의 경영진으로 구성된 비상대응팀에 전화를 걸었다. 주요 쟁점은 코로나바이러스의 중심인 중국이었다. 포드는 다른 자동차 제조업체와 마찬가지로 정밀하게 조정된 공급망에 의존하여 주로 아시아에서 원자재와 재료를 조달하여 북아메리카와 중앙아메리카의 공장에서 완제품으로 조립했다. 중국 내 봉쇄와 중국에서 출발하는 상업용 화물 운송의 감소는 포드 자동차에 사용되는 수백 개의 부품이 조달되지 않는다는 뜻이었다. 부품 공급이 지연된다면 비용이 증가하고, 중국의 항구에 화물이 누적될 것이며, 근로자의 부족과 상업과 운송에 대한 중국 정부의 제한으로 상황은 더욱 악화할 것이었다. 포드는 태평양을 횡단하는 화물의 이동이 중단되자, 중국 공항에 발이 묶인 민간 보잉 747기 몇 대를 빌렸다. 이들은 2월 중순에 좌석을 빼고 와이어 클립과 가스 뚜껑, 창문 버튼과 같은 부품을 가득 싣고 디트로이트에 착륙했다.

이제 해캣은 자신의 팀에게 변화가 필요하다고 선언했다. 이제는 중국에 있는 포드의 공급망이 문제가 아니었다. 바이러스가 미국을 강타하여 포드 공장을 휩쓸 가능성을 고려해야 했다. 이렇게 되면 포드의 조립 라인에 인력이 부족해질 것이며, 심지어 포드가 어떻게든 생산해낸다고 하더라도 소비자들이 차를 구매하기 위해 대리점을 찾지 않을 수도 있었다. 해캣은 여기에 더해 당시로서는 가능성이 없는 것처럼 보이는 미국 내 봉쇄를 경고했다. 만약 미국이 몇 주간 봉쇄된다면 경제는 후퇴할 것이다. 미국 자동차 기업에게 이보다 더 나쁜 소식은 없었다. 어디에도 갈 수 없는데, 누가 수만 달러를 주고 새로운 자동차를 구매하겠는가?

브라이언 체스키는 아이패드에서 에어비앤비의 수치를 훑어보고 있었다. 그가 넘기는 다채로운 색깔의 차트는 걱정스러운 추세를 보여주고 있었다. 2월부터 지금까지 약 3주 동안 작지만 빠르게 성장하고 있던 중국 내 에어비앤비 예약이 80% 줄어 있었다. 중국 전역에서 코로나바이러스 감염이 계속해서 증가하고 있었다. 당시까지 확진자는 8만 명, 사망자는 2,900명이었다. 이로 인해 에어비앤비에는 새로운 예약은 사실상 사라졌고, 기존의 예약에 대한 환불 요청이 쇄도했다. 공포는 이제 중국을 넘어 한국과 일본, 그리고 심지어 수천 마일 떨어진 이탈리아까지 퍼지기 시작했다. 이탈리아에서는 3월 초까지 확진자가 1,700명, 사망자가 30명을 넘어서고 있었다. 체스키에게 전달되는 에어비앤비 사업의 일일 통계는 전 세계 보건 당국이 발표하는 데이터와 뉴스 미디어의 홈페이지를 반대로 비추고 있는 거울 같았다. 한쪽의 차트는 급격하게 상승하고, 다른 한쪽의 차트는 절벽에서 떨어지는 것처럼 하락하고 있었다.

체스키는 이사회에 이런 메모를 남겼다. "에어비앤비가 창립 후 처음으로 1년 전보다 규모가 작아졌습니다. 우리는 축소되고 있어요."

'축소된다'는 것은 실리콘 밸리에서 용납할 수 없는 일이었다. 실리콘 밸리 기업들의 성장은 박수의 대상인 동시에 당연한 것으로 예측되었다. 주주들은 성숙한 공개기업들이 이익을 창출할 것으로 기대한다. 그런데 지난 10년 동안 스타트업에게는 이상한 목표를 요구했다. 매출과 고객을 늘리고, 경쟁사를 퇴출시키는 일에만 집중하며, 수익은 엉망이 되어도 괜찮은 것이었다. 인기 있는

IT 스타트업들은 매년 수억 달러의 손해를 보더라도, 매출이 성장하고 앱과 웹사이트 사용자만 늘어나고 있다면 용서를 받았다. 뿐만 아니라, 벤처 투자자들의 격려와 투자가 쏟아지기도 했다. 자본만 충분하다면 결국 기업은 성공할 것이고, 시장에서 입지를 굳힐 때까지 새로운 사용자를 얻어낼 것이라고 생각했다.

에어비앤비는 이러한 요구에 기꺼이 응했다. 에어비앤비의 매출은 2015년 9억 1,900만 달러에서 2019년 48억 달러로 성장했다. 반면 비용이 빠르게 증가하면서 같은 기간에 손실이 5배로 늘어나 5억 달러를 기록했다. 2019년 에어비앤비가 벌어들인 3달러 중 1달러는 마케팅 비용으로 지출되었다. 또 다른 1달러는 온라인 결제를 처리한 회사의 서버 및 엔지니어, 수수료 비용을 지불하는 데 사용되었다. 체스키가 구체적으로 IPO를 생각하기 직전인 2019년 한 해 동안 에어비앤비의 손실은 6억 7,400만 달러에 달했다. 그럼에도 불구하고 에어비앤비의 가치는 계속 상승했다. 개인투자자에게 투자금을 모금했던 마지막 해인 2017년에 에어비앤비의 가치는 310억 달러를 기록하면서 미국 비상장 기업 중에서는 우버 다음으로 두 번째로 가장 높은 가치를 기록한 스타트업이었다.

하지만 이제는 이 모든 성과가 휘청거리기 시작했다. 2020년 2월 에어비앤비의 총예약액은 35억 달러로 사상 최고치에 근접했다. 하지만 한 달 만에 예약액은 마이너스가 되었다. 고객이 새로 예약한 금액보다 공포에 질린 고객들이 예약을 취소해 환불한 금액이 더 많았다. 실리콘 밸리에서 가장 밝은 별 중 하나인 체스키는 많은 수익을 창출하지만 그만큼 많은 돈을 지출하여 수익성이 없는 기업의 비즈니스가 멈추면 어떤 일이 일어나는지 알아보려고 했다.

에어비앤비가 변화시키려고 했던 관광 산업 전체가 비슷한 입장이었다. 1월 중순까지 힐튼의 최고경영자인 크리스 나세타는 힐튼의 아시아 대표인 앨런 와츠Alan Watts와 매일 전화통화를 주고받았다. 힐튼은 우한에서 총 4개의 호텔을, 중국 전역에는 수백 개의 호텔을 운영하고 있었다. 힐튼의 중국 내 사업은 나세타의 임기 중 핵심이었던 전 세계 비즈니스를 견인하고 있었다.

힐튼은 20세기 중반 보고타와 이스탄불 같은 이국적인 장소에 호화로운 호텔을 열면서 제트족Jet set(정해진 집이 없이 세계 각지의 집을 임대하여 옮겨 다니는 사람들_역자 주)에게 매우 매력적인 주거지였다. 하지만 21세기 초가 되자 힐튼의 국제 비즈니스는 후퇴하기 시작했고, 힐튼은 금요일 정오에 캘리포니아 본사가 문을 닫는 나태한 기업이 되었다. 2007년, 나세타는 빛바랜 힐튼 브랜드의 과거 영광을 되돌리겠다는 임무를 가지고 최고경영자가 되었고, 공격적으로 국제 시장을 공략하기 시작했다. 당시 힐튼의 주요 건축 중 15%가 해외에서 진행되었다. 그중에서도 중국은 핵심 시장이었다. 힐튼은 중국 내의 성장하는 시장에 집중하기 위하여 선전 지방에 새로운 본사를 건설하는 중이었다. 2019년, 중국 내에서 건설되고 있는 호텔 3곳 중 하나는 힐튼 브랜드의 호텔이었다. 같은 해, 힐튼은 싱가포르에 1,000개 룸이 있는 전 세계 최대 규모의 호텔을 건설하겠다고 발표했다. 2020년 초에는 중국 개발업체인 컨트리 가든Country Garden과 신규 호텔 1,000개를 건설하기 위한 비밀 회담을 진행 중이었다. 만약 합의가 이루어진다면, 힐튼은 중국 내에서 가장 큰 해외 호텔 브랜드로 발돋움할 수 있었다.

그런데 이제는 공격적인 확장이 오히려 짐처럼 느껴졌다. 1월 말, 중국 본토에서만 1만 명의 확진자가 발생하고 최소 250명이 사망했다. 그리고 중국 당국은 우한에 있는 힐튼 호텔 두 곳을 격리된 환자로 채웠고, 나머지 두 곳은 폐쇄되었다. 와츠는 2011년 일본 후쿠시마 대지진 이후 처음으로 아시아 전역에서의 대응을 위해 힐튼 경영자들로 구성된 위기 대책반을 조직했다. 중국의 국영 매체가 발표하는 확진자 정보는 믿을 수 없었다. 그보다 얼마나 신속하게 비즈니스가 증발해 버리는지 추측하기 위해서 국제 항공기 스케줄의 취소 상황을 확인하고, 지방정부에 의하여 폐쇄된 수십 개의 호텔을 확인하는 편이 더욱 확실한 데이터를 제공했다.

3월이 되자, 힐튼 호텔의 60%가 문을 닫았다. 나세타가 "환대의 빛과 따뜻함으로 전 세계를 채우자"라는 콘래드 힐튼의 기업 신념을 다시 강조하면서 미래를 약속했던 시장은 암흑으로 빠져들었다.

CRASH LANDING

·4장·
거품

"상황은 더 나빠질 겁니다. 모든 것을 팔거나,
대규모 헤지를 해야 합니다."
_ 빌 애크먼(퍼싱 스퀘어 최고경영자)

*미국 주식시장, '조정' 국면으로 접어들다

빌 애크먼은 식은땀을 흘리며 잠에서 깨었다. 머릿속에 한 가지 생각이 떠올랐기 때문이었다. '주식시장이 폭락할 것이다.'

2월 23일 일요일 새벽이었다. 투자자들은 애크먼이 런던 출장에서 삶이 평소와 다름없이 보이는 뉴욕으로 돌아온 후에야 불안해하기 시작했다. 그는 한 주 동안 S&P500 지수가 사상 최고치를 경신하는 모습을 바라보면서 걱정하는 사람이 없는 것 같이 의아했다.

애크먼은 아내 네리 옥스먼Neri Oxman과 고민을 나누었다. 두 사람은 1년 전에 결혼했다. 애크먼은 옥스먼과의 결혼이 제약회사인 베일리언트 파마슈티컬스Valeant Pharmaceuticals와 비타민 판매업체 허벌라이프에 베팅하여 실패한 후 자산의 절반을 잃으면서 최악의 5년을 견뎌낸 퍼싱 스퀘어가 부활한 덕분이었다고 생각했다. 이 과정에서 그가 22년간 지속했던 결혼생활이 파탄 났다. 애크먼이 옥스먼을 만난 것은 2017년이었다. 당시 퍼싱 스퀘어는 4년 연속으로 손실을 기록하고 있었다. 그러다가 2018년을 손실 없이 마무리했고, 2019년에는 약 60%에 가까운 수익을 올리면서 최고의 해를 맞았다. 애크먼은 상황을 반전시킬 수 있었던 이유 중 하나가 행복한 가정생활 덕분이라고 생각했다.

그해 봄, 애크먼은 컨퍼런스 참석자들에게 "좋은 관계를 가지고 있다면 어려운 시기를 극복하는 데 도움이 됩니다"라고 발했다. 두 사람의 운은 함께 좋아졌다. 또 2019년 봄에는 딸 라이카를 낳았다.

애크먼과 옥스먼은 서로에게 좋은 짝인 것 같았다. 퍼싱 스퀘어는 다시 수익을 내기 시작했고, 옥스먼은 MoMA에서 전시회를 열었다. 덕분에 애크먼은 이상하게 따뜻한 2월의 저녁에 턱시도를 입고 외출해야 했다. 전시회에서 가장 핵심 작품은 옥스먼이 '물질 생태학'이라고 부르는 유기적이고 기능적인 예술로, 누에로 만든 약 9미터 높이의 구조물이었다. 이 작품을 위하여 1만 7,000마리의 누에를 이탈리아 북부 파도바^{Padua}에서 수입했다. 문제는 파도바가 중국 다음으로 코로나바이러스가 급증하고 있는 이탈리아에서 코로나바이러스 발생 근원지의 근처에 위치하고 있다는 사실이었다. 애크먼은 누에와 이를 처리하는 사람들이 바이러스를 옮겼을 가능성을 걱정하다가 갑자기 바보같다는 생각을 했다. 그럼에도 애크먼은 옥스먼에게 축하 포옹을 하려는 팬들을 막으며 아내를 보호했고, 두 사람은 일찍 행사장을 빠져나왔다.

그들은 우버를 타고 전시회 성공을 축하하는 저녁 식사를 위해 식당으로 이동하는 길에 유명한 생물 통계학자이며 바이러스의 경로를 파악하는 데 과학자들을 배치하고 있는 니콜라스 크리스타키스$^{Nicholas\ Christakis}$의 전화를 받았다. 부부는 맨해튼에서 유명인들의 사랑을 받는 식당인 미슐랭 3스타 르 베르나르댕^{Le}

Bernardin에서 저녁을 먹었다. 애크먼은 아내에게 어쩌면 앞으로 몇 달 동안은 외식을 하지 못할 수도 있다면서 크리스타키스와의 통화 내용을 알려주었다.

2월 말까지 뉴욕과 뉴욕을 중심으로 하는 금융시장은 평상시와 다름없이 흘러가고 있었다. 하지만 애크먼의 불안은 공황으로 바뀌어 어느 일요일 새벽에 잠에서 깼다. 그는 오후 8시 30분에 투자팀과 화상회의를 소집했다. 임원 중에는 한가롭게 주말을 즐기고 있는 사람들도 있었다. 이 회의는 이례적이었다. 퍼싱스퀘어는 투자 포트폴리오를 자주 조정하지 않았다. 수개월 동안 집중적인 분석을 한 후 투자 포지션을 구축했는데, 가끔은 시장의 동향에도 꿈쩍하지 않는 경향이 있었다. 많은 투자자가 스스로를 '장기 투자자'라고 칭하면서, 투자 기회를 잡으려고 안달복달하는 기회주의자들과 차별화하려고 한다. 하지만 애크먼은 모든 면에서 진정한 장기 투자자였다. 그의 투자 포지션이 유지되는 시간은 평균 4년이었고, 종종 경제적으로 합리적인 시기를 넘길 때도 많았다. 그런 애크먼이 임원들을 소집했다는 사실 자체가 경제의 불확실성을 반증하고 있었다.

애크먼은 2015년에 9,150만 달러에 구입한 1,258제곱미터의 맨해튼 펜트하우스 거실에서 여기저기에 전화를 걸어 베어마켓(하락장)이 다가올 것이라는 주장을 펼쳤다.[1] 중국에서 코로나바이러스 확진자가 계속 증가하고 있다. 이탈리아에서는 패션 위크 행사가 막 끝난 참이었고, 행사를 마친 디자이너, 소매업자,

•4장• 거품

기자들은 밀라노에서 뉴욕, 파리, 런던, 도쿄, 로스앤젤레스로 빠져나갔다. 애크먼은 전화기에 대고 "패션 위크 참석자들이 전 세계 주요 도시를 바이러스로 전염시키고 있어요"라고 주장했다. 그는 미국의 시민들은 규칙을 따르지 않는 경우가 많기 때문에 바이러스를 통제하기는 더욱 힘들 것이고, 중국 정부와 같은 엄격한 봉쇄는 거의 불가능하다고 판단했다. 안도감에 젖어 역사상 신고가를 기록하고 있는 주식시장은 곧 급락할 것이고, 실업률은 급증할 것이다. 애크먼은 결국 시민들의 소요가 발생할 것이라고 경고했다. 그는 "여러분, 당연한 일입니다. 상황은 더 나빠질 겁니다. 모든 것을 팔거나, 대규모 헤지를 해야 합니다"라고 말했다.

금융 세계에서 헤지란 보험과 같다. 간단하게 생각하면, 원래의 가정이 틀렸을 경우를 대비하여 현재 투자에 대한 반대 포지션을 구축하여 수익을 창출하는 것이다. 예를 들어 애플 주식을 매입한 투자자는 애플에 대한 자신의 판단이 틀릴 수 있다는 이론을 바탕으로 다른 IT 종목을 공매도, 즉 반대로 베팅할 수 있다. 이렇게 하면 지수가 하락할 때도 약간의 돈을 벌게 된다('공매도'란 대개 나중에 갚겠다는 약속과 함께 투자은행으로부터 주식을 차입하는 것이다. 가격이 하락할 것이라고 믿는 투자자들은 현재 주식을 매도하고, 이후에 더 낮은 가격에 주식을 매입하여 은행과의 계약을 충족시키고, 차액을 벌어들인다).

애크먼은 팀에게 두 가지 방법이 있다고 말했다. 퍼싱 스퀘어는 애크먼이 주가 하락을 걱정했던 수십억 달러에 달하는 주식을 매도할 수도 있다. 이는 은행에서 돈을 인출하여 매트리스 밑에 숨겨두는 것과 비슷했다. 두 번째 방법은 퍼싱 스퀘어가 보유한 주식을 그대로 유지하면서, 그가 생각했던 대로 주가가 하락한 다면 보상을 제공할 보험을 마련하는 것이었다. 그의 팀은 멕시코 패스트푸드 체인점인 치폴레^{Chipole}, 스타벅스, 힐튼 및 주택 개조 업체인 로우스^{Lowe's}와 같은 유명 기업이 포함된 퍼싱 스퀘어의 투자 포트폴리오 내의 각 포지션을 검토했다. 애크먼은 힐튼과 전설적인 투자자 워런 버핏이 운영하는 버크셔 해서웨이의 지분을 매도할 것을 제안했다. 두 기업의 주식은 퍼싱 스퀘어 주식 포트폴리오의 약 3분의 1을 차지하고 있었다.

특히 힐튼의 지분을 매도해야 한다는 그의 주장은 분명했다. 애크먼은 정부의 명령에 의한 것이든, 당황한 여행객들이 스스로 결정하든지 여부에 관계없이 봉쇄가 시작되면 숙박 산업이 가장 먼저 타격을 받을 것이라고 말했다. 힐튼이 힐튼 브랜드를 달고 있는 호텔을 모두 소유한 것은 아니지만, 이들에게 매출의 일부를 받고 있었다. 만약 돈줄이 말라 버린다면 힐튼은 파산할 수도 있다고 애크먼은 주장했다.

버크셔 해서웨이 주식을 매도해야 한다는 주장은 두 가지 이유 때문이었다. 퍼싱 스퀘어가 버크셔 해서웨이에 투자한 것은 고작 6개월 전이었다. 그때까지 주가는 크게 오르지 않고 있었다. 따라서 이 종목을 매도하면 세금을 많이 내지 않으면서도 현금을 확보할 수 있었다. 데어리 퀸^{Dairy Queen}부터 게이코^{GEICO} 보험, 벌링턴 노던Burlington Northenr에 이르는 다양한 회사를 소유하고 있는 버크셔 해서웨이는 퍼싱 스퀘어의 포트폴리오에는 맞지 않는 종목이었다.

애크먼은 오랫동안 버핏을 흠모해왔으며, 오마하에서 열리는 버크셔 해서웨이의 연례 주주총회에 자주 참석하곤 했다(1994년 당시 28세의 초보 헤지펀드 매니저였던 애크먼은 워런 버핏에게 월스트리트의 살로몬 브라더스Salomon Brothers에 대한 버크셔 해서웨이의 투자에 대해 질문했다. 그는 "저는 뉴욕에서 온 빌 애크먼이라고 합니다"**2**라는 말로 질문을 시작했다). 그로부터 25년이 지난 2019년 봄, 그는 퍼싱 스퀘어 자금의 11%를 버크셔 해서웨이 주식에 쏟아부었다.**3** 주가가 엄청나게 저평가되었다고 생각했기 때문이었고, 덕분에 그때까지는 수익을 기록하고 있었다.

하지만 애크먼은 적극적인 투자자로 알려져 있다. 공기업 지분을 확보하여 개인적인 방법을 활용하거나 대중의 압박을 이용하여 취약한 부문을 분사하거나, 경영진을 교체하거나, 시장에 매각하는 등 정책의 방향을 바꾸도록 만드는 것은 그의 전형적인 전략 중 하나였다. 하지만 버크셔 해서웨이에게는 이러한 압박을 사용할 수 없었다. 버핏은 버크셔 해서웨이의 의결권 주식 중에서 약 3분의 1을 확보하고 있었기 때문에 주주들의 말을 들을 필요가 없었다. 게다가 그는 투자 분야에서 너무나 큰 존경을 받고 있어서 난공불락이었다. 애크먼은 기업 경영자들이 자신의 아이디어를 받아들이도록 압박하기 위해서 충분한 소음을 만드는 강력한 힘을 이용하는 투자 방식을 가지고 있었다. 하지만 버크셔 해서웨이는 이러한 방식이 통하지 않는 대상이었다. 애크먼은 혼란스러운 상황을 앞두고 퍼싱 스퀘어의 돈이 변화를 일으킬 수 있는 기업에 투자되기를 바란다고 말했다.

그의 임원들은 애크먼의 두 가지 제안을 모두 반대했다. 우선, 애크먼은 기업 사냥꾼이라는 평판에서 벗어나 장기 투자자의 부드러운 이미지를 얻으려고 오랫동안 노력해왔다. 퍼싱 스퀘어가 오랫동안 투자 포지션을 유지했던 힐튼을 매도한다면 오히려 전자의 이미지를 강화할 것이다. 게다가 애크먼은 힐튼을 잘 알고 있었고, 최고경영자인 나세타를 존경했다. 버크셔 해서웨이의 경우 버핏은 위기의 시기에 돈을 버는 재주가 있었다. 2008년에 주가가 폭락했을 때는 필사적인 기업들이 버핏에게 의존하여 기업의 생명을 지키려고 했고, 버크셔 해서웨이는 폭락 이후 엄청난 수익을 확보할 수 있었다.

버핏은 "남들이 욕심을 낼 때는 걱정하고, 남들이 걱정할 때는 욕심을 내라"는 투자 격언을 지켰고, 덕분에 수십억 달러의 돈을 벌어들였다. 퍼싱 스퀘어의 임원인 앤서니 마사로^{Anthony Massaro}는 애크먼에게 "지금이야말로 버핏이 진가를 발휘할 때입니다"라고 진언했다. 매도는 답이 아니었다. 그렇다면 답은 막대한 헤지였다.

애크먼은 단순하면서도 대담한 아이디어를 따르기로 했다.

아이러니하게도 이 전략에는 2008년 금융위기의 원인으로 지목된 신용부도스와프Credit-Default Swaps, CDS도 포함되었다. 신용부도스와프는 화재의 위험으로부터 집주인이나 자동차 소유자를 보호하는 것이 아니라, 금융 손실로부터 대출자를 보호하는 상품이었다. 채권 투자자들은 자신들에게 돈을 빌리는 사람들이 돈을 갚지 않을지도 모른다는 리스크를 짊어져야 한다. 돈을 빌리는 주체가 포춘 500대 기업이든 지방자치단체이든, 수천 명의 개인 소유자이든 마찬가지다. 지금도 전 세계 어딘가에서는 또 다른 투자자가 수수료를 받기 위해 이러한 리스크를 떠안고 있다. 신용부도스와프는 이들을 연결해주는 역할을 한다. 스와프의 매수자는 판매자에게 정기적으로 돈을 지불한다. 일종의 보험료인 셈이다. 채무자가 채무를 이행하지 않으면 판매자는 원금과 이자를 지불하고, 매도자의 재정을 지켜낸다. 물론 그 중간에는 양측을 연결해주고, 양측에서 수수료를 받는 투자은행이 존재한다.

1990년대에 JP모건에서 만들어진 이 금융 상품은 짧은 시간에 상당한 인기를 끌었다. 2005년이 되자 신용부도스와프 시장[4]은 6조 4,000억 달러 이상의 가치를 갖게 되었으며, 3년 후 가치는 61조 2,000억 달러[5]로 늘어났다. 당시 전 세계 주식에 투자된 총액의 3배에 해당하는 규모였다. 이론적으로 신용부도스와프는 사회적인 선이었다. 대출기관들은 손실의 위험으로부터 스스로를 보호할 수 있고, 덕분에 더 많은 돈을 대출해주어 등급이 낮은 기업들도 필요한 자본을 얻을 수 있게 된다.

그러나 2000년대 중반이 되자, 신용부도스와프는 안정적인 보험 상품이 아닌 일종의 카지노 도박이 되었고, 투자자들의 투기 대상이 되었다. 애크먼은 그들 중 하나였다. 2007년, 애크먼은 지방채 발행자인 MBIA와 Ambac의 채권에 대한 신용부도스와프를 매입하여 수억 달러를 벌었다. 금융위기가 발생한 후 신용부도스와프의 인기는 줄어들었다. 새로운 규제 때문에 투자가 어려운 것도 이유였지만, 수익성이 하락했기 때문이었다. 여전히 금융시장의 배경 속에 존재하는 상품이었지만 2019년 말에 시장 규모는 7조 6,000억 달러로 줄어들었다. 금융위기 전과 비교해 87%나 줄어든 것이었다. 한 금융 전문가의 말을 빌리면 스와프는 더 이상 사회의 악도, 두려워할 대상도 아니었고, 지루한 상품으로 전락했다.

하지만 애크먼은 신용부도스와프가 전혀 지루하다고 생각하지 않았다. 그에게는 많은 수익을 보장하는 전형적인 베팅이었다. 투자금은 상대적으로 적지만, 잠재적인 보상은 방대했다. 런던경제대학에서의 강연에서 애크먼은 신용부도스와프의 성공 사례를 소개하면서 "맞으면 막대한 부를 벌어들이고, 틀리면 약간의 돈을 잃을 뿐인 놀라운 도구이다"라고 설명했다. 모든 종류의 보험들과 마찬가지로, 신용부도스와프는 가격이 정확하게 책정되어야만 작동한다. 어떤 자동차 보험회사이든 무모한 운전자에게 저렴한 보험 상품을 제공하면 파산하기 마련이다. 따라서 파산의 위험이 있는 기업의 신용부도스와프는 비싸고, 반면 초우

량인 트리플 A 신용등급인 마이크로소프트와 같은 매우 안전한 기업이 발행한 채권은 적은 금액으로 보험에 가입할 수 있다.

그런데 2월 말까지 상황은 이상하게 흘러갔다. 신용부도스와프의 판매자들이 크게 걱정하지 않는 것처럼 보였기 때문이다. 무디스Moodys와 스탠더드앤드푸어스Standard & Poors에서 신통치 않은 등급을 받은 기업들도 아주 적은 돈으로 신용부도스와프를 구매할 수 있었다. 금융보험의 일종인 신용부도스와프의 판매자들은 나쁜 기업의 채권에 대해 보험을 제공하는 대가로 신용이 좋은 기업의 채권에 보험을 제공하는 것보다 아주 큰 보험료를 청구하지 않고 있었다. 다시 말해, 위험한 대출자들과 안전한 대출자들을 구별하고 있지 않는 것처럼 보였다.

애크먼은 일요일에 열린 화상회의에서 "시장이 가격을 완전히 잘못 책정하고 있다"고 말했다. 만약 그가 생각하는 것처럼 코로나바이러스 때문에 전국적인 봉쇄가 이루어진다면, 트리플 A 신용등급도 아무런 의미가 없어질 것이다. 무디스에서 어떤 신용등급을 매겼든 매출이 0으로 추락한다면 살아남을 수 있는 기업은 없었다.

그래서 퍼싱 스퀘어의 주식시장 가치는 하락할지 모르지만, 회사채에 베팅함으로써 주식에서 잃은 금액을 회수할 수 있을 것이다. 게다가 투자자들은 아직도 위험을 파악하지 못하고 있었고, 아직은 위험이 멀리 있다고 믿고 기쁜 마음으로 적은 보험료를 받는 것에 만족하는 투자자들 덕분에 퍼싱 스퀘어는 역사적으로 저렴한 금리로 회사채에 투자할 수 있었다.

다음 날 아침, 애크먼은 인생에서 가장 큰 거래를 시작하는 자신의 트레이더들에게 "매입을 시작합시다"라고 선언했다.

정확한 단어를 사용하지는 않았지만, 애크먼은 금융시장에 분명히 거품이 형성되고 있고, 거품이 곧 터질 위험에 처했다고 판단했다.

금융 거품은 매우 인간적이다. 1600년대에 암스테르담의 상인들은 튤립 구근에 열광했다. 1920년대에 미국 주식, 1990년대 일본 부동산, 1990년대 후반에 닷컴 회사, 그리고 겨우 10년 전에 미국 주택에 대한 투자자들도 마찬가지였다. 어떤 경우, 거품은 한창 때에도 터무니없어 보이기도 하지만(비니 베이비Beanie Baby 투기 사태를 생각해보자. 비니 베이비는 미국에서 만들어진 봉제 인형으로, 독특한 디자인과 희귀성 때문에 수집품으로 투기가 이루어졌다._역자 주), 대부분은 지나고 나서야 거품이었다는 것을 판단할 수 있다.

그런데 어느 경우이든 분명한 패턴을 확인할 수 있다. 투기의 가치를 맹신하는 사람들이 자신이 선택한 자산이 세상을 바꿀 것이라고 믿고 투기의 대상을 수집한다. 투자자들은 유행을 좇지 않으면 뒤처질 것이라는 생각에 뒤늦게 투자에 뛰어든다. 매수 광풍으로, 이익과 전망에 대한 냉철한 경제 분석으로 지지할 수 없는 수준으로까지 자산 가격이 상승한다. 회의적이었던 사람은 돈을 벌 기회를 잃었다는 생각에 불평하고, 투자에 뛰어든 사람은 부자가 된다.

2009년과 2019년까지 10년 동안에도 같은 일이 일어났다. 다만 주거용 부동산, 네덜란드 튤립, 기술주 등 투자가 한 곳에 집중되었던 것이 아니라, 거의 전 세계 금융 시스템 전체에서 가격이 상승했다.

2009년 3월부터 2020년 3월까지 S&P500 지수는 400% 상승했는데, 이는 2008년 대폭락의 잿더미에서 부활하여, 논리를 벗어나는 듯이 보였던 10년간의 강세장이었다. 심지어 세계적인 상업을 위협했던 양대 경제국인 미국과 중국의 무역전쟁도 빗겨가는 듯했다. 허리케인, 정치적 갈등, 유례없던 미국의 신용등급 강등, 유럽의 막대한 부채도 가격의 상승을 멈출 수 없었다. 사실 기업의 이익은 실질적으로 상승했다. 다만 주식의 가격이 훨씬 더 빠르게 상승한 것이 문제였다. 2011년, 투자자들은 S&P500 지수에 포함된 기업의 주식을 매수하려면 연수익의 13배에 이르는 가격을 지불해야 했다. 2020년에는 주가가 연수익의 25배에 달했다. 계속해서 지금과 같은 주가 상승이 지속할 수 없다는 경고는 오히려 잘못된 예측이 되었다.

주식의 가격이 상승하는 동안 부채는 저렴해지고 풍부해졌다. 애크먼이 찾아낸 이례적인 현상, 즉 안전한 대출자보다 위험한 대출자들에게 약간 더 많은 이자를 부과하는 채권 투자자들 사이의 분별력 결여는 더욱 두드러졌다. 2016년에 미국 기업에 부과되는 이자는 재무부 채권보다 단 2%포인트 높을 뿐이었다.

2020년 초가 되자, 기업이 지불하는 대출 이자는 국채 대비 단 1%포인트 높은 수준에 불과했다.[6] 다시 말해 미국의 기업은 역사상 단 한 번도 이자를 밀린 적이 없는 미국 정부만큼 안전한 투자처라고 생각되고 있었다.

여기에 알고리즘을 사용하여 미시적인 가격 움직임의 동향을 탐지하는 컴퓨터가 주도하는 새로운 전략의 등장은 의심 많은 사람까지 빨아들여 추세에 동참하게 만들었다. 간단하게 설명하면, 이 새로운 전략은 사람들이 매수할 때 같이 매수하고, 사람들이 매도할 때 같이 매도하는 것이었다. 기본적으로 주식이나 채권이 너무 많이 오르면 고평가된 것이어서 팔아야 하고, 너무 많이 떨어지면 싸기 때문에 매수해야 한다는 펀더멘털 투자와 반대되는 전략이다. 이러한 전략은 '모멘텀 투자'라고 한다.

어쩌면 이 전략에 2010년대 말에 소셜미디어 세상에서 흔히 회자하던 포모FOMO 증후군이라는 용어가 더 잘 어울릴지도 모른다. 포모 증후군이란 유행에 뒤처지는 것을 두려워한다는 뜻의 'Fear Of Missing Out'의 앞글자를 따서 만들어진 용어로, 화려한 삶의 순간을 보여주는 페이스북과 인스타그램의 게시물들을 볼 때 걱정과 혼자 뒤처지고 있다는 느낌을 동시에 받는 현상을 의미한다. 지난 10년 동안, 금융시장에서 포모가 지배적인 힘으로 펀더멘털 투자를 대체했다. 하지만 '비니 베이비'나 '네덜란드의 튤립 구근'에 대한 투자처럼 맹목적임 거품은 아니었다. 다만 문제는 언제 거품이 터지느냐는 것이었다.

빌 애크먼은 거품이 꺼질 때 쏟아질 물을 담을 양동이를 들고 기다리고 있었다.

애크먼은 오래 기다릴 필요가 없었다.

퍼싱 스퀘어가 거래를 시작한 다음 날인 2월 25일, 미국 질병통제예방센터CDC, Centers for Disease Control and Prevention 국가호흡기질환센터의 낸시 메소니에Nancy Messonnier 국장은 기자들과의 화상회의에서 "이제 문제가 발생할지 여부가 아니라, 언제 발생하고, 얼마나 많은 사람이 감염될 것인지가 중요합니다"라고 말했다. 전세계 코로나19 사망자는 2,800명, 감염자는 8만 2,000명이 되었다. 메소니에 국장은 코로나바이러스가 이미 미국 내 공동체에 전파되었거나, 곧 전파될 것이라고 설명했다. 정확한 진단 방법도 없었기 때문에, 실제 감염자는 더 많을 것이었다. 메소니에 국장은 부모들에게는 학교에 연락하여 긴급 봉쇄 계획을 묻게 했고, 고용주들에게는 원격근무 방법을 고려하도록 권고했다. 미국에서 이전까지 요원하게 들렸던 원격근무, 원격수업, 원격진료가 일상이 되어가고 있었다.

다음 날 2월 26일,[7] 미국 당국은 해외여행을 간 적이 없지만, 해외여행을 했던 사람과 접촉하여 감염된 것으로 보이는 캘리포니아의 환자를 특정했다. 이 환자는 미국 내 첫 지역사회 감염으로 판단되었다. 이후 역학 추적 결과, 그보다 훨씬 전에 미국 내 지역사회 감염이 이루어졌던 것으로 판명되었다. 어쨌거나 캘리포니아의 환자는 코로나19에 대한 미국인들의 시각을 완전히 바꾸어 놓았다. 이제 미국인들에게 바이러스는 옆집 불구경하듯 바라볼 문제가 아니었다. 바이러스가 미국에 상륙한 것이다.

월스트리트의 관점에서 코로나바이러스는 지난 10년 동안 보지 못했던 것, 즉 잠재적으로 거대하고 근본적으로 알 수 없는 외부 충격이었다. 미국과 유럽에 있는 사무실들과 공장들, 학교들이 중국처럼 문을 닫을까? 거리와 상점에서 사람들이 사라질까? 바이러스의 확산을 멈출 수 있는 약이나 백신을 개발하는 데 얼마나 오랜 시간이 걸릴까? 아니, 백신의 개발이 가능하기는 한 것일까? 트레이더들은 분명한 답도 없이 시장의 바닥을 확인하려고 고군분투했고, 가능한 모든 것을 매도했다.

2월 27일, 미국 주식시장은 역사상 최악의 일일 하락 폭을 기록했다. 미국에서 가장 큰 상장회사들의 집합체인 S&P 500은 불과 몇 주 전에 기록했던 최고가에서 12%가 하락했다. 심지어 꾸준히 배당금을 지급하기 때문에 시장의 변동성이 클 때 투자자들이 주목하는 유틸리티와 소비재 종목들도 타격을 받았다. 유럽과 아시아의 주가지수도 폭락했다.

제롬 파월^{Jerome Powell} 연방준비제도 의장은 중앙은행이 상황을 통제하고 있다고 강조하면서 투자자들을 안심시키려고 했다. 파월 의장은 금요일에 코로나바이러스가 "경제 활동에 점점 더 큰 위험을 초래하고 있으며, 연방준비제도는 경제를 뒷받침하기 위하여 적절한 조치를 취할 것이다"라고 발표했다. 하지만 미국 주식시장은 2008년 폭락 이후 최악의 한 주를 보낸 후였다.

당시 미국 주식시장은 소위 경제학자들이 말하는 '조정' 국면에 접어들었다. 월스트리트에서는 최근의 최고가에서 주가가 10% 하락하면 조정이라고 한다. 그런데 조정이라는 단어는 좋은 의미로 쓰일 때에도 꽤 모호하다. 피트니스 강사는 잘못된 자세를 교정한다. 초등학교 1학년 교사는 아이가 글자를 거꾸로 쓰면 교정해준다. 그러나 월스트리트에서 조정은 공포를 불러오는 급격한 하락을 의미하기도 한다(특히 주가의 '최근 정점'이라는 용어가 주관적이기 때문에 더욱 그렇다).

이미 많은 애널리스트가 이전 몇 년 동안 주가가 너무 빠르게 상승했기 때문에, 주식시장의 조정은 이미 오래전부터 예견되었다고 말해왔다. 그럼에도 불구하고 당시의 하락 속도는 무서울 정도였다. 역사상 26건의 비슷한 규모의 주가 하락은 평균 4개월이 걸렸다. 하지만 이번에는 단 6일이 걸렸다. 미국에서 역대 최장 기간 지속되었던 주식 랠리는 최근 최고치에서 20% 하락을 의미하는 '베어마켓' 영역으로 들어설 위험에 처해 있었다.

막대한 수익을 기록하면서 시장의 광범위한 움직임을 예고하는 종목인 애플과 마이크로소프트는 코로나바이러스로 인해 투자자들의 수익이 줄어들 것이라는 경고를 보내기 시작했다. 골드만삭스의 애널리스트들은 코로나바이러스가 빨리 통제되지 않으면 2020년 기업 이익이 2019년 대비 전혀 성장하지 않을 것이라고 예측했다. 단기적이고 급격한 경기침체가 똑같이 급격한 반등에 의해 빠르게 상쇄되는 'V자형' 반등에 대한 희망이 사라지고 있었다.

투자자들은 주식과 고수익 채권을 팔았다. 대신 안전한 국채에 몰려들었고, 미국의 10년물 국채 수익률이 사상 최저치인 1.127%로 하락했다(채권 수익률, 즉 투자자가 실현할 연간 수익률은 채권의 가격이 상승할 때 하락한다. 그래서 특정 채권에 대한 투자자들의 수요가 급증할 때 가격은 하락하고, 수익률은 낮아진다). 코로나바이러스 감염 사례가 더 많아지고, 코로나바이러스로 인해 상업과 여행이 큰 타격을 받게 된 유럽에서는 국채 금리가 더 크게 하락해 실질적으로 마이너스를 기록했다. 이는 투자자들이 정부에 돈을 빌려주는 특권에 대한 돈을 지불하고 있었다는 것을 의미한다.

캘리포니아에 기반을 둔 양적 펀드인 선라이즈 캐피털 파트너스 LLCSunrise Capital Partners LLC의 최고투자책임자인 크리스 스탠튼Chris Stanton은 「월스트리트저널」과의 인터뷰에서 "유례가 없었던 일이다.[9] 만약 디즈니가 놀이공원을 폐쇄한다는 기사가 보도된다면, 시장은 2008년과 같이 움직이기 시작할 것이다"라고 말했다.

그리고 채 2주도 지나지 않아, 실제 그러한 상황이 펼쳐졌다.

CRASH LANDING

· 5장 ·

도움이 필요한 사람은 누구인가?

"4주간 미국을 봉쇄해야 하네. 완전히 봉쇄해야 해."
_ 짐 해킷(포드 최고경영자)

*경제적 타격을 둘러싼 미국의 최고경영자들과 연방정부 사이의 엇박자

짐 해킷에게는 한 가지 생각이 있었다. 2020년 2월 말, 포드의 최고경영자인 해킷은 오랜 친구이자 기업홍보위원회인 메리어트의 최고경영자 아르네 소렌슨Arne Sorenson에게 전화를 걸었다. 소렌슨은 비즈니스 라운드 테이블Business Round Table 위원회의 회장이기도 했다. 비즈니스 라운드 테이블은 기업의 경영진들이 전 세계 또는 자신의 문제를 해결하기 위하여 종종 모임을 갖곤 했다.

1972년 설립된 이 단체[1]는 1975년 설립된 반독점법의 골자를 무마시키고, 1990년에는 기업 범죄에 대한 처벌을 강화하기 위하여 압력을 행사하는 등 처음에는 뻔뻔할 정도로 기업의 이익을 위한 조직이었다. 하지만 최근에는 분위기가 바뀌어 세계적인 문제에 개입하고, 전보다 적대적으로 바뀐 대중들에게 기업의 이미지를 쇄신하기 위해 노력했다. 이러한 변화는 2019년에 오랜 기업의 정통성을 버리고 기업이 주주의 이익을 대변하는 것이 아니라 노동자, 고객, 지역사회의 이익을 위하여 일한다는 '주주 자본주의'를 포용하면서 특히 두드러졌다.

비즈니스 라운드 테이블에는 애플, 뱅크오브아메리카, 슈퍼마켓 체인인 앨버트슨즈Albertson's, 화이자Pfizer 등 총 200여 개 회원사가 포함되어 있다. 이들은 미국인 근로자 6명 중 1명을 고용하고, 연매출 9조 달러를 기록하고 있다. 코로나바이러스는 확산되고 있었고, 곧 미국을 강타할 위기에 처해 있었다. 연방정부의 지침은 기의 없었지만, 해켓은 비즈니스 라운드 테이블이 리더의 위치에 있다고 생각했다. 1년 전, 그는 한 인터뷰에서 "리더십이란 시각을 갖는 것이다"라고 강조했다.

해켓은 메릴랜드 체비 체이스Chevy Chase에 있는 자신의 집에서 소렌슨에게 연락했다. 소렌슨은 워커홀릭으로 악명이 높았지만, 1년 전에 췌장암 진단을 받고 치료를 위해 일하는 시간을 줄인 상태였다. 최근 몇 달간 소렌슨을 본 사람들은 그의 모습에 꽤 충격을 받았다. 최고경영자에 잘 어울리는 자신감으로 가득했던 소렌슨의 굵고 갈색이던 머리카락은 눈에 띄게 가늘어졌고, 셔츠의 옷깃이 헐렁할 정도로 살이 빠졌다. 해켓은 소렌슨에게 안부를 묻고, 경제를 구하기 위한 아이디어를 공유했다.

해켓은 "4주간 미국을 봉쇄해야 하네. 완전히 봉쇄해야 해"라고 말했다. 그리고 기업, 노동자, 정부가 서로 양보해야 가능한 계획을 털어놓았다. 모두가 충분히 양보한다면, 그나마 가능성이 있었다. 비즈니스 라운드 테이블의 구성원들과 이들의 하청업체는 직원을 마음대로 해고하지 말아야 했다. 원격근무를 원하는 직원들은 급여의 60%를 받고 원격근무를 하며, 대신 남은 연차를 포기해 기업의 생산성을 지켜야 했다. 정부는 급여에 대한 감세를 제공하여, 불가피한 실업률의 증가를 막아야 한다는 것이 해켓의 생각이었다.

해켓은 종종 훌륭한 아이디어를 망가뜨리는 '공유지의 비극'

을 막을 방법이라고 주장했다. 모두가 적극적으로 문제를 해결하기 위하여 개입해야 했다. 대기업들이 봉쇄에 합의한다면, 경쟁우위에 대한 우려는 사라질 것이다. "4주 동안 막을 수 있을 거야"라고 해켓은 말했다.

소렌슨도 좋은 생각이라고 동의했다. 하지만 한 가지 문제가 있었다. 며칠 전, 비즈니스 라운드 테이블의 또 다른 최고경영자인 조시 볼튼Josh Bolton이 해켓의 의견을 듣고 했던 것과 같은 질문이었다.

"대통령은 누가 설득하지?"

도널드 트럼프 대통령은 다보스에서 "상황이 완전히 통제되고 있다"라고 발언한 이후 몇 주 동안 코로나바이러스의 위협이 크지 않다고 주장하고 있었다. 트럼프 대통령은 주식시장의 상승과 낮은 실업률이 11월 재선의 성공을 보장할 것이라고 생각했다. 소렌슨은 대통령이 잠시라도 대규모의 경제 봉쇄를 받아들이지 못할 것이라고 판단했다.

해켓은 2월에 백악관 고문에게 연락을 취했지만, 미국 행정부는 코로나바이러스를 통제하기 위한 전면적인 노력을 기울이기 위한 봉쇄에는 전혀 관심이 없는 미국 대통령과 씨름하느라 혼란에 빠져 있었다. 때문에 미국 기업들이 위기에서 벗어나도록 도움을 줄 수 있었던 해켓의 아이디어는 전혀 받아들여지지 않았고, 기회는 사라졌다. 경제적 타격을 둘러싼 미국의 최고경영자들과 연방정부 사이의 엇박자는 시작에 불과했다.

아메리칸 항공의 최고경영자인 더그 파커Doug Parker는 백악관 루스벨트룸의 문을 열고 들어가 반짝거리는 목재 테이블 앞에 앉았다. 그때가 3월 4일이었다. 파커의 맞은편에는 트럼프 대통령이 앉았고, 그 주변에는 파크의 경쟁자인 사우스웨스트 항공의 게리 켈리Gary Kelly, 알래스카 항공Alaska Air의 브래드 틸든Brad Tilden, 하와이안 항공Hawaiian Airlines의 피터 인그램Peter Ingram, 제트블루JetBlue의 로빈 헤이스Robin Hayes, 그리고 유나이티드 항공United Airlines의 오스카 무뇨스Oscar Muñoz가 앉아 있었다. 무뇨스는 트럼프 대통령이 지적한 것처럼 그곳에 모인 사람들 중에서 가장 나이가 많았고, 2016년에 심장 이식수술을 받았기 때문에 코로나바이러스에 가장 취약했다(무뇨스는 트럼프 대통령에게 "수술을 권하지 않는다"라며 농담을 던졌다).

항공사 최고경영자 중에서 빠진 사람은 델타 항공의 에드 바스티안뿐이었다. 그는 며칠 전 84세의 나이에 급성 호흡기 감염으로 사망한 어머니의 장례식 때문에 뉴욕에 있었다. 당시 의사들은 바스티안의 어머니가 갑자기 상태가 나빠진 이유를 알지 못했다. 하지만 몇 달 후 수많은 증거에 따르면 미국에 코로나19가 유행한 것은 당초 추정보다 훨씬 오래 전부터인 것으로 확인되었고, 이후 바스티안은 어머니가 코로나바이러스에 감염되었던 것은 아닌가 의심했다. 어쨌거나 경쟁사들의 최고경영자들이 워싱턴에 모여 있는 동안, 바스티안은 뉴욕 포킵시Poughkeepsie에서 열린 장례식에서 어머님을 기리는 연설을 하고 있었다.

백악관은 감염된 승객들과 접촉했을 가능성이 있는 여행객들을 추적하기 위해 항공사들의 도움을 바라고 있었다. 항공사 최고경영자들은 대통령이 비행기가 안전하다는 분명한 메시지를 전해주기를 바랐다. 2월 마지막 주에 TAS 검문소를 통과한 사람들은 1년 전과 비슷한 약 1,500만 명이었지만, 사람들이 긴장하고 있다는 징후가 있었다. 3주 전부터 항공사들의 항공편 예약이 크게 줄었다. 항공사들은 걱정 때문에 항공 스케줄을 조정하는 고객들을 대응하느라 바쁜 한 주를 보낸 후였다. 3일 전, 유나이티드 항공은 4월부터 국내 항공편을 10% 줄이고, 3월 1일로 예정된 새로운 조종사들의 훈련 프로그램을 연기한다고 발표하면서 미국 항공사로는 처음으로 국내 노선을 감축했다. 아메리칸 항공은 3월 20일 이전에 항공편을 예약한 고객들에게 변경 수수료를 면제해주었다.

최고경영자들은 백악관 코로나바이러스 대책팀을 맡게 된 마이크 펜스Mike Pence 부통령과 공공보건 자문들과의 면담에 초대받았다. 그러나 루스벨트룸의 문이 열리자 카메라와 수첩으로 무장한 백악관 출입기자단이 줄지어 대기하고 있었다. 그리고 트럼프 대통령은 펜스 부통령과 오랜 백악관의 보건 관료이자 코로나바이러스 대책 조정관을 맡고 있는 데보라 벅스Deborah Birx를 대동하고 전면에 나섰다.

트럼프 대통령은 보기 드물게 말을 아끼면서, 발언을 준비한 펜스 대통령에게 기자들을 상대하도록 했다. 하지만 그의 침묵은 오래 지속하지 않았다. 트럼프 대통령은 곧 이전 행정부가 식품의약국의 정책을 되돌려서 민간 연구소들이 자체 테스트를 개발할 수 있는 능력이 제한되었다면서 오바마 행정부의 잘못으로 테스트 키트가 부족해졌다고 비난했다(사실, 이 정책은 트럼프 정부의 미국 식품의약국FDA이 이행한 것이며, 민간 연구소와는 거의 관련이 없었다. 따라서 그의 주장은 완전히 잘못된 것이었다). 트럼프 대통령은 기자단에 최고경영자들을 소개하면서 "가장 큰 대기업의 최고의 경영자"들이라고 소개했다. 국토안보부 장관인 채드 울프Chad Wolf가 미국 공항의 검색 활동에 대한 최신 정보를 말하고 있을 때, 트럼프 대통령은 대신 미국 남부 국경에서 이루어지는 검색 활동에 대해 "우리는 아주 잘하고 있다"고 말했다.

항공사 최고경영자들은 항공기를 소독하고 승객과 승무원의 안전을 지키기 위해 취한 조치에 대해 논의했다. 유나이티드 항공의 최고경영자인 무뇨스는 직원이 9만 6,000명인 자신의 항공사에서 이제 인사를 위해 악수하는 대신 주먹을 부딪치고 있다면서, 자신을 "코로나를 막기 위한 대표주자"라고 홍보했다. 대통령은 "멋진 이야기"라면서 고개를 끄덕였다.

회의가 끝나자[2] 기자들은 트럼프 대통령에게 업계에 대한 재정 지원을 고려하고 있는지 물었다. 대통령은 긴장 속에서 웃고 있는 최고경영자들에게 "그건 묻지 마세요. 최고경영자들에게 괜한 소리를 하지 맙시다"라고 답했다. 하지만 기자들이 항공이 여행이 안전한지 묻자 대통령은 '그렇다'고 답했고, 이 장면이 생방송으로 전파를 탔을 때 최고경영자들은 원하는 것을 얻었다.

　최고경영자들은 두 블록을 걸어서 A4A로 알려진 로비 장소이자, 미국 항공운송협회가 있는 곳으로 걸어갔다. 펜실베이니아 애비뉴Pennsylvania Avenue를 따라 걷고 있던 네 명의 최고경영자들은 파커가 또 복안을 준비하고 있다는 사실을 알지 못했다. 루스벨트룸에서 열린 회의는 그저 보이기 위한 행사에 불과했다. 해결을 위한 실질적인 노력은 카메라가 없는 막후에서 이루어질 예정이었으며, 야심 찬 계획을 가진 파커는 바로 그 회의에 참석하고 싶었다. 미국 정부와의 관계를 담당하고 있는 네이트 개튼Nate Gatten은 파커의 팔을 붙잡고 옆으로 끌어당겼다. 그는 당일 오후에 므누신과 파커의 일대일 미팅을 확정한 상태였다. 파커는 오후 3시 30분으로 예정된 므누신 장관과의 일대일 회의를 위해서 몇 분 전에 자리를 뜨며 같이 있던 동료 최고경영자들에게 회의에 대해 알려주었다.
　사우스웨스트 항공의 최고경영자인 게리 켈리는 "므누신 장관을 왜 만나는 거죠?"라고 물었다. 자연스러운 질문이었다. 파커는 20년 동안 항공사 최고경영자로 일했고, 2001년 9·11 테러가 일어난 후 항공 산업이 수십억 달러의 지원을 필요로 했을 때에도 재무장관을 만나지 않았다. 항공사 경영자들은 정부의 항

　　　　　　　　•5장• 도움이 필요한 사람은 누구인가?

공 규제기관이나 주요 의회 구성원들과 긴밀한 접촉을 유지하고 있었지만, 재무장관과의 만남은 뭔가 중요한 문제가 있다는 뜻이었다. 미국 항공사들의 최고경영자들은 같은 어려움에 처해 있다는 사실을 완전히 깨닫지 못한 상황이어서 불신이 생길 수밖에 없었다.

므누신은 1월에 다보스에서 코로나바이러스가 경제에 미칠 잠재적 영향에 대한 경고를 제기한 최초의 트럼프 관료였고, 백악관 코로나바이러스 대책팀의 구성원이었다. 므누신이 중요한 역할을 담당하는 이 대책팀 회의가 케이블 뉴스에 보도되는 일이 늘고 있었다. "게리, 대책팀의 모든 회의에서 므누신이 맨 앞의 가운에 앉아 있잖아요." 파커가 켈리에게 말했다. "아마도 일이 정리되기 전에, 므누신이 정부를 대표로 협상할 것 같아요." 그의 말 속에는 최고경영자들이 공개적으로 논의하지 않았던 의미가 담겨 있었다. 몇 시간 전에 루스벨트룸에서 그들이 했던 말과 달리 항공사들이 돈이 필요할 수도 있다는 것이었다. 돈줄을 쥐고 있는 므누신이 파커와 이야기하고 싶다면, 파커는 기꺼이 이야기해야 했다. 그는 재무부 건물의 한 회의실로 건너갔다.

백악관 담당 기자와 텔레비전 카메라가 없는 곳에서 므누신은 단도직입적으로 물었다. "더그, 쓸데없는 소리는 그만하고, 도움이 필요한지 말해요."

"솔직히 지금은 아니에요. 하지만 필요하다면 장관님께 가장 먼저 이야기하겠습니다." 파커가 말했다.

　일주일 뒤, 세상은 다시 한번 바뀌었고, 파커는 500억 달러의 구제금융을 받기 위해 노력하는 항공 산업의 대변인 역할을 하게 되었다. 그의 예측대로 돈줄을 쥔 사람은 므누신이었다.

　루스벨트룸에서 항공사 경영진들이 회의하고 있는 동안, 백악관 대책실에서는 정부 최고 경제학자들이 바이러스로 인한 경제적 파급 효과와 관련된 각종 문제를 논의하고 있었다. 래리 커들로Larry Kudlow는 2018년에 트럼프 행정부의 최고 경제 자문으로로 지명되기 전에 CNBC의 경제 전문 텔레비전 프로그램을 진행한 인물로 유명했다. 그가 백악관의 공식 코로나바이러스 대책팀과 함께 일하는 동안, 경제 분야의 그림자 같은 인물들이 현실을 평가하기 위하여 정기적인 모임을 갖고 있었다.

　커들로의 대리인인 앤드루 올멘Andrew Olmen과 재무부 수석 경제학자인 마이크 폴켄더Mike Faulkender, 백악관 내에 있는 소규모 싱크 탱크인 경제자문위원회Council of Economic Advisors의 타일러 굿스피드Tyler Goodspeed, 그리고 트럼프의 딸 이방카 트럼프Ivanka Trump와 대통령의 보호무역 자문관 스태프 피터 나바로Peter Navarro도 모임의 일원이었다. 올멘은 정부가 추적해야 할 데이터와 바이러스의 영향에 대한 경고 신호의 식별 방법을 찾으라는 지시와 함께 며칠 전 모임을 조직했다. 재무부는 국내 경제를, 그리고 경제자문위원회는 국제 문제를 담당하도록 되어 있었으며, 경제자문위원회 내 올멘의 팀은 국가 공급망의 파행을 추적하고 있었다.

그런데 갑자기 명령이 바뀌었다. 하루 전까지 해야 할 일은 "무엇을 모니터링을 하고 있나?"였지만, 이제는 "어떤 행동을 해야 할 것인가?"였다.

미국 재무부에서 근무하는 24명의 경제학자로 구성된 폴켄더의 팀에서 몇 가지 아이디어를 생각해냈다. 이들은 2008년 초에 신용시장의 균열이 미국 금융 시스템 전체를 흔들어 놓았을 때와 마찬가지로 선제적인 경제학자인 래리 서머스Larry Summers의 제안을 따랐다. 당시 그는 정부가 개입해야 하지만, 그 방법이 "시의적절하고, 정확한 목적을 가지고 있어야 하며, 일시적이어야 한다"고 주장했다. 재무부의 구성원들은 서머스의 조언이 이번에도 적용될 수 있다고 생각했다(몇 달 후에 정부의 대응 조치는 "신속하고, 대대적이며, 지속적이어야 한다"는 2008년 월스트리트 붕괴 후 서머스의 조언으로 대체되었다).

가장 중요한 우선순위 중 하나는 짧은 시간 동안 만들어진 아이디어를 실행하는 것이었다. 코로나바이러스에 감염된 근로자들에게 유급 휴가를 보장하는 것도 그중 하나였다. 일주일 후, 미국 의회는 소규모의 코로나바이러스 구제 법안을 통과시켰다. 한편 모임의 목적은 주로 의회의 동의 없이 이행할 수 있는 조치에 집중되었다. 가능성 있는 아이디어로는 4월 15일 세금 납기의 연장(므누신이 단독으로 실행할 수 있었다), 학자금 대출 등 정부가 대출해준 빚의 이자 지불 일시 중단, 재무부가 통제하는 자금을 사용하여 금융시장을 지원하는 것 등이 포함되었다.

이 자금은 재무부의 외환안정기금ESF, Exchange Stabilization Fund으로 100억 달러에 약간 못 미치는 규모였다. 므누신은 이 자금을 필요에 따라 사용할 수 있는 여지를 가지고 있었다. 이 기금은 미국 달러가 금본위제에서 벗어난 직후, 의회가 미국 통화 가치의 하락을 우려해 재무부가 만약의 사태에 달러를 안정화할 수 있도록 제공했던 1930년대의 유산이었다. 이후 재무장관들은 의회의 동의를 얻을 수 없을 때, 개입을 위하여 이 기금을 사용했다. 예를 들어 1995년에 의회가 멕시코 정부의 구제를 거부한 후 사용되었으며, 2008년에는 월스트리트의 패닉을 막고 머니마켓펀드MMF(단기 금융상품으로 고객의 일시적인 여유자금을 금리위험과 신용위험이 작은 국공채, 어음 등에 운용하고 여기서 발생하는 수익을 배당하는 펀드의 일종) 시장을 안정화하기 위해 단기적으로 사용되었다.

모임은 외환안정 기금을 다시 사용할 수 있을지에 대해 논의했다. 의회는 대대적인 규제안을 위한 논의를 시작하고 있었지만, 법으로 통과되려면 몇 주가 걸렸다. 금융시장이 혼란에 빠지게 되면 시장을 지원하기 위하여 기금을 사용할 수 있었다. 어쩌면 바이러스 확산으로 영향을 받는 중소기업에 직접 지원을 제공할 가능성도 있었다.

몇 주 후, 두 번째 아이디어는 역사상 최대 규모의 연방 지원 프로그램 중 하나가 되어 수백만 개의 중소기업을 위하여 직원들의 급여를 지원하는 5,000억 달러 규모의 급여보호 프로그램

Paycheck Protection Program이 되었다.

토론 내용은 곧 CNN.com에 등장했다. 올멘은 모든 사람에게 "도움이 되지 않음"이라는 설명과 함께 기사의 링크를 전송했다. 정부가 빠르게 경제 위기로 발전할 수 있는 상황에 개입할지 여부와 방법에 대한 소문이 돌았고, 금융시장은 매일의 정보에 따라서 요동쳤다(어떤 정보는 사실이고, 어떤 정보는 사실이 아니었다). 소문을 통제하는 것도 올멘의 상관이자 미국 국가경제위원회 National Economic Council 이사인 커들로가 해야 할 일 중 하나였다. 하지만 쉬운 일은 아니었다.

의회는 앞으로 이어질 코로나19 구제 부양책 중 최초의 부양책을 통과시켰다. 이 83억 달러 규모의 부양책[3]은 의회를 통과하여 3월 6일에 트럼프 대통령의 서명을 받았다. 당일 코로나바이러스 감염자 수는 10만 명을 넘었다. 민주당과 공화당이 첨예하게 대립하는 의회에서, 이처럼 빨리 부양책이 통과되었다는 사실은 정부가 받고 있는 위협의 심각성을 반증했다. 2주가 채 지나기 전에 '가족 제일 코로나바이러스 대응법Families First Coronavirus Response Act'이 통과되었다. 이 법은 기업들이 사회보장 세금을 원천징수한 돈을 사용할 수 있도록 허용해 바이러스로 병에 걸린 근로자들에게 유급 휴가를 제공하기 위한 재정을 마련했다. 또한 코로나바이러스 검사 및 식품 지원, 실업 혜택을 확대하는 일에도 돈이 할당되었다.

이러한 법안들은 결과적으로 경제 위기에 대처하기 위해 다음 해에 승인된 4조 달러가 넘는 정부의 최대 경기부양 노력의 전조였다. 이러한 노력은 대부분 성과가 있었다. 시장의 주식 중 상당 부분을 보유한 대기업과 부유한 개인들에게 혜택을 주는 정부의 정책을 비난하는 이들도 있었다. 하지만 므누신과 정부 인사들의 노력은 2008년의 다양한 노력이 그랬듯이 세계 최대 규모인 미국의 경제가 붕괴하지 않도록 해주었다. 경제학자들은 대부분 20세기 초기에 대공황의 교훈을 내재화했다. 당시 정부는 경기침체, 대규모 실업 및 은행의 신용경색 등에 대응하기 위해 돈을 아꼈다. 몇십 년 동안, 정부의 이러한 정책은 치명적인 실수로 판단되었다. 정부는 위기를 극복하기 위해 돈을 지출해야 했다. 2020년의 미국 정부도 마찬가지였다.

하지만 이러한 과감한 조치는 몇 주 뒤에 이루어질 일이었다. 그때까지 몇 주 동안은 현대의 전 세계 경제에 있어서 가장 고통스러운 시간이자, 수년 동안 영향을 미치게 될 악재가 계속되었다.

미국은 3월 6일 금요일에 마지막으로 견고한 일자리 보고서를 발표했다. 바로 직전 달에 미국 경제는 27만 3,000개의 일자리를 추가했다. 경제학자들의 예측보다 약 10만 개가 더 많은 수치였고, 실업률은 3.5%로 안정적으로 유지되었다. 일자리를 유지하고 있는 미국인의 총수는 1억 5,880만 명을 기록했던 12월의 수치에 근접했다.

•5장• 도움이 필요한 사람은 누구인가?

그러나 이러한 뉴스는 이미 초조함을 넘어 공포 상태에 진입한 시장을 막는 데 별로 도움을 주지 못했다. 하루 동안 S&P500 지수는 무려 4% 하락했다가 장 마감 전에 2%로 하락 폭을 줄이면서 마감했다. 투자자들이 안전한 미국 국채로 몰리면서 10년 만기 미국 국채 수익률은 0.68%까지 하락했다. 영국의 주가지수인 FTSE 100은 2016년 브렉시트 투표 이후 최저치로 마감했다. 적어도 투자자들의 시각에서 보면, 코로나바이러스의 확산은 지난 반세기 동안 유례가 없던 금융 및 지정학적 사건임이 분명했다. 투자기업인 드비어 그룹^{deVere Group}의 최고경영자인 나이절 그린^{Nigel Green}은 「뉴욕타임스」에 "지금은 단기적이지만 심각한 세계적인 불경기에 대비해야 한다"라고 말했다.

바로 며칠 전, 미국의 연방준비제도는 기준 금리를 0.5% 낮추어 시장을 진정시키려고 했다. 하지만 투자자들의 불안은 잠재울 수 없었다. 코로나바이러스는 전 세계적으로 번져나갔고, 감염자 10만 명, 사망자 3,300명을 넘어서고 있었다. 미국 질병통제예방센터^{CDC} 국장인 낸시 메소니에가 열흘 전에 경고한 것처럼 코로나바이러스는 이미 여러 곳에 퍼져 있었다. 메릴랜드, 인디애나, 네브래스카, 켄터키 및 펜실베이니아주에서도 감염이 확인되었다. 매사추세츠는 전주에 바이오젠^{Biogen}이 주최했던 회의를 추적하여 감염 사례가 없는지 확인했다. 캘리포니아 해안에서는 그랜드 프린세스^{Grand Princess}라는 크루즈선에서 21명이 감염된 것으로 확인되면서 연안에 발이 묶였다. 플로리다에서는 두 명이 코로나바이러스로 사망하면서, 미국의 사망자 수는 16명으로 늘어났다.

3월 6일, 워싱턴 대학[4]은 미국의 주요 대학 중 처음으로는 강의를 전면 취소했다. 같은 날, 텍사스 오스틴의 시 당국은 트위터 최고경영자, 비스티 보이즈Beastie Boys, 오지 오스본Ozzy Osbourne 등 유명 인사들이 참석하기로 했던 기술 및 미디어 페스티벌인 사우스바이사우스웨스트South by Southwest를 취소했다. 구글과 페이스북(현 메타)은 유명 IT 기업들이 신제품과 기능을 소개하는 메카이자 성스러운 행사처럼 생각하는 연례 기술 개발자 회의를 취소했다.

미국은 천천히 봉쇄되고 있었다.

CRASH LANDING

• 6장 •
대청산

"11년간의 불마켓(상승장)이 끝났다!"
_ 피터 체치니(캔터 피츠제럴드 수석 시장 전략가)

*미국 주식시장 역사 30년 만에 최악의 날

퍼싱 스퀘어의 트레이더들은 2월 말까지도 신용시장에 반대되는 베팅을 유지하고 있었다. 빌 애크먼은 과거 위기를 경험했던 사람들에게 자신의 우려가 맞는지 확인하기 위해 생각나는 모든 사람에게 연락했다. 그는 거대 사모펀드 블랙스톤Blackstone의 회장 존 그레이Jon Gray에게 전화를 걸어 일상적인 인사도 생략하고 단도직입적으로 물었다. "어떻게 생각하세요?"

"걱정할 필요는 없을 거예요." 그레이가 답했다. "버니 샌더스Bernie Sanders가 민주당 후보가 되면 트럼프가 압승할 거예요." 그가 말을 이었다. 그레이는 애크먼이 혼란스러운 민주당 경선 때문에 걱정하고 있다고 생각하는 것 같았다. 민주당 경선에서는 극좌파인 버니 샌더스 후보가 기업에 우호적으로 보이는 전 부통령 조 바이든 같은 중도파 후보들을 확실히 이기고 있는 것처럼 보였다. 그러나 애크먼의 가장 큰 걱정거리는 정치가 아니었다. 그는 그레이에게 "바이러스 때문에 전화한 겁니다"라고 말했다.

애크먼은 또 버크셔 해서웨이의 워런 버핏에게 이메일을 보냈다. 사실 애크먼은 며칠 전부터 버크셔 해서웨이의 주식을 매도하려고 했지만, 투자팀의 만류에 생각을 바꾸었다. 버크서 해서웨이의 연례 주주총회는 언론에 '자본가들의 우드스톡 페스티벌'로 불렸고, 매년 봄이 되면 수만 명이 오마하의 현인이라고 불리는 버핏과 그의 오랜 파트너인 찰리 멍거^{Charlie Munger}의 금융시장에 대한 매력적인 예측을 듣기 위해 네브래스카로 모여들었다. 2019년에 애크먼은 딸의 출산 때문에 주주총회에 참석하지 못했지만 딸이 자고 있을 때 실시간 비디오 스트리밍으로 시청했다. 애크먼은 이메일에서 2월 말 주말이 '아름다운 추억'이었다면서 글을 시작했지만 곧 화제를 바꾸었다.

"그런데 더 신중한 이야기를 해보자면, 코로나바이러스 때문에 걱정입니다. 세계 각지에서 4만 명이 모이는 회의를 여는 것이 현명한 행동인지 모르겠습니다." 유명한 투자자인 버핏의 머릿속을 엿보기 위한 교묘한 문장이었다. 버핏은 과거 여러 번 위기를 경험했고, 그 와중에 막대한 돈을 버는 능력을 보여주었다.

억만장자 버핏은 특유의 소탈한 답장을 보냈다. 1990년대 인물인 버핏은 직접 이메일을 작성하지 않고, 비서에게 대신 이메일을 작성하도록 불러주는데, 5월 2일로 예정된 연례 주주총회에서 애크먼을 만날 수 있기를 바란다면서 그와 옥스먼을 사적인 브런치에 초대했다. 버핏은 "안타깝지만 아기인 라이카는 올 수 없겠군요. 만약 아이가 버크셔 주주라면 계속 저와 찰리를 이사진으로 뽑아주기를 바랍니다"라는 말과 함께 "코로나바이러스가 참석에 영향을 미칠지는 모르겠지만 찰리와 저는 즐겁게 행사를 치르려고 합니다"라고 덧붙였다.

애크먼은 점점 자신이 어리석게 느껴졌지만, 또 다른 세계적인 부자에게 연락을 취했다. 그가 2월 28일 오후에 빌 게이츠에게 보낸 이메일은 다음과 같다. "저는 코로나바이러스의 경제적 영향에 대한 정확하고 남과는 다른 견해를 가지고 있다고 생각합니다. 혹시 저와 의견을 교환해보고 싶지는 않으신가요?" 빌 게이츠는 마이크로소프트의 창립자인 동시에 아프리카의 말라리아 척결을 위해 수백만 달러를 기부한 자선 활동가다.[1] 그는 하루 전에 코로나바이러스가 "우리가 걱정해왔던 100년에 한 번씩 발생하는 전염병"일 수 있다는 기고문을 썼다. 드디어 애크먼은 자신과 비슷한 생각을 가진 사람을 찾은 것 같았다. "저는 당신의 논설이 현재와 향후의 상황을 정확하게 짚어냈다고 생각합니다. 정말 걱정이 됩니다"라고 애크먼은 적었다. 하지만 애크먼은 이 메일의 답장을 받지 못했다.

태양이 건물 위로 얼굴을 살짝 내밀었을 때, 제이 클레이튼 Jay Clayton은 워싱턴 D.C.의 임대 아파트에서 1마일을 걸어 미국 증권거래위원회 본사로 향했다. 3월 9일 월요일이었다. 클레이튼은 3년 전에 월스트리트 변호사의 매력적인 삶을 버리고 금융시장의 최고 규제기관인 증권거래위원회를 맡게 되었다. 그는 2017년 트럼프가 임명했는데, 그를 정치적 성향이 없는 중도파로 알고 있는 사람들에게는 이례적인 인사로 여겨졌다. 이후 클레이튼은 금융 사기에 소송을 제기하고 암호화폐 사기에 대한 단속을 강화하는 등 중도적인 규제 정책을 추진했다. 하지만 그의 가장 두드러진 특징은 미국 기업들을 크게 규제하지 않은 것이었다. 그의 임기는 몇 주 전에 코로나바이러스가 안정적으로 상승하던 미국 주식시장을 급격하게 흔들어 놓을 때까지 무달했다.

전날 밤 새벽 4시가 될 때까지 수석 시장 담당자 브렛 레드펀 Brett Redfearn과 통화를 하느라 3시간밖에 자지 못한 클레이튼은 커피를 마시며 걸으면서 통화 버튼을 눌렀다. 통화 대상은 뉴욕증권거래소 최고운영책임자인 스테이시 커닝햄 Stacey Cunningham이었다. 그녀 역시 뉴욕증권거래소의 대표적인 맨해튼 거래소에 일찍부터 나와 상황을 확인하느라 잠을 자지 못한 상태였다. 미국 최대의 주식거래소를 이끌어가는 담당자와 감독자인 두 사람은 자주 통화했고, 특히 시장에 문제가 있을 때에는 통화가 잦았다. 하지만 오늘 통화의 용건은 달랐다.

커닝햄과 클레이튼은 2시간 뒤 시장이 개장하면 어떤 일이 벌어질지 알고 있었다. 정규 주식시장은 월요일부터 금요일, 오전 9시 30분부터 오후 4시까지 활발하게 거래된다. 반면 선물은 정규시장이 열리지 않을 때도 계속 거래되며, 정규시장이 개장했을 때의 방향을 보여주는 경향이 있다. 일요일, 주식 선물은 거의 7%나 하락했다. 전 세계 감염자가 10만 명이 넘었고, 사망자가 3,600명에 달하자 투자자들은 냉정함을 잃어가고 있었다.

그보다 일주일 전인 2월 28일, 뉴욕증권거래소의 보안 데스크에는 심각한 수준의 감염이 발생한 국가를 여행한 직원은 2주 동안 집에 있어야 한다는 지침이 올라왔다(중국을 빼고 심각한 수준의 감염이 발생한 국가의 정확한 의미는 모호했다). 이틀 후, 정책은 방문객까지 확대되었다. 거래소에서 온종일 소식을 전하던 뉴스앵커들이 거래장을 떠났다. 같은 날, 커닝햄은 수석 담당자들과 만나 2월 말 당시에는 불가능할 것이라고 생각했던 상황을 가정하고 대책을 세우기 시작했다. 그것은 바로 가장 상징적인 거래소이자 미국 자본주의의 최고 상징이 봉쇄될 수 있다는 것이었다.

E 스트리트에서 모퉁이를 왼쪽으로 돌았을 때, 클레이튼의 주요 관심사는 시장의 급락에 대응하기 위해 수년 동안 적용했던 주치로 패닉을 피할 수 있는지 여부였다. 1987년의 '블랙 먼데이' 이후,[2] 주식시장이 몇 분 안에 20% 이상 폭락하면 거래소는 '서킷 브레이커'라고 알려진 일련의 안전장치를 발동한다. 서킷 브레이커는 주가가 7% 이상 하락하면 자동으로 거래를 15분 동안 중단시키는 장치로, 고압 전기 시스템이 과부하가 걸리면 차단하는 것과 비슷하다.[3] 하지만 훨씬 더 기술적이고 경제적인 파장이 큰 버전이라고 할 수 있다. 강제로 투자를 중단시키면 투자자들은 마음을 진정시키고, 공포에 질려 매도 주문을 넣지 않게 될 것이라는 아이디어에서 개발된 시스템이었다.

서킷 브레이커는 1997년 이후로 작동된 적이 없으며, 2014년에 상당히 개선되었다. 서킷 브레이커 시스템은 한 달에 한 번, 보통 토요일에 테스트를 진행했다. 테스트는 주로 월스트리트 거래소와 나스닥, 상품 중심의 시카고거래소그룹에 모의 트레이딩 디지털 피드를 주입하는 방식으로 진행되었다. 그러나 이러한 테스트는 단순히 확인 작업에 불과했으며, 화재로 집이 다 타버리지 않기를 바라면서, 화재감지기의 배터리를 확인하는 것과 비슷했다. 실제 상황에서도 리허설 때만큼 제대로 작동할지 여부는 알 수 없었다.

뉴욕증권거래소는 직전 연도 여름에 기술 시스템을 업그레이드하기 위하여 수십억 달러를 투자했다. 필라Pillar라는 이름의 새로운 시스템은 거래량이 급증하는 날에 더 많은 여유 공간을 제공하기 위해 고안되었다. 커닝햄은 비싼 비용으로 개선된 새로운 시스템을 신뢰했다. 하지만 이 작업은 난해한 시스템의 대대적인 개편이었고, 실질적으로 테스트를 진행한 적이 없었다. 시스템에 작은 결함이라도 있다면 단순히 당혹스러운 것에서 끝나는 것이 아니라, 실질적인 공포를 불러일으킬 수 있었다. 만약 새로운 시스템이 트레이딩에 적절한 순서와 방식으로 대응하지 않는다면, 월스트리트가 전산화되기 전에 발생했던 붕괴의 디지털 버전이 일어날 것이다. 당시 브로커들은 고객으로부터 홍수처럼 쏟아지는 매도 주문을 받는 대신에 전화 코드를 아예 뽑아버려 상황에 대처했다. 시장이 대응하지 않자, 매도가 매수보다 큰 우위를 보이면서 가격이 급락해 시장이 붕괴했다.

직전 금요일은 커닝햄에게 약간의 안도감을 주었다. 뉴욕증권거래소의 시스템은 3,300억 건의 '메시지'를 처리했다. 여기에서 말하는 메시지란 매수 및 매도, 호가의 변화, 티켓의 크기 등을 알리는 거래소 시스템의 신호음을 의미한다. 금요일에 처리된 양은 현재까지 최고 기록이었으며, 시스템은 중요한 장애나 큰 문제 없이 유지되었다. 커닝햄은 오늘도 무리 없이 유지될 것이라고 조심스럽게 낙관했다.

"행운을 빕니다." 클레이튼이 그녀에게 말했다. 커닝햄은 자신에게 행운이 필요한 게 맞다고 생각했다.

마이클 블라우그룬드Michael Blaugrund는 새벽 일찍 잠에서 깨었다. 하지만 낯선 침대에서 힘들게 몸을 일으켰다. 41세의 브라우그룬드는 뉴욕증권거래소의 운영책임자이자, 커닝햄의 최고 대리인 중 한 명이었다. 그는 아픈 할머니를 보러 고향인 네바다Nevada의 헨더슨Hendeson에서 야간 비행기로 뉴욕으로 돌아왔다. 그의 어머니는 그에게 손소독제가 든 작은 병 하나를 주었다. 블라우그룬드는 어머니가 유난을 떨고 있다고 생각했다. 그는 '엄마들이란!'이라는 생각과 함께 집으로 돌아가는 비행기에서 휴대전화로 선물시장을 확인했다.

하지만 코로나19 확진 사례가 550건으로 증가하면서, 바이러스가 일상을 파괴하기 시작했다는 징후를 확인할 수 있었다. 오스틴Austin에서 열리는 사우스바이사우스웨스트 기술 문화 페스티벌은 취소되었고, 테드 크루즈Ted Cruz 상원의원은 바이러스에 노출되었을 가능성 때문에 자가 격리 중이었다. 블라우그룬드가 며칠 전 뉴욕을 떠날 때는 일상이 전과 다름없었고, 돌아올 때도 마찬가지일 거라고 생각했다. 블라우그룬드는 만석인 기내를 둘러보았고, 마스크를 쓰지 않고 음료수를 마시며 항공사 땅콩을 먹는 승객들을 보며 시장은 승객들과 달리 어떤 다른 점을 느끼고 있는지가 궁금했다.

투자자들은 긴장하기 시작했다. 블라우그룬드가 존 F. 케네디 공항에 도착했을 때, 선물시장은 5%나 하락했고, 계속 하락하고 있었다. 다음 날 아침까지 분위기가 계속된다면, 시장은 하한가를 기록하게 될 것이었다. LULD(Lim it Up, Limit Down: 주가 급등락 시 과열 방지를 위해 발동)는 월스트리트의 용어로 가격이 7% 하락하면 자동으로 거래가 중단된다. 그는 아침 일찍 일어나야 할 것 같다는 생각에 교외에 있는 집으로 가지 않고 맨해튼 다운타운의 비크먼 호텔Beekman Hotel의 방을 예약했다. 잠에서 깬 블라우그룬드는 방향 감각을 찾는 데 약간의 시간이 걸렸다. 그는 아침 6시즈음 스타벅스에서 커피를 받아 밖으로 나갔다.

로워 맨해튼lower Manhattan의 금융지구는 언제나 조용하고 어두웠다. 뉴욕에서도 가장 오래된 지역인 이곳의 좁은 도로는 언제나 새롭게 단장하겠다는 말만 무성할 뿐 실제 바뀐 적이 없는 비계로 덮여 있다. 하지만 그때는 3월 초의 첫 주였다. 그런데도 마치 유령도시 같았다. 증권거래소 앞에서 셀카를 찍던 관광객들이 사라졌다. 빈 택시들이 느린 속도로 지나가고 있었다. 그는 다시 휴대전화를 확인했다. 매도자가 매수자보다 많았다. 선물시장은 중지될 것 같았다.

뉴욕증권거래소의 운영책임자인 그로서는 전 세계 주주들이 의존하는 시스템의 기술적인 결함이 가장 걱정이었다. 전산화 단계가 더 높은 나스닥과 달리 뉴욕증권거래소는 개장 가격을 확인할 때 브로커의 손을 빌려야 했다. 인간의 손길은 여러 면에서 향수를 불러일으켰고, 덕분에 거래소는 주식시장에 상장을 바라는 기업과 미디어들에게 더욱 매력적으로 느껴졌다. 그래서 증권거래소 거래장은 늘 사람들이 붐볐다. 커닝햄은 이러한 경험이 알고리즘을 능가할 수 있다고 주장하며 그 유용성을 옹호했다.

브로커는 매일 아침 주식의 시작 가격을 확인하기 위해 투자사들에게 전화를 걸며 매수자의 매도자의 주문을 매칭하려고 노력했다. 9시 30분에 장이 시작하고 모든 종목이 첫 거래를 시작할 때까지 몇 분이 걸리기도 했다. S&P500 지수에 포함된 종목이 너무 낮게 시작하면, 모든 종목이 공식적으로 개장하기도 전에 트레이딩이 중지될 수도 있었다. 원치 않는 거래 정지가 발생한다면 블라우그룬드의 경력도 흔들릴 것이다.

그는 직원과 브로커에게 서킷 브레이커의 작동 방식을 다시 알려주면서 거래장을 걸었다. 서킷 브레이커가 발동되면 15분 후에 다시 트레이딩을 재개할 준비를 해야 했다. 다시 전화와 온라인 문의를 통해 투자자들을 조사하고, 매수자와 매도자의 수요를 조화시켜 가격을 찾아야 한다는 의미였다. 모든 사람이 화면을 지켜보고 있었다. 블라우그룬드의 상사인 커닝햄은 그날 아침 시장의 개장을 알리는 종을 치기로 되어 있는 시티그룹의 대표단과 개장 전 시장의 움직임을 알려줄 직원들 사이를 뛰어다녔다. 시티은행의 사장인 제인 프레이저Jane Fraser가 종을 울렸고, 옆에 있는 임원들과 팔꿈치를 부딪치며 인사를 나눴다.

5분도 채 지나지 않아, 오전 9시 35분에 주식이 7% 하락했고, 거래장에는 18년 만에 처음으로 뉴욕증권거래소의 거래가 중지되었음을 알리는 요란한 벨이 울렸다. 커닝햄은 CNBC 카메라 앞으로 뛰어들어 시스템이 의도한 대로 작동하고 있다면서 투자자들을 안심시켰다.

뉴욕증권거래소 본부에서는 제이 클레이튼과 브렛 레드펀을 비롯해 10명 남짓의 직원들이 레드펀의 사무실에서 거래가 중단되기를 기다리고 있었다. 레드펀은 월스트리트 거래소의 베테랑이었고, 2017년 거래소에 합류하기 전에 수년 동안 JP모건 체이스에서 경력을 쌓았다. 그도 역시 트레이딩이 의도된 대로 중지될 것이라고 확신했지만, 15분이 지난 다음에는 어떤 일이 벌어질지 걱정이 되었다. 서킷 브레이커는 투자자들에게 생각을 정리할 기회를 제공하기 위한 일종의 휴식시간이었다. 하지만 공황 매도에 나섰던 투자자들이 15분 후에 세상에 대해 다른 생각을 가질까? 바이러스는 15분 전과 마찬가지로 무서운 존재일 것이다.

"만약 매수자가 없으면 어쩌죠?" 레드펀이 물었다. 시장이 양쪽 방향으로 움직이지 않는다면, 다시 말해 수천 개의 종목이 가격을 찾지 못할 정도로 매수자가 충분하지 않다면 주가는 거침없이 하락할 것이다. 그는 깊게 숨을 들이마시고, 어수선한 사무실안을 돌아보며 안정을 찾으려고 했다. 시장이 급락하자 말단 직원들까지 역사적인 순간을 감지하면서 조심스럽게 사무실로 들어왔다. 레드펀은 "1미터 거리두기를 하게"라면서 사람들을 밖으로 내쫓았다.

트레이딩은 오전 9시 49분에 재개되었다. 주요 지수는 최저가에서 소폭 상승하면서 오전을 보냈다. 하지만 주식시장의 피해는 막대했다. S&P500 지수는 7.6% 하락하여 2008년 이후 최악의 날을 보냈다. 다우존스산업지수의 보잉, IBM 등이 포함된 그보다는 덜 대표적이지만 상징적인 지수가 모두 하락했다. 다우존스산업지수는 하루 동안 2,000포인트 하락하면서 역사상 가장 큰 폭으로 하락했다. 기술 중심의 나스닥 지수는 7.3% 하락했다. 캔터 피츠제럴드^{Cantor Fitzgerald} 증권사의 전략가 피터 체치니^{Peter Cecchini}[4]는 「월스트리트저널」과의 인터뷰에서 현대 금융시장의 역사상 최장기 상승에 대한 일종의 부고를 알렸다.

"11년간의 불마켓이 끝났습니다!"

블라우그룬드가 경력에서 가장 큰 압박을 받고 있는 가운데, 개인적으로도 불행이 닥쳤다. 시장이 10년 만에 최악의 하락세를 기록하고 있었다. 오후 4시를 몇 분 남겨두었을 때, 그의 휴대전화가 울렸다. 아내였다. 이제 3살인 아들이 호흡곤란으로 구급차를 타고 병원으로 가는 길이라고 했다. 노트북과 외투를 집어 들고 거래소를 빠져나가는 블라우그룬드 뒤로 폐장을 알리는

•6장• 대청산

종이 울렸다. 미국 주식시장의 역사 30년 만에 최악의 날이 끝났다. 그는 이후 두 달 동안 다시 거래소로 돌아오지 못했다.

하루가 지나기도 전에, 더 나쁜 소식이 들려왔다. 증권거래소 본부 9층에서 일하는 직원이 처음 코로나19 의심환자가 되었다. 클레이튼은 주식시장의 소용돌이 속에서 하루를 보냈다. 그는 미국의 증권에 대한 최고 규제 담당자였을 뿐 아니라 건강을 염려하는 4,000명이 넘는 직원들의 상사이기도 했다. 다른 직장의 상사들도 이후 몇 주 동안 그랬듯이, 클레이튼은 직원들에게 세심하면서도 분명한 안도의 말을 계속해서 건넸다.

"직원들과 그들의 가족을 늘 생각합니다. 여러분이 우리의 최고의 자산입니다." 클레이튼은 양성 판정을 받은 직원에게 보낸 이메일에 그렇게 적었다. 그의 이메일에는 위로가 담겨 있었다. 곧 수천 개의 직장에서 이사들은 수많은 질문을 쏟아내는 직원들에게 뾰족한 답변을 해주지 못한 채 비슷한 이메일을 보내게 되었다.

그저 주식시장만 붕괴한 것이 아니었다.

금융시장 전반이 빠르게 붕괴되고 있었다. 2월 말과 3월 초, 시장에서는 불안한 기류가 느껴졌지만 최소한의 분별력은 있었다. 투자자들은 위험한 주식과 채권을 매도하고, 현금만큼 안전하면서도 적은 이자를 부담하는 국채와 MMF 시장으로 몰려들었다. 시장의 움직임은 월스트리트의 교과서와 일치했다. 투자자들은 위험 부담이 큰 자산을 팔고 안전한 자산으로 돈을 이동시키고 있었다.

그러나 3월 둘째 주가 되면서 상황이 달라졌다. 기업에 단기 대출을 제공하는 공개 거래 MMF의 자산이 30% 감소했다.[5] 1,000억 달러에 달하는 규모였다. 투자자들이 어떤 조건이든 하룻밤 동안 돈을 빌려주는 것마저 불안해하기 시작한 것이다. MMF의 차입 비용은 2008년 이후 최고치에 이르렀다. 다른 종류의 단기 자금인 환매조건부채권repos 거래의 차입 비용도 급등했다. 대기업이 빌행하는 1조 달러 규모의 상업용 어음시장 역시 마찬가지였다.

상업용 어음, MMF, 환매조건부채권 등 세 가지 금융시장은 금융 경색을 알리는 조기 신호로 여겨진다. 광산의 카나리아 같은 존재들이다. 이들 시장은 단기 차입과 관련이 있으며, 종종 투자자들의 실시간 감정을 반영하고, 더 중요한 시장의 움직임을 예고한다.

연방준비제도는 금융시장에서의 공포에 대응해 신속한 조치를 취했다. 당시에는 코로나바이러스의 경제적 영향이 은행의 대출 비용, 실업률 및 제조업 데이터와 같은 미국 경제의 건전성을 보여주는 중요한 경제지표에 반영되지 않고 있었다. 3월 7일 그 주에 신청된 실업 수당 청구는 21만 1,000건으로 연평균 수준이었다.[6] 또한, 미국 연방준비제도를 구성하는 지역의 연방준비은행의 총재들은 바이러스의 확산에 대응하기 위한 급박한 조치는 시기상조라고 주장했다.

하지만 시장은 완전히 혼란에 빠져 있었다. 역사를 살펴보면, 월스트리트의 한편에서 시작되어 대다수가 알지 못했던 공포는 더 광범위한 경제 위기로 빠르게 확대될 가능성이 있었다. 그러면 은행은 대출을 중단하고, 현금이 부족한 기업은 폐업하고, 해고가 이어질 것이다.

3월 3일, 미국 연방준비제도는 기준 금리를 0.5% 인하하여 목표 범위를 1%에서 1.25%로 하향 조정했다(역사적으로 미국의 연방준비제도는 다른 중앙은행과 마찬가지로 개인 소비자의 주택담보대출부터 기업 대출까지 모든 대출의 기준이 되는 단일 기준 금리를 설정한다. 그런데 2008년에 역사상 최초로 금리를 제로까지 낮춰야 하는 어려움을 피하기 위해 0에서 0.25%까지로 금리의 범위로 설정했다. 경기가 회복한 이후, 연방준비제도는 해당 기준 금리를 높이기 시작하면서 범위를 유지했다).

연방준비제도가 지금까지 이처럼 금리를 대폭 낮춘 적은 없었으며, 2008년 이후 6주에 한 번씩 돌아오는 연방준비제도의 정기적인 회의가 아닌 기간에 금리를 낮춘 것도 처음이었다. 미국 연방준비제도는 또한 대형 은행들을 위해 제공되는 특별 긴급 대출의 이자도 낮추었다. 제롬 파월 연방준비제도 의장은 "금리 인하가 바이러스 감염을 줄이지는 못할 것이다. 공급망 문제를 해결하지도 못할 것이다. 하지만 금리 인하 조치가 경제에 의미 있는 부양을 제공할 것으로 믿는다"라고 말했다. 연방준비제도는 이 지원으로 은행이 계속해서 대출해줄 수 있고, 투자자들은 회사채를 계속 구매하며, 소비자들은 계속해서 주택을 구매할 수 있기를 희망했다.

연한 감청색의 슈트와 보라색 넥타이, 사각 테 안경을 쓴 파월 의장은 어깨를 나란히 하고 앉아서 서로 마이크를 넘겨주고 받는 기자들의 질문에 "왜 입장을 바꿨느냐고요? 처음 알려진 이후 상황을 주의 깊게 모니터링하고 어떻게 변화되는지 모니터링해왔습니다. 이제는 경제를 지원하기 위해 조치를 취할 때입니다"라고 답변했다. 추가적인 금리 인하가 예상되는지에 대한 질문에 대해서는 약간 모호한 답변이었지만 사람들을 안심시키려고 했다. "우리는 경제를 지원하기 위해 가능한 모든 도구를 강하게 사용할 것입니다. 금융시장은 질서 속에서 작동하고 있습니다"라고 답했다.

하지만 현실은 달랐다. 주식시장은 파월 의장의 발표 후 단 15분 동안 상승한 후 지수가 3% 하락하면서 하루를 마감했다. 10년 만기 미국 국채 금리는 한때 처음으로 1%대 이하로 하락했다가 소폭 상승하며 장을 마감했다.

3월 13일 금요일에 트럼프 대통령은 백악관 밖에서 기자회견을 열고, 회견 중에 미국 에너지부Energy Department에 미국의 전략 비축유 재고를 늘리기 위하여 좋은 가격으로 대량의 원유를 구매하라고 지시했다. 자신을 '거래의 달인'이라고 부르는 트럼프 대통령은 미국의 전략적 원유 비축 장소인 멕시코만 근처의 소금 동굴에 위치한 저장소를 염두에 두고 "전략 비축유 재고를 상단까지 채우겠다"라고 자신했다. 정부의 움직임은 투자자들이 봉쇄 조치로 인해 원유 수요가 감소할 것을 우려한 탓에 원유 가격이 2008년 이후 최악의 한 주를 보낸 후 발표되었다. 해당 주에 엑손모빌의 주식은 20% 하락했고, 쉐브론의 주식은 12% 하락했다.

트럼프 대통령이 발표를 시작한 오후 3시 52분은 미국 주식시장이 마감을 앞두고 활발하게 매수와 매도가 일어나는 시간이었다. 트럼프 대통령의 발언은 시장에 충격을 주었다. 유가와 관련된 종목이 급등했고, 기타 관련 주를 견인했다. 변동이 너무 심해서 뉴욕증권거래소의 브로커들은 일부 종목의 종가를 확인하기 어려울 정도였고, 덕분에 장 종료가 연기되었다. 종가는 전 세계 수천 개 지수와 뮤추얼 펀드의 가격을 설정하기 때문에 중요한 사안이었다.

트럼프 대통령은 후폭풍을 고려하지 않고 성급하게 말을 하거나 트윗을 전송하곤 했는데, 당시 발언 역시 이러한 사례 중 하나였다. 전략 비축유 발언을 10분이라도 늦췄다면 투자자들은 밤 동안 뉴스를 해석했을 것이고, 다음 날 시장은 상승으로 출발했을 것이다. 하지만 트럼프 대통령이 장 마감 전에 즉흥적으로 발언하는 바람에 시장은 뉴스를 소화할 시간이 없었다. 장 마감 5분 전에 엑손모빌을 위시한 에너지 종목이 급등해 시장은 더욱 혼란스러웠다.

뉴욕증권거래소 최고경영자인 커닝햄은 그날 저녁에 므누신에게 전화를 걸어 세련되게 도움을 요청했다. 커닝햄은 장 마감 전에 대통령이 로즈 가든Rose Garden에서 시장에 충격을 주는 발언을 하는 행동은 시장에 전혀 도움이 되지 않는다고 조언했다. 므누신은 대통령에게 이야기하겠다고 약속을 했고, 몇 시간 후에 다시 연락해서 앞으로 정부가 개장 중에는 이런 기자회견을 하지 않기로 했다고 답했다.

한편 투자자와 다른 금융 전문가들은 시장이 완전히 문을 닫을 가능성을 점치기 시작했다. 일부 헤지펀드 투자자들이 조용히 주식시장 폐쇄 아이디어를 주장했다. 월스트리트와 워싱턴에 연줄이 있던 일부 인물들은 이후 도널드 트럼프의 친구이자 부동산 거물이며, 부동산 관련 종목에 상당한 돈을 투자한 톰 배럭Tom Barrack도 찬성하고 있다고 언급했다.

스테이시 커닝햄의 메일함에도 비슷한 내용의 이메일이 쏟아지고 있었다. 저축한 돈이 증발하는 것을 지켜보고 있던 미국 전역의 투자자들은 커닝햄에게 이메일을 보내고, 요청하고, 사정했다. 간혹 개인적인 호소를 보내기도 했다. 3월 15일의 이메일에는 "한동안 시장을 닫아주세요. 시장은 지금 조정을 겪고 있는 것이 아닙니다. 패닉과 일터의 중단 때문에 하락하고 있어요. 제 아버지는 철강 도시에서 태어나 열심히 일했습니다. 시장에 투자했고, 이제는 은퇴하려고 합니다. 시장이 계속 개장한다면 아버지 세대의 은퇴 자금이 완전히 사라질 것이고, 곧 엄청난 위기로 이어질

•6장• 대청산

겁니다. 이메일 읽어주셔서 감사합니다"라고 쓰여 있었다.

　　모든 이메일이 구구절절했다. 커닝햄은 사람들의 본능을 이해하고 있었지만, 좋지 않은 생각이라는 것도 알고 있었다. 투자자들이 불안해하는 상황에서 전 세계에서 가장 바쁘고 부유한 미국의 금융시장이 폐장한다면, 전 세계 금융시장은 완전한 공포에 빠지게 될 것이다. 주식을 팔 수 없게 된 투자자들은 현금을 마련하기 위해 가능한 모든 것을 빨리 처분하려고 할 것이며, 결국 기업 및 정부 국채의 붕괴로 이어질 수도 있었다. 또한 은행, 자금 관리자 및 기업의 장부를 차지하고 있는 수십억 달러의 금융 상품은 주식 가격과 연결되어 있었다.

　　시장이 폐쇄되면 이들은 블랙박스가 될 것이다. 별 문제가 아니라고 치부할 수도 있었다. 하지만 2008년 금융위기는 특정 금융자산의 가격을 제대로 책정하지 못했기 때문에 발생했다. 다시 말해 부동산 채권에 대한 가격을 제대로 책정하지 못했기 때문이었다. 누구도 부동산의 가치를 제대로 알지 못했고, 그 결과 담보 압류와 강제 청산이 발생해 서로서로 가격을 끌어내리는 소용돌이가 시작되었다. 2008년의 주택담보증권은 3조 달러 시장이었다. 미국 주식시장의 가치는 40조 달러에 달했다.[7]

　　므누신은 오후 1시에 시장을 일찍 마감하는 아이디어를 생각해냈다. 이렇게 하면 월스트리트의 지원인력이 산더미 같은 트레이드 티켓을 처리할 수 있을 것 같았다. 거래량이 급증하면서 특정 주문이 거대 트레이딩 업체에서 올바른 법인으로 향하도록 보장하는 '거래 할당trading allocation' 제도가 엉망으로 변하고 있었다. 그러나 커닝햄은 단축 개장에도 문제가 있다고 지적했다. 21세기 금융거래소는 9시 30분 개장과 4시 폐장에 맞추어진 수백만 줄의 컴퓨터 코드로 작동되기 때문이었다.

시장은 늘 그렇듯이 개장했고, 하락을 지켜보는 것 외에는 달리 뾰족한 방법이 없었다.

CRASH LANDING

· 7장 ·

현금으로의 돌진

"가능한 현금을 많이 확보해야 한다."

_ 크리스 나세타

*다시 파산 위기에 처한 기업들

바베이도스의 브리지타운^{Bridgetown}의 저녁은 그림처럼 아름다웠
다. 휴가를 즐기는 사람들은 화창한 하늘 아래 펼쳐진 새하얀 모
래사장을 만끽하면서 산책했고, 리조트의 티키 바에서는 밴드의
연주가 들려왔다. 하지만 케빈 제이콥스^{Kevin Jacobs}는 호텔 8층 방
에서 전화기를 귀에 대고 반대편의 은행원들에게 고함치고 있었
다. 힐튼의 46세 최고재무책임자인 제이콥스는 몇 주 전에 아내
와 10대 쌍둥이 딸들에게 휴가를 약속했었다. 하지만 지금은 괜
히 휴가를 왔다고 후회하고 있었다.

그날은 3월 7일이었고, 호텔 업계도 금융시장과 마찬가지로
거침없이 하락하고 있었다. 고객들은 빠르게 예약을 취소했으
며, 신규 예약은 거의 없었다. 바로 3일 전, 제이콥스와 상사인
크리스 나세타는 힐튼 이사회에서 수개월 내에 수익이 10~15%
정도 감소할 수 있다고 경고했다. 이들은 호텔 업계에서 가장 중
요한 지표인 객실당 매출이 20~30% 감소할 수 있다고 경고했다.
2008년 경제 위기 동안 힐튼이 겪은 위기에 비견되었다. 비교하
는 것만으로도 끔찍했다. 힐튼은 2008년 위기에서 겨우 살아남
았기 때문이었다.

그런데 72시간이 지난 후에는 심지어 이런 예측도 낙관적이
었다고 생각되었다. 일반 휴양객들보다 더 많은 돈을 지출하는

•7장• 현금으로의 돌진

출장 여행객들이 하루 사이에 사라졌다. 라스베이거스, 워싱턴 및 애틀랜타와 같은 도시에서 힐튼 호텔의 생명신이라고 할 수 있는 대형 회의들이 줄줄이 취소되었고, 봄철의 레저 예약은 절반 이상 줄었다. 상황이 이렇게 되자, 제이콥스는 상사에게 힐튼이 살아남지 못할 수도 있다고 경고했다.

힐튼은 세계에서 가장 큰 호텔 기업에 속했지만, 실제로는 많은 호텔을 소유하고 있지 않다. 2007년에 최고경영자로 취임한 나세타는 10년 전 메리어트가 그랬듯이 단순한 브랜딩과 소유자에 대한 서비스를 강조하는 전략을 채택했다. 간단히 말해 물리적인 건물을 소유하는 부담을 다른 사람에게 양도하고, 그들에게 디자인이나 개발 및 경우에 따라 관리를 제공하면서 안정적인 수수료를 받았다. 메리어트는 1996년에 호텔 자산의 일부를 호스트라는 회사로 분할했고(나세타는 한때 호스트를 경영했다), 2011년에는 타임쉐어 사업(이용 기간에 맞는 오너십을 구매하면 지정된 리조트와 체인 리조트를 사용할 수 있도록 하는 방식_역자 주)에서도 같은 방식을 적용했다. 이 방식은 회사의 자본을 새로운 브랜드와 이니셔티브에 재투자할 수 있게 해주었기 때문에 월스트리트의 환영을 받았다.

2017년에 힐튼은 자사 호텔 중 절반을 파크 리조트Park Resorts 라는 새로운 기업으로 분할했다. 휴가 예약과 타임쉐어 사업은 46개의 리조트를 가지고 있으면서 포인트 기반의 리워드를 제공하는 힐튼 그랜드 배케이션즈Hilton Grand Vacations라는 새로운 기업으로 변경되었다. 여러 면에서 변화된 힐튼은 이제 부동산 회사가 아니었다. 나세타의 말에 의하면 힐튼은 소비자 경험의 제공자였으며, 부동산을 소유하는 위험(막대한 대출, 지역 정부 관계자의 간섭, 물이 새는 수도꼭지 등)을 다른 사람들에게 맡기고, 자신의 브랜드, 객실 예약 소프트웨어, 심지어 자체 키 카드 기술의 사용을 통해 안정적인 수수료를 받았다.

월스트리트의 용어로 일종의 '자산 경량화'였다. 힐튼은 월도프 아스토리아와 더블트리Doubletree를 포함한 18개의 브랜드로 운영되는 호텔들을 실질적으로 소유하고 있는 부동산 투자회사로부터 수익의 일부(8%부터 최대 20%까지)를 받아 돈을 벌었다. 평균적으로 힐튼이 벌어들이는 돈은 약 2,500만 달러였고, 그 중 2,000만 달러를 고정경비, 급여, 기타 운영에 지출했다.

그런데 이제 힐튼의 수익이 빠르게 사라지고 있었다. 하지만 세금, 공과금, 수천 명 직원들의 급여, 그리고 자체적으로 소유하거나 관리하는 60여 개 호텔의 유지비와 직원들의 급여 등 고정비를 지출해야 했다.

제이콥스는 아내와 아이들이 수영장에서 휴식을 취하는 동안, 휴대전화를 들고 힘든 대화를 시작했다.

제이콥스의 상사이자 최고경영자인 크리스 나세타 역시 힐튼의 자금을 주의 깊게 살펴보고 있었다. 힐튼은 약 5억 달러의 현금을 가지고 있었지만 예약이 계속 줄어든다면 현금은 곧 바닥날

•7장• 현금으로의 돌진

것이다. 힐튼의 브랜드 책임자이자 펜실베이니아 신탁 이사회의 의장인 매튜 스카일러Matthew Schuyler는 무심하게 "미국의 모든 대학이 문을 닫게 될 것"이라고 말했다. 그 말만으로도 충분했다. 나세타는 신속하게 법무 자문위원에게 전화를 걸어 월스트리트 은행에 보유하고 있는 17억 5,000만 달러의 신용 한도를 인출하기 위해 이사회의 허가가 필요한지 물었다. 그의 경력에서 2001년 9월 12일 이후 처음 있는 일이었다. 하지만 자문은 그럴 필요가 없다고 알려주었다.

나세타는 제이콥스에게 은행에 있는 17억 5,000만 달러 신용 한도를 사용하고, 한편 더 많은 현금을 조달하기 위한 채권 발행을 준비하라고 지시했다. 그는 "가능한 현금을 많이 확보해야 한다"라고 말했다. 돈이 필요하지 않다면 언제든지 상환하면 그만이었다. 당분간 지급해야 할 몇백만 달러의 이자는 날이 갈수록 나빠지는 최악의 시나리오 대비 저렴한 보험금이었다.

하지만 전화를 걸었다고 해서 은행에서 돈을 받아낼 수는 없었다. 딸들이 수영장에서 놀고 있을 때 제이콥스는 호텔 리조트의 방에서 전화를 건 이유가 바로 이 때문이었다. 워싱턴을 떠나기 전에 그는 힐튼의 대여 업무를 담당하는 주은행인 도이치뱅크Deutsche Bank에 돈을 모두 인출하겠다는 내용의 공식 통지를 보냈다.

이례적이었다. 기업들은 신용경색 시에 사용할 수 있는 은행의 신용 한도를 유지하려고 한다. 이런 종류의 대출은 문제를 일으키기 때문이었다. 호황기에 기업은 인수나 증권 발행과 같은 수익성 높은 업무를 위해 은행을 고용하기 때문에, 은행은 그들의 환심을 사기 위해 제로에 가까운 금리로 기꺼이 돈을 빌려준다. 그러나 경제적 압박이 오면 기업들이 고통받는 그 순간에 시장가치 이하로 돈을 보증하면서 월스트리트의 용어로 '제대로 가격이 책정되지 않았다'라고 평가한다. 제이콥스가 휴가지에 도착했을 때 메일함에는 왜 힐튼에 그렇게나 많은 현금이 필요한지를 묻는 걱정스러운 은행가들의 이메일로 가득했다.

급하게 열린 화상회의에서 그는 은행가들에게 "객실 예약이 급락하고 있어요"라고 설명했다. 제이콥스는 사실만을 이야기했고, 설명할 필요가 있다고 생각하지 않았다. 은행들은 힐튼이 요청하면 돈을 보내기로 약속한 계약서에 서명했고, 지금은 힐튼이 현금을 요청하고 있었다.

그런데 힐튼이 신용 한도를 이용해서 돈을 인출하는 또 다른 이유가 있었다. 이번 주 내내 제이콥스가 고민하던 문제였다. 은행 자체가 타격을 입을 수도 있기 때문에 돈을 송금하지 않을 수도 있다는 것이었다. 힐튼의 사업이 계속 악화한다면 은행들은 기업 계약서에 거의 사용되지 않는 '심각한 부정적 변화'에 관한 조항을 적용할 수 있을 것이다. 즉 힐튼이 처음에 돈을 빌릴 때와 같은 상황이 아니며, 따라서 17억 5,000만 달러를 빌려줄 수 없다고 거절할 수도 있다. 수백 개의 기업이 동시에 신용을 이용해 돈을 빌린다면 은행은 난감해질 것이다. 그래서 제이콥스는 가장 먼저 돈을 빌리려고 했다.

"지금 상황이 은행에 위기가 될지를 판단할 정도로 똑똑하지는 않아요. 하지만 과거에 있었던 일을 살펴보았고, 『대마불사Too big to fai』라는 책도 읽었어요." 제이콥스는 말했다. 그가 읽었다는 책은 2008년 미국의 금융 시스템이 붕괴되었을 때에 관한 책이었다. "은행이 하룻밤에 망하기 전까지는 정말 은행이 하룻밤에 망할 거라고는 생각하지 못해요."

그의 메시지는 분명했다. 당장 돈을 달라는 것이었다.

하루아침에 갑자기 경제가 멈춰버릴 때를 대비해 재정적으로 준비가 된 기업은 없다. 그러나 2020년 3월에 갑자기 발생한 코로나바이러스의 확산은 지난 20년 동안 기업 이사회에서 기본으로 사용되던 재무 정책의 위험을 적나라하게 보여주었다. 기업들은 주가를 계속 상승시키기 위하여 주주들에게 거의 모든 이익을 나누어 주었다. 현금을 많이 보유하고 있는 기업은 멍청하고 게으르다는 비난을 받았고, 기업들이 비상자금을 보유하던 과거 시대의 유물로 치부되었다. 헤지펀드 투자자들은 현금이 많은 기업을 찾아내어 그들에게 자사주 매입이나 현금 배당으로 현금을 배분하도록 설득하기 위해 공개적인 캠페인을 벌였다. 자사주 매입과 현금 배당은 모두 주가를 높이는 경향이 있다. 이러한 방식은 21세기 기업 경영의 특징이었던 효율성을 추구하는 전반적인 움직임의 일환이었다. 현금이 많은 기업은 퇴출되고, 현금이 없는 기업이 인기를 얻었다.

주식으로 급여를 받은 고위 관리자들은 기꺼이 이를 수락했다. S&P500 지수에 속한 기업들의 자사주 매입 규모는 2010년 2,990억 달러에서 2018년 8,000억 달러로 증가했다.[1] 이 기간 동안 주주들에게 돌아간 현금 총액은 기업이 신고한 이익과 새로운 공장이나 연구 시설의 투자금보다 더 빠르게 늘어났다. 때문에 기업들은 팬데믹으로 매출이 사라졌을 때를 위한 충분한 재정 쿠션을 가지고 있지 않았다.

힐튼은 2017년 이후 자사주 매입과 배당금에 17억 달러를 투자하여 메리어트와의 주가 차이를 줄이려고 했다. 주주들을 만족시키기 위하여 현금 이익을 거의 모두 소진하고, 또 돈을 빌렸다. 주주들은 만족했다. 바이러스가 중국의 호텔을 폐쇄하기 시작할 즈음, 힐튼의 주가는 3년 동안 주요 경쟁사와 전체 시장보다 더 크게 상승한 상황이었다. 하지만 2013년에 상장했을 때와 비교하면 현금 보유량이 25% 줄어 있었다. 그리고 이제는 월스트리트의 은행들에게 돈을 요구하고 있었다.

며칠 후, 기자들도 이러한 움직임을 알게 되었다.[2] 블룸버그 Bloomberg가 "힐튼, 바이러스의 충격을 막기 위하여 17억 5,000만 달러의 신용을 사용"이라는 제목의 기사를 보도하자, 힐튼은 사용 가능한 은행 차입금을 최대로 활용한 최초의 블루칩 기업이 되었다. 기사는 이러한 조치가 미국 기업들의 공포를 보여주고 있다고

•7장• 현금으로의 돌진

논평했다. 블루칩 기업이면서 미국 가족들의 휴가를 책임져왔던 힐튼이 달러를 확보하려고 고군분투 중이라는 것이었다.

보좌관이 나세타에게 블룸버그 기사를 전달했을 때, 그는 워싱턴 D.C. 교외에 있는 사무실에서 밤늦게까지 일하고 있었다. 그의 사무실에서 보이는 워싱턴 D.C는 휘황찬란하게 불을 밝히고 있었다. 나세타는 못마땅한 미소를 지었다. '*조금 기다려보라지.*' 그는 생각했다. '*일주일 후면 기사를 쓸 가치도 없는 일이 될 것이다.*'

그는 옳았다. 이후 며칠 동안 전 세계 기업들은 정확히 힐튼이 했던 것처럼, 은행에서 법적으로 허용된 모든 돈을 빌리고도 더 많은 돈을 구걸했다. 기자들은 이러한 사실에 더 이상 주목하지 않았다.

애틀랜타의 하츠필드-잭슨 공항의 라운지 구석에서 비슷한 드라마가 벌어지고 있었다. 델타 항공의 기업 자금 관리 책임자인 켄 모지Ken Morge는 창문 너머의 활주로를 바라보며 통화 중이었다. 상대는 매우 긴장한 변호사들이었다. 모지는 평상시라면 간단하게 표시만 하면 끝날 일을 처리 중이었다. 몇 주 후, 델타 항공이 빌렸던 10억 달러 대출의 만기가 도래하고 있었고, 모지는 몇 주 전에 유사한 조건으로 대출을 갱신하라는 임무를 받았다. 대부분의 기업 및 특히 항공사에게는 흔한 일이었다. 항공사는 많은 은행과 관계를 유지하며 많은 대출을 받았다. 델타 항공은 며칠 전에 새로운 대출을 받았다. 은행은 대출금의 일부를 제공하고 수수료를 받으려는 투자자 고객들에게 대출 조건, 보호 조항 및 델타의 재정 건강 상태에 대한 정보를 상세히 알려주는 문서를 발송한다. 당시 통화는 은행을 대표하는 뉴욕의 화이트 슈 로펌(미국의 최상급 로펌_역자 주)인 심슨, 대처 앤드 바틀렛Simpson, Thacher & Bartlett에서 은행을 담당하는 변호사들과의 마지막 통화였다.

일반적으로 변호사들은 문서를 보낸 이후에 중요한 변화가 있는지를 묻고, 모지와 같은 임무를 담당하는 담당자는 아니라고 답하면 통화가 끝이 났다. 하지만 특별한 상황이었으므로, 모지는 "지금 실사 목록을 보고 있습니다. 빨리 읽어드릴게요"라면서 할 수 있는 최선의 답을 했다.

그런데 변호사 중 한 명이 "잠깐만요. 실사 목록을 꼼꼼하게 보고 싶습니다"라고 말했다. 모지는 침을 꿀꺽 삼켰다. 그는 델타의 은행들을 속이려고 하는 것은 아니었다. 그랬다가는 곧바로 월스트리트의 블랙리스트에 오르게 될 것이다. 그러나 그는 지난 며칠 동안 델타의 상황이 어떻게 변했는지에 대해 자세히 논의한다면, 전반적으로 훨씬 조용해졌고 사람들이 사라진 공항을 고려했을 때 대출을 받을 수 있는 가능성이 작아진다는 것을 알고 있었다.

모지는 상사인 델타 항공의 최고재무책임자 폴 제이콥슨Paul Jacobson과 함께 2005년 델타의 파산 신청 이후 은행과의 관계를 다시 구축했다. 그들은 월스트리트에 수억 달러의 수수료를 지

•7장• 현금으로의 돌진

불했다. 자산의 균형을 재설정하고 투자 등급 평가를 회복했다. 두 사람의 상사인 최고경영지 에드 비스티안에게 자랑스러운 순간이었다. 그런데 이제 변호사들의 어조에서 과거의 성과만으로는 부족하다는 사실을 감지할 수 있었다. 은행은 초조해하고 있었다.

곧 만기가 도래하는 대출만이 문제가 아니었다. 모지와 제이콥슨은 바스티안의 지시에 따라 델타 항공의 재정을 견고하게 만들기 위한 40억 달러의 추가 대출에 대해 또 다른 은행 그룹과 의사를 타진하고 있었다.

이번 화상회의에서 1997년에 애널리스트로 항공사의 금융 부서에 합류한 델타 항공의 경력자이자, 회사의 파산을 겪고 난 후 2012년에 자금관리 책임자로 임명된 모지는 상황이 점점 나빠지고 있다는 첫 번째 신호를 포착했다. 그는 델타 항공의 투자 관계 책임자인 질 그리어Jill Greer에게 문자 메시지를 보냈다. '당장 회의에 참석해주세요. 분위기가 좋지 않아요.'

일주일 전에 델타 항공의 일부 고위 임원들이 애틀랜타에 있는 본사 회의실에서 모였다. 이들의 논의 주제는 연방정부에 지원을 요청해야 하느냐는 것이었다. 아무도 이 아이디어를 달가워하지 않았다. 일단 델타 항공은 수년 동안 중동 정부가 국영 항공사에 보조금을 지급하여 수익을 많이 창출할 수 있는 장거리 노선에서 서구의 경쟁사 입지를 약화시켰다고 공개적으로 불만을 표했다. 두 번째로, 임원들은 정부의 지원에는 주식 지분을 나누어주는 것과 같은 조건이 있다는 것도 알고 있었다. 정부에 지분을 떼어준다면, 미국 재무부는 향후 수년 동안 중요한 주주가 될 것이다. 2008년 대형 은행을 구제할 때 유사한 방식을 적용해서 미국 정부에 주식 보증을 제공해야 했고, 최고경영진에게 지급되는 보너스 상한, 자사주 매입 및 배당 지급 동결 같은 조건도 적용되었다. 월스트리트는 정부 지원이 불쾌한 경험이라고 판단했고, 그래서 기업들은 대부분 긴급 지원금을 최대한 빨리 상환히려고 했다.

하지만 델타의 현금이 바닥나고 있었다. 이미 2월에 직원들에게 16억 달러의 이익을 나누어주었고, 만기가 다가온 일부 부채도 상환한 상태였다. 그런데 이제 사람들이 항공권을 예약하지 않고 있었다. 2월 중순, 델타 항공은 하루 평균 약 1억 4,000만 달러어치의 항공권을 판매했다. 3월 초에는 8,000만 달러로 줄었다. 이미 예약한 항공편을 취소한 고객들도 수천 명이 넘었다.

예약 취소는 항공사에게 심각한 재정적 문제가 된다. 승객들은 여행 전에 항공편을 예약하고, 항공사는 미리 돈을 받는다. 항공사에게는 일종의 부채이며, 코로나바이러스 확산이 가속화되기 시작한 시점에서 델타 항공이 고객들에게 미리 받은 돈은 약 60억 달러에 달했다. 승객들이 항공권을 취소한다는 것은 결국 부채를 갚아야 한다는 뜻이었다. 고객들의 입장에서는 그저 환불하는 것이고, 원치 않는 스웨터를 반품하는 것과 비슷했다. 하지만 항공사에게는 심각한 문제였다. 은행의 자금이 동결될 가능성도 있기 때문이다.

델타 항공은 승객의 항공권을 곧 여행을 할 수 있을 것이라고 생각하는 고객들에게 향후 여행을 위한 바우처로 전환하도록 유도하려고 노력했다. 항공권 변경 수수료인 200달러도 면제해주었다. 3월 중순이 되자 델타 항공의 일일 순매출은 마이너스가 되었으며, 하루 환불 금액이 새로운 항공권의 판매 금액보다 많았다. 3월 말에는 하루에 1억 달러씩 손실을 기록했다. 매일 오전 8시 30분에 바스티안, 하인스타인, 제이콥슨, 모지 그리고 투자 관계 책임자인 질 그리어를 포함한 경영진들은 언제나 한 가지 문제에 대한 답을 구하기 위해 회의를 했다. '지금 현금을 얼마나 보유하고 있는가?'에 대한 문제였다. 돈을 쓸 때마다 정당한 이유가 필요했다. 새로운 대출과 기존 대출의 보유로 델타 항공이 확보한 현금은 약 60억 달러였다. 3월 말까지의 속도로 현금을 소모한다면 두 달밖에 버틸 수 없었다.

이틀 뒤인 3월 18일, 델타 항공은 비용 절감 조치를 발표했다. 고위 경영진은 월급을 50% 삭감하고 바스티안은 6개월 동안 월급을 포기했다. 공항 라운지를 폐쇄하고 애틀랜타의 허브 시설을 합병하며 기존 항공기 중 절반인 600편 이상의 운항을 중단할 계획이라고 밝혔다. 이 중 일부는 다시 재개되지 않을 것이다. 보잉 767기와 같은 낡은 항공기의 은퇴는 가속화되었다. 바스티안은 정부와의 협상이 생산적이었으며 지원금이 통과될 것이라고 자신감을 표했다. 하지만 그는 "계속해서 모든 가능한 조치를 취해야 한다. 현금 확보는 우리의 재정을 위한 가장 중요한 문제이다"라고 강조했다.

한편, 바스티안은 법률 자문인 피터 카터에게 다른 항공사의 최고 변호사들과 협력해 정부에 제안할 초안을 마련하도록 지시했다. 항공사 임원들이 백악관에서 회의를 가지고, 대통령에게 정부 지원금을 바라지 않는다고 답한 뒤 약 일주일이 지났을 때였다(당시 바스티안은 어머니의 장례식 때문에 불참했다). 이후 몇 주 동안 이메일을 통해 교환된 문서에서 카터, 아메리칸 항공의 스티브 존슨, 유나이티드 항공의 브렛 하트Brett Hart는 세 가지 요점을 강조하는 2페이지짜리 문서를 작성했다.

첫째, 항공 산업은 대출이 아닌 보조금을 원했다. 그 이유는 2001년 9월 11일 테러 후에 일부 항공사가 받았던 긴급 대출의 파장을 기억했기 때문이었다. 당시 대출로 항공사들의 재무 상황은 악화되었고, 일부는 파산했다. 델타 항공 역시 2005년에 파산했었다. 둘째, 항공사들은 연방정부가 모든 항공기에 부과하는 7.5% 세금을 면제해달라고 요청했다. 셋째, 정부로부터 충분한 금융 지원을 받는다면 직원을 해고하지 않겠다고 약속했다.

항공사의 제안은 간단했는데, 이들이 직면한 현금 부족 문제에 대응하기 위한 것이었다. 한편으로는 정부가 기업의 운영에 실질적으로 개입하지 않도록 설계되었다. 경영진들은 정부의 도움이 필요했지만, 정부의 개입은 바라지 않았다. 무엇보다 항공사의 제안에는 정부에게 기업의 지분을 제공하는 방안이 포함되지 않았다. 항공사들은 임원 보수에 대한 제한이나 항공편에 대한 정부의 통제에 동의하지 않았으며, 자사주 매입 또는 배당금의 일시 중단을 제안하지 않았다. 이런 조치는 주가를 뒷받침하는 중요한 요소이며, 주주에게 이익을 분배하는 능력에 제한이 생길 경우 주가 하락이 불가피하다고 판단했다.

항공사 임원들의 제안에는 수익 창출과 수익을 활용할 방법을 고려하고 있었는데, 역시 3월 초에 경제계 거물들의 잘못된 판단이 반영된 결과였다. 코로나19의 위기가 몇 주, 길어야 몇 달 내에 종료될 것으로 예상했던 것이다.

미국 8대 은행의 자금 관리자들은 연방준비제도, 재무부, 연방예금보험공사Federal Deposit Insurance Corp, 통화감독청Office of the Comptroller of the Currency 관리자들과 연달아 통화했다. 이들 기관은 각자의 관할권과 우선 사항을 가지고 미국의 금융 시스템을 감독한다. 이들과 통화를 주고받은 은행들은 JP모건 체이스, 뱅크오브아메리카, 시티그룹, 웰스파고Wells Fargo 등 미국 시민들 저축액의 40%와 기업 및 주택담보대출 수조 달러를 보유한 미국 4대 은행과 투자은행 거물로 주식 트레이딩으로 더 유명한 골드만삭스와 모건 스탠리, 주식 및 채권의 저장소이며 금융 시스템이 원활하게 작동하는 데 필수적인 지원을 제공하는 백오피스 서류 대부분을 처리하는 커스터디custody 은행인 스테이트 스트리트State Street와 뉴욕멜론은행Bank of New York Mellon이었다.

2008년 금융위기 이후 이 8개 은행은 크기가 커졌고, 글로벌 경제와 긴밀하게 연결되어 그들의 생존과 강화가 단순히 기업의 문제가 아니라 공익과 직결된다고 하여 '전 세계 시스템적으로 중요한 은행'으로 지정되었다. 흔히 말하는 '대마불사'라고 부를 수 있는 은행이었다. 이 때문에 이들 8개 은행에는 새로운 정부 감독과 규제가 적용되었다. 즉 금융위기에서 심각한 경제적 충격에 견딜 수 있을 정도로 충분한 자본 보유고를 확보하고, '스트레스 테스트(예외적이지만 발생 가능한 위기 상황을 상정하여 개별 금융기관, 금융 부문 및 금융 시스템 전체의 취약성과 복원력을 평가하는 기법)'를 제출하도록 요구했다.

그럼에도 불구하고, 이 8개의 거대 은행은 2008년 금융위기를 이겨내면서 더 크고 강해졌다. 이들은 자신들을 해체시키려는 노력을 이겨냈으며, 포퓰리즘의 상징인 반월스트리트 시위를 버텨냈다. 연일 새로운 규정의 공격을 막아내면서 살아남는 법을 배웠다. 한편 작은 은행들은 8개 거대 은행에 적용되는 규정이 너무 부담스러워 크게 성장하여 이들과 경쟁하고 싶은 생각이 없었다. 8개 은행의 영향력은 매우 막강해서, 미국 의회 주요 회원으로 구성되어 막강한 권력을 가지고 있는 '미국의 8인방'에서 차용된 별명인 '재계의 8인방'이라고 불렸다.

그들의 자금 관리자들은 규제기관과 정기적으로 회의를 가졌다. 수요일에 있을 회의는 원래 워싱턴에서 개최될 예정이었으나, 시장의 불안 때문에 은행가들은 사무실을 떠날 수 없어 화상회의로 대체되었다.

베스 해맥Beth Hammack은 도심지에 있는 골드만삭스 본사의 고층 사무실에서 화상회의에 참여했다. 2018년에 회사의 자금 관리자로 임명되기 전에 그녀는 정부 채권을 거래하면서 여기저기 퍼진 약점을 감지하는 월스트리트의 기술을 익혔다. 그녀는 전화선을 타고 전해지는 은행 자금 관리자들의 불안함을 재빨리 알아차렸다. 은행에서 현금이 아주 빠르게 빠져나가고 있었다.

간단하게 말하면, 은행은 저축의 이자를 지급하고, 그보다 더 높은 이자를 받으면서 돈을 빌려주어 그 차이로 돈을 번다. 그러나 현재 재계를 지배하는 글로벌 거대 은행들은 이러한 전형적인 은행 모델과는 크게 관련이 없다. 화상회의에 참여한 골드만삭스를 위시한 이들 은행은 올바른 장소에 충분한 돈을 유지하는 세심한 사업을 운영한다. 고객들은 돈을 예금하고 인출한다. 헤지펀드는 트레이드의 담보로 현금을 예치하고, 트레이드의 가치가 변할 때 현금을 돌려달라고 요청한다. 단기 차입금 만기가 도래하여 상환되면 만기는 하루, 일주일 또는 한 달간 연기된다.

계속해서 바뀌는 원장 위에는 2008년 금융위기 이후 시행된 규정의 미로가 존재하고 있으며, 규정은 오버나이트 대출(뉴욕 금융시장에서 증권 딜러가 다른 금융기관으로부터 빌리는 최단기 신용 형태의 하나_역자 주)보다 담보로 유지되는 장기 채권이나 소비자 예금과 같이 좀 더 오래 유지되는 자금원에 유리한 대우를 제공한다. 이를 환매조건부채권이라고 한다. 그래서 은행은 다음 30일 동안 손실될 것으로 예상되는 자금을 대체할 충분한 현금을 준비해두어야 한다. 그런데 지금 은행에 현금이 충분하지 않았다.

켄 모지기 휴양지에서 스키를 타는 동안, 아니 스키를 타려고 노력하는 동안 세상은 바뀌었다.

델타 항공의 자금 관리자는 일주일 전에 아내와 아이들과 함께 휴가를 즐기기 위해서 콜로라도 아스펜Aspen을 찾았다. 휴가를 떠나기 직전, 그는 델타 항공의 재정을 강화하기 위하여 월스트리트 은행 그룹으로부터 40억 달러 규모의 대출 계획을 협상하고 있었다. 기업 대출의 세계에서 어려운 작업은 아니었다. 은행들은 담보를 요구하지 않았다. 델타 항공의 명성만으로도 은행이 쉽게 대출을 해준다는 뜻이었다. 왜 아니겠는가? 델타 항공의 투자 등급은 높은 신용등급을 가지고 있었고, 필요하다면 비행기, 공항 슬롯, 남들이 탐내는 멋진 항공 경로 등 돈을 빌리기에 충분한 자산이 있었다. 델타 항공의 채권은 수익성이 낮고 부채가 더 많은 경쟁사인 유나이티드 항공이나 아메리칸 항공보다 훨씬 높은 가격에 거래되었다.

하지만 그것도 일주일 전의 상황이었고, 이제는 많은 것이 변했다. 전 세계 코로나19 감염자는 13만 6,000명, 사망자는 5,000명을 육박했다. 모지의 휴가는 콜로라도 주지사가 스키 리조트 폐쇄를 명령하면서 계획보다 빨리 끝이 났다. 미국 대평원을 날아 집으로 돌아오면서, 그는 은행가들과의 협상에서 힘을 잃었다는 사실을 깨달았다. 은행들은 당초보다 훨씬 적은 30억 달러 규모를 대출해줄 수 있다고 제안하고 있었다. 영국의 스탠다드차타드Standard Chartered와 프랑스의 BNP파리바BNP Paribas를 포함해 델타 항공에 오랫동안 대출을 제공했던 은행들은 아예 대출을 해주지 않으려고 했다. 은행가 중 한 명이 모지 팀의 구성원에게 "델타는 30억 달러가 아니라 100억 달러가 필요할 것으로 생각한다"고 말했다. 은행가는 자신의 기업이 대출에 더 이상 참여하지 않으려고 한다고 설명했다. 구멍 난 독에 물을 붓고 싶지 않았던 것이다.

여전히 델타 항공의 대출에 참여하기로 한 은행들도 강경한 태도를 보였다. 바이러스 이전에 델타 항공은 약 3% 정도의 금리로 대출을 정기적으로 받았다. 그런데 이번에는 금리가 거의 6%에 달했다. 은행들은 이제 델타 항공을 믿고 대출해주지 않으려고 했다. 이제는 항공기의 일부를 담보로 요구했다. 모지는 패닉에 빠졌다. 은행들이 정말 대출을 해줄지도 알 수 없었다. 항공 산업의 로비 단체가 미국 정부에 도움을 요청하고 있었지만, 항공 산업을 구제하겠다는 마음이 있는지도 알 수 없었다. 막대한 돈을 구할 수 없다면, 델타 항공은 15년 만에 다시 파산하게 될 것이었다. 최종 대출 규모는 26억 달러에 그쳤다. 새로운 조건은 미국을 사로잡은 현실을 반영하고 있었다.

미국의 기업들이 무릎을 꿇고 있었고, 빌 애크먼은 인생 최대의 트레이딩을 벌이고 있었다.

3월 초, 퍼싱 스퀘어의 트레이더들은 애크먼의 비관적인 예측이 현실로 나타난 경우 회사를 보호하기 위한 트레이딩을 시작했다. 그들은 세 가지 바스켓으로 구성된 회사채에 10억 달러 규모의 신용부도스와프를 매수했다. 첫 번째 바스켓은 제너럴 모터스General Motors와 같은 신용등급이 높은 회사의 채권이었다. 두 번째는 스프린트Sprint나 아메리칸 항공과 같은 그보다 신용등급이 낮은 기업의 채권이었고, 마지막으로 유럽 기업들의 채권이었다. 총 2,700만 달러의 프리미엄과 수수료를 지불했다. 애크먼은 이 투자가 일생일대의 거래라고 생각했다.

신용부도스와프는 금융계의 보험과 비슷하다고 회자되지만, 중요한 차이점이 하나 있다. 그들이 보호하려는 사건이 발생하지 않더라도, 다시 말해 채무자가 채무 불이행을 선언하지 않더라도 돈을 벌 수 있다는 것이었다. 신용부도스와프는 채무 불이행이 발생할 가능성만 있어도 그 자체로 돈을 벌 수 있는 금융 투자 상품이었다. 내재된 채무, 이 경우 회사채의 가치가 하락하면 신용부도스와프를 팔아 수익을 남길 수 있었다. 퍼싱 스퀘어가 배팅해서 돈을 벌려면 시장이 공포에 질리기만 하면 되었다.

투자자들이 기업에 빚을 갚을 돈이 없을지도 모른다고 우려하게 되면서 회사채 가격은 급락했다. 금융 서비스 기업인 블룸버그와 투자은행 바클레이스가 제공하는 회사채 기준 지수는 3월 초 최고를 기록했으나, 3월 20일이 되자 15%나 하락했다. 퍼싱 스퀘어의 투자는 장부상 20억 달러 이상의 가치를 갖게 되었다.

투자자라면 누구나 기뻐할 만한 막대한 수익이었다. 하지만 신용부도스와프의 가치가 크게 상승하는 동안, 퍼싱 스퀘어 투자의 상당 부분을 차지하는 애크먼의 주식 포트폴리오는 4분의 1 이상의 가치를 잃고 말았다.

3월 첫 번째 금요일이 되자, 신용부도스와프는 퍼싱 스퀘어 자산의 40%를 차지하게 되었다. 완전히 균형이 깨진 포트폴리오가 된 것이다. 게다가 연방준비제도는 회사채를 보증하여 가격을 안정시키고, 투자자들을 달래기 위해 회사채를 매수하는 방식으로 시장의 안정을 위해 개입하려고 했다. 연방준비제도가 어떤 조치를 취하든 회사채 가격은 반등할 것이고, 퍼싱 스퀘어가 보유하고 있는 20억 달러가 넘는 장부상 이익은 상당 부분 사라지게 될 위기였다. 3월 6일, 단 하루 만에 퍼싱 스퀘어의 신용부도스와프의 장부 가치는 8억 달러나 하락했다. 여전히 상당한 수익이었지만, 불안정하다고 판단한 애크먼은 트레이더들에게 매도 포지션을 구축하라고 지시했다.

그다지 어렵지 않은 일이었다. 시장이 완전히 혼란에 빠진 상황에서 전 세계 투자자들은 공포에 질려 몇 주 전부터 애크먼이 매수해온 보호장치를 매수하려고 노력하고 있었다. 몇 주 전만 해도 안전하다고 여겨졌던 기업의 채권들이 이제는 채무 불이행 위험이 있다고 판단되었다. 투자자들의 '공포지수'인 안전한 미국의 국채 대비 투자 등급의 기업 회사채 수익률은 애크먼이 신용부도스와프를 사들이던 지난 2월 말 이후 3배나 상승했다. 애크먼의 투자는 마치 가뭄이 든 해에 아주 적은 비용으로 홍수 보험을 매입하고 장미기 찾이 왔을 때 매도한 것처럼 보였다.

다음 주 월요일, 애크먼의 트레이더들은 매도 작업을 절반 정도 완료한 상황이었다. 전체 포지션을 완전히 청산하는 데 3일이 더 걸릴 것으로 보였다. 이들의 거래는 2,700만 달러의 초기 투자금으로 26억 달러의 이익을 창출해 약 10만 배의 수익률을 올렸다. 비교해보자면 소규모 벤처 캐피털 투자는 100배의 수익을 올리는 데 몇 년이 걸리지만, 애크먼은 단 3주 만에 그보다 1,000배나 많은 수익을 올린 것이다.

이는 미국 모기지 시장의 반대 포지션에 투자하여 시장이 붕괴했을 때 막대한 이익을 올렸던 헤지펀드 매니저들의 일대기를 그린 할리우드 영화 〈빅쇼트Big Short〉에 영감을 주었던 2007년 트레이딩의 속편처럼 보였다. 당시 차고에서 투자했던 매우 내향적인 마이클 버리Michael Burry, 30세의 신참 투자자인 제이미 마이Jamie Mai와 찰리 허들리Charlie Hedley가 포함된 빅쇼트 팀과 애크먼 사이에는 비슷한 점이 거의 없었다. 그러나 애크먼이 2월에 런던에서 투자자가 되고 싶은 학생들을 대상으로 강의했을 때 가졌던 생각과 빅쇼트 팀의 생각은 같았다. 바로 시장이 틀렸다는 것이었다. 2007년에는 주택 가격이 계속 상승할 것으로 생각했다. 2020년 초에는 코로나바이러스가 중국에만 머무를 것으로 생각했다.

역사는 탈레브의 블랙스완 이론에 대한 설명에 네 번째 기준을 추가할지도 모른다. 운과 배짱을 가지고 이후에는 당연하게 여겨지게 될 사건을 미리 예측한 사람들은 매우 드물지만 어마어마한 수익을 벌 수 있다는 기준이다.

CRASH LANDING

·8장·
세상이 봉쇄된 날

"팬데믹은 모델링할 수 없잖아요!"
_ 브라이언 체스키(에어비앤비 최고경영자)

*세계보건기구, 공식적으로 전 세계 팬데믹을 선언하다

휘슬이 너무 일찍 울렸다. 오클라호마 시티 다운타운의 페이컴 센터Paycom Center의 미드코트에 심판들이 몰려들었다. 1만 명 이상의 관객들이 홈팀인 오클라호마시티 선더와 원정팀인 유타 재즈의 경기를 기다리고 있었다. 심판이 공을 들고 서 있을 때 선더의 팀 닥터가 미드코트로 달려와 심판의 귀에 무엇인가를 속삭였다. 유타 재즈의 루디 고베어Rudy Gobert 선수가 코로나19 양성 판정을 받았다는 이야기였다. 어색한 15분이 흘렀고, 장내 안내 방송이 시작되었다. 경기는 취소되었다.

"천천히 질서정연하게 퇴장해주시기를 바랍니다. 오늘 방문해주서서 감사합니다. 우리 모두는 안전합니다."

3월 11일 수요일의 일이었다. 미국 스포츠 분야 최초의 코로나 감염자가 발생한 날이었다.

3월 11일은 어떤 지표에서도 팬데믹 최악의 날은 아니었다. 가장 치명적이거나 가장 많은 사람이 감염된 날도 아니었다. 금융시장이 최저점을 기록한 날도 아니었다. 실업률이 최고를 기록한 것은 그로부터도 한 달이나 지나서였다. 그러나 위기가 계속되면서 3월 11일은 수백만 미국인에게 이정표가 되었다. 코로나바이러스가 경제를 파괴하고 문화 제도를 폐쇄하며 미국 문화의 핵심을 공격할 것임을 알려준 날이었기 때문이다.

3월 11일은 많은 사람에게 코로나가 현실로 다가왔음을 보여
준 날이었다. 3월 11일, 세계보건기구World Health Organization, WHO는
공식적으로 전 세계 팬데믹을 선언했다. 미국인이라면 누구나
좋아하는 배우 톰 행크스Tom Hanks는 트위터에 자신과 아내인 여
배우 리타 윌슨Rita Wilson이 코로나에 걸렸다고 밝혔다. 국경수비
대가 미국에서 처음으로 대규모 지역 감염이 발생한 뉴욕주 외각
의 뉴로셸New Rochelle에 배치되었다. 고베어가 확진 판정을 받은
후 NBA는 시즌을 중단했고, 다른 스포츠 리그와 NCAA(전미 대
학체육협회)도 역시 빠르게 시즌을 중단했다. 특히 NCAA는 3월의
대학농구 축제를 며칠 앞두고 행사를 취소했다. 디즈니월드는
매직 킹덤Magic Kingdom을 폐쇄했다. 브로드웨이에서는 2007년 노
조 파업 이후 처음으로 공연장 무대의 조명이 꺼졌다. 미국 주식
시장은 최근의 고가에서 20% 하락하면서 11년간의 불마켓이 종
료되었다.

트럼프 대통령은 자신의 집무실에서 유럽대륙으로의 항공 여
행을 금지한다고 발표했다. 멋대로 메시지를 발표하던 트럼프
대통령은 예외적으로 심각하게 대본을 보고 사실을 발표해, 전쟁
을 제외한 가장 심각한 순간일 수 있다는 확증을 심어주었다.

정지된 화면과 혼란스러운 사건의 연속은 그때까지도 바이러
스를 먼 나라의 일로 치부하던 많은 서구인에게 현실을 직시하게
만들었다. 단 몇 시간 만에 바이러스는 스포츠, 여행, 연금 계좌,

•8장• 세상이 봉쇄된 날

할리우드까지 일상의 여러 부분에 영향을 미쳤다. 코로나바이러스는 더 이상 남의 나라 일이 아니었다.

세계 최대 기업들의 최고경영자들에게 있어서 3월 11일은 전례 없이 빠르게 결정을 내려야 했던 날이었다. 기업의 주가는 급락했고, 직원들은 공포에 질렸다. 사업이 힘든 사람들은 그나마 운이 좋은 편이었다. 운이 나쁜 사람들에게는 사업이 더 이상 의미가 없는 것처럼 보였다.

데이비드 솔로몬David Solomon은 검은색 타운 카에서 내려, 백악관 밖의 경비 초소로 다가갔다. 골드만삭스 최고경영자인 솔로몬은 3월 11일 아침에 미국 의회를 들러 코로나바이러스 구제금융 법안을 작성하는 양측의 의원들과 팔꿈치를 부딪치며 인사를 나누었다. 월스트리트 최고경영자들이 의회를 처음 방문하는 것은 아니었지만, 솔로몬은 뉴욕의 북부에서 함께 여름 캠프를 즐겼던 45세의 뉴저지주 민주당원인 조시 고트하이머Josh Gottheimer의 초대를 받았다. 두 사람은 가깝게 지냈고, 그 덕분에 솔로몬은 중도파에 상식적이며 실용적인 교류가 가능한 공간에서 편안함을 느끼고 있었다.

곧 대통령과의 회의가 있었다. 5대 대형 은행의 최고경영자들은 바이러스 전파에 대한 대응을 논의하기 위해 초대되었다. 그때까지 미국에서 1,267명이 감염되었고, 38명이 사망한 상황이었다. 코로나19 양성 판정을 받은 사람들 대부분은 해외여행을 한 적이 없었고, 지역사회에서 감염되었다.

10년 전 금융위기 이후 대형 은행 최고경영자들이 이처럼 워싱턴으로 초대된 적은 없었다. 2009년 당시 이들은 죄책감을 느끼며 은행의 잘못으로 경기침체에 빠진 국가의 분노를 직면하기 위해 의회를 방문했었다. 당시에는 최소 두 명 이상이 제트기 대신 기차를 타고 워싱턴으로 이동해 월스트리트에 대한 국가적인 증오가 얼마나 깊은지를 반영했다. 이번에는 백악관 대기실에 모여 있는 은행 경영진들 중 의회의 비난을 받는 이들은 아무도 없었다. 2008년 은행에서 경영을 담당했던 이들 중 일부는 스캔들로 사라졌으며, 일부는 시간이 흐르면서 자리를 떠났다.

솔로몬이 최고경영자 자리에 오른 것은 17개월 전이었다. 뱅크오브아메리카 최고경영자인 브라이언 모이니한Brian Moynihan은 2010년에 임명되었다. 시티그룹의 마이클 코뱃Michael Corbat은 2012년에 임명되었다. 웰스파고의 찰리 샤프Charlie Scharf가 전임자의 가짜 계좌 스캔들 이후 뒤처리를 위해 임명된 것은 5개월 전이었다(사실, 샤프는 의회에 참석하려고 멀리 여행할 필요가 없었다. 그는 이미 워싱턴에 있었으며 은행에서 계속되는 스캔들에 대한 질문에 답하기 위해 의회 위원회에 출석하고 있었다).

JP모건의 제이미 다이몬은 2008년 금융위기부터 자리를 지킨 유일한 월스트리트 최고경영자였는데, 심장 수술 후 대동맥 치료를 위해 입원 중이었기 때문에 백악관 회의에 참석할 수 없었다. 대신 JP모건의 공동 사장인 고든 스미스가 참석했다. 참석한 최고경영자 중에서 마스크를 쓴 사람은 없었다.

루스벨트룸의 무거운 문이 열리면서 미국 최대 병원의 경영 진들이 나타났다. 이들은 병원에 입원한 환자들이 가장 먼저 코 로나바이러스 검사를 받아야 한다고 주장했다. 의사와 간호사들 은 보호용 마스크와 가운의 재고 부족으로 고전했다. 일부 환자 를 배제하고 코로나바이러스를 신속하게 검사한다면 중요한 장 비를 지켜낼 수 있다고 했다.

웰스파고 최고경영자인 샤프는 존스홉킨스^{Johns Hopkins} 대학 병원의 최고경영자이자 의대 학장인 폴 로스먼^{Paul Rothman}을 알아 보았다. 샤프와 같은 대학을 졸업했고, 현재는 이사회의 구성원 이었다. 두 사람은 바로 한 주 전에 통화했었다. 로스먼은 통화 중에 트럼프 행정부 관계자들이 공식적인 팬데믹의 위험을 과소 평가해왔지만, 존스홉킨스 대학에서 확인한 모델은 암울했다면 서 우려를 표했다. 의사들이 떠나면서 은행가들에게 자리를 넘 겨주었고, 샤프와 로스먼은 서로를 지나치며 가볍게 목례하며 아 는 척을 했다.

은행 최고경영자들은 대통령에게 친절하게 대해왔으며, 대통 령은 은행가들을 '세상에서 가장 좋은 은행가들'이라고 불렀다. 그들은 은행이 안정적인 기반을 갖추고 있다는 것과 거의 대출을 중단했던 2008년과 달리 이번에는 경제를 지원하기 위한 준비와 의지가 있다고 밝혔다. JP모건의 고든 스미스는 다이몬을 대신해 자신의 은행이 지난 40일 동안 소비자와 중소기업에 260억 달러를 대출해주었다고 말했다. 원래는 기자회견 후 실질적인 비공개 회의로 예정되어 있었지만, 곧 미국 최대 은행의 최고경영자의 자신감을 드러내는 자리로 바뀌었다. 코뱃은 카메라 앞에서 "이번 위기는 금융위기가 아닙니다"라고 말했다.

회의가 끝나자 트럼프는 최고경영자들에게 따라오라는 신호를 보냈고, 경영진들은 대통령 집무실로 들어가 줄무늬 소파 주위에서 서성거렸다. 카메라에 보이지 않는 곳에서 최고경영자들은 대통령에게 바이러스 검사에 돈을 투자하도록 촉구했다. 그래야만 의료 및 보호장비를 필요한 곳으로 보내고, 무분별한 봉쇄를 방지할 수 있었다. 뱅크오브아메리카 최고경영자인 모이니한은 "검사가 원활해야 경제를 계속 유지할 수 있을 것이다"라고 말했다. 트럼프는 머리를 끄덕이면서 입을 열었고, 빅토리아 여왕에게 선물로 받은 대통령 책상에 대해 이야기했다. 그 책상은 19세기 북극 탐험선인 HMS 리솔루트Resolute 호의 판자로 만들어졌다고 했다.

"자, 이제 사진 찍을까요?"

뉴욕으로 돌아와 미드타운 맨해튼의 57번가와 58번가 모퉁이에 위치한 허스트 타워 41층에는 스무 명 남짓 되는 기업 경영자들이 모여 있었다. 그들은 앤드루 쿠오모Andrew Cuomo 주지사에게 자신들이 보는 것과 필요한 것을 전달하려고 했다. 초대 명단에는 원래 100명이 넘는 기업 임원이 포함되어 있었지만 주지사의 사무실에서 하루 전날에 회의를 소식한 뉴욕의 비즈니스 리더들의 단체인 뉴욕 파트너십의 회장 케시 와일드^{Kathy Wylde}에게 전화를 걸어 참석자를 조정했다.

주지사는 공공장소에서의 모임을 500명으로 제한하는 새로운 정책을 계획 중이었으며, 다음 날 발표할 예정이었다. 이런 상황에서 대규모 실내 모임이 곱게 보일 리 없다는 생각에 참석자는 20명 남짓으로 조정되었다. 허스트 최고경영자 스티븐 슈워츠^{Steven Schwartz}, 개인 투자회사인 제너럴 애틀랜틱^{General Atlantic}의 최고경영자 빌 포드^{Bill Ford}, 화이자의 최고경영자인 앨버트 불라^{Albert Bourla}, 나스닥의 애드나 프리드먼^{Adena Friedman}, 부동산 거대기업 티시먼 스파이어^{Tishman Speyer}의 롭 스파이어^{Rob Speyer}, 식료품 배송 회사 프레쉬 다이렉트^{Fresh Direct}의 데이브 맥이너리^{Dave McInerney}, 여행 예약 사이트 익스피디아^{Expedia}를 소유한 배리 딜러^{Barry Diller}의 합병기업인 IAC의 조이 레빈^{Joey Levin} 등이었다.

워싱턴 대형 은행의 최고경영자들은 워싱턴 회의에 참석하고 있었기 때문에, 뉴욕의 최대 고용주 중 하나인 월스트리트를 대신하여 골드만삭스의 존 월드론^{John Waldron}과 시티그룹의 제인 프레이저가 대신 참석했다. 주지사는 직접 이들을 맞을 계획을 취소하고, 올버니^{Albany}에서 보건 담당자인 하워드 주커^{Howard Zucker}와 함께 원격으로 참석했다.

참석자의 시선은 불라에게 집중되었다. 화이자는 하루 전날에 독일 생명공학 기업인 바이오엔텍^{BioNTech}과 협력하여 코로나바이러스에 효과적일 것으로 기대되는 새로운 유형의 백신을 개발하겠다고 발표했다. 기존의 백신은 약하거나 죽은 바이러스로 면역 체계를 훈련하도록 하여 체내에 침입한 미생물을 인식하고 공격한다. 그러나 바이오엔텍은 mRNA라는 유전자 코드의 스니펫으로 작성된 블루프린트를 가지고 있어서 면역 체계를 작은 항체 공장으로 만드는 새로운 백신을 실험 중이었다. 아직은 성공적이지 못했지만, 실험실 테스트 결과는 좋았다.

불라는 "가능한 빠르게 작업할 것이지만, 바이러스가 우리보다 앞서 있습니다"라고 말했다.

월드론은 골드만의 인력을 분할하고 뉴저지^{New Jersey}와 코네티컷^{Connecticut}의 지원 거래소를 활용할 계획을 공유했다. 쿠오모는 정치적인 언행과 때때로 과장된 태도로 유명하지만 그날만큼은 거의 말이 없었다.

나스닥 최고경영자인 프리드먼은 57번가를 걸으면서 리스크 담당자에게 전화를 걸었다. "지금 사무실을 폐쇄해야 합니다. 바이러스는 완전한 재앙이 될 것입니다. 뉴욕은 준비되어 있지 않아요." 나스닥의 타임스 스퀘어 본사는 다음 날에 문을 닫았다.

스테이시 커닝햄은 3월 11일 거래 마감 직전, 뉴욕증권거래소의 거래장을 걷고 있었다. 4시에 종이 울리자, 불마켓이 공식적

175 ————————

으로 끝이 났음을 알 수 있었다. 투자자들을 부유하게 만들었으며, 미국이 전 세계 금융 중심지로서의 입지를 확인했으며, 2008년의 불쾌한 기억을 잊게 해주었던 11년 동안의 상승 추세는 끝났다.

그날 하루 종일 무시무시한 기사의 헤드라인이 홍수처럼 쏟아지면서 주가를 끌어내렸다. 골드만삭스의 애널리스트들은 여름 중반까지 S&P500 지수가 연초 대비 25% 하락할 것으로 예상했다. 보잉은 은행에서 138억 달러를 빌리면서 미국의 산업 아이콘 중 하나가 심각한 재정 압박을 받고 있음을 시사했다. 미국의 대형 기업을 소유한 거대 사모펀드 블랙스톤은 지분을 소유한 기업들에게 보잉과 같은 조치를 취하도록 권했다는 뉴스 보도가 나왔다.[1] 시장을 안심시키기 위해 미국 대형 은행의 최고경영자들이 백악관으로 소환되었지만, 오히려 정반대의 영향을 미쳤다. 위기가 아니라면 왜 이들이 모였겠는가?

다우존스산업평균지수는 한 달 전에는 3만 포인트에 근접했지만, 당일 2만 3,553.22포인트로 마감되었다. 공식적인 베어마켓의 시작이었다.

베어마켓이라는 용어의 기원은 '곰을 잡기 전에 곰 가죽을 팔지 말라'는 영국 속담에서 유래한 것으로 추정된다. 이것은 주가가 하락할 것으로 예측하고 종목을 매수하기 전에 팔아버리는 공매도 세력을 베어bear(곰)에 비유한 것이다. 한편 강세장을 뜻하는 '불bull(황소)'의 유래는 그보다 덜 명확하지만 1720년 알렉산더

포프Alexander Pope가 시장의 심리를 빗대어 쓴 시에서 확인할 수 있다. "남해의 잔을 가득 채우라/신은 우리의 주식을 돌봐줄 것이다/유로파는 황소를 기꺼이 받아들이고/주피터는 기뻐하면서 곰을 벗어난다."

미국의 불마켓은 2009년 3월 9일 글로벌 은행 시스템이 거의 붕괴하고, 그로 인한 불경기가 계속되고 있을 때 시작되었다. 또한 유럽의 채무 위기, 최초의 미국 국채 신용등급 하락, 중국 경제의 둔화, 금리 상승(금리가 상승하면 기업의 대출 비용을 높여 이론적으로는 주식시장에 악재가 된다), 미국과 중국의 첨예한 갈등에도 상승 추세를 유지했다. 그러나 이제 아주 작은 바이러스에 의해 무너진 것이었다.

대통령의 딸인 이방카 트럼프, 사위이자 고문인 자레드 쿠시너Jared Kushner, 수석 경제자문인 커들로와 몇 명으로 이루어진 백악관의 코로나바이러스 대책 팀이 대통령 집무실에 모여 있었다. 대통령은 그가 자랑했던 리솔루트 책상에 앉았다. 위원회의 수석 의학자문인 앤서니 파우치Anthony Fauci와 데보라 벅스Deborah Birx는 유럽으로의 항공 여행을 중단해야 한다고 강조했다. 벅스는 유럽 여행을 유지하면 코로나바이러스로 200만 명이 사망할 수도 있다고 경고했다. 항공기를 이용한 해외여행을 중단하는 것을 포함한 빠른 조치로 사망자를 25만 명 이하로 낮출 수 있다고 판단했다. 집무실에 있던, 과학자가 아닌 일반 사람들이 처음으로 사망자 추정 수치를 들은 순간이었다.

파우치는 최근 바이러스의 심각성에 대해 목소리를 높이면서, 대책팀에 감염 추적과 테스트가 너무 느려 전파를 막을 수 없다고 경고했다(트럼프 대통령은 그럴 때면 눈에 띄게 짜증을 냈다).

므누신 장관은 낸시 펠로시Nancy Pelosi 하원의장의 전화를 받기 위해 집무실 밖으로 나갔다. 두 사람은 코로나바이러스의 영향을 줄이기 위한 의회 지출 법안을 두고 며칠째 협상 중이었다. 이틀 후 발표에서 지출 규모는 약 80억 달러가 되었지만, 이전에 두 사람은 스무 번 이상 통화하면서 지출에 포함할 내용을 결정했다. 그가 돌아왔을 때는 오후 5시가 약간 넘었고, 대통령은 다른 업무를 처리하기 위해 밖으로 나갔다. 므누신, 커들로, 파우치, 국가 안보 고문 로버트 오브라이언Robert O'Brien 등을 포함한 소수의 그룹은 계속 토론하기 위해서 백악관 3층의 대통령 사유지로 가기 위해 승강기에 올랐다.

므누신은 항공기 여행을 중단시키면 세계 경제에 큰 타격을 줄 것이라고 경고했다. 트럼프는 대통령 임기 중에 계속해서 주식시장의 상승에 집착했고, 이런 이유로 므누신은 트럼프 행정부가 들어서고 3년 동안 계속 자리를 지켜낸 몇 안 되는 내각 장관 중 한 명이었다. 결국 유럽대륙으로의 항공편을 중단하기로 결정되었고, 항공사의 최고경영자들에게 이를 알리는 일은 므누신에게 맡겨졌다. 그는 백악관은 사무공간이 부족한 복잡한 구조인 데다가 특히 최근 이례적으로 활동이 많아 사람들로 북적대던

웨스트윙에서 빈 사무실을 찾아보았다. 다행히도 캐비닛 룸이 열려 있었고, 그곳으로 들어갔다.

더그 파커는 CNBC를 껐다. 모든 소식이 좋지 않았다. 감염 사례가 증가하고 있었고, 그의 회사를 비롯한 주가는 하락하고 있었다. 아메리칸 항공의 주가는 4주 만에 반토막이 났다. 회사는 매일 수십억 달러의 현금을 써야 했다. 예약은 이전에 비하면 턱없이 낮았다. 파커는 포트워스Fort Worth 본사를 배회하면서 백악관의 전화를 기다렸다.

그는 정부 관계 책임자인 네이트 가튼으로부터 저녁 때 트럼프 대통령이 텔레비전에 출연해 유럽으로의 항공 여행 중단을 발표할 예정이라는 사전 정보를 받았다. 고작 일주일 전에 항공사 최고경영자들은 대통령과 함께 백악관의 기자들 앞에서 "항공 산업은 돈이 필요하지 않다"라고 말했다. 파커 자신도 그날 므누신과의 비공개 회의에서 같은 주장을 반복했다. 하지만 연방정부가 대형 항공사 사업의 10~30%를 차지하는 유럽 항공을 중단시킨다면 사정은 달라진다. 파커는 항공 산업이 돈을 필요로 한다는 것을 알았고, 대통령이 금액을 묻는다면 정확한 답을 할 준비가 되어 있었다.

파커는 9·11 테러 직후에 받았던 50억 달러의 지원금과 100억 달러의 대출을 생각했다. 비슷한 규모가 적당할 것 같았다.

파커는 재무팀이 회의 중인 유리로 된 회의실의 문을 두드렸다. 테이블 위에는 인쇄물과 커피잔이 흩어져 있었고 데릭 커 Derek Kerr와 금융팀이 회의 중이었다. "얼마를 달라고 헤야 할까?" 파커가 물었다.

커는 대답하기 전에 입술을 깨물었다. "500억 달러요."

파커는 금액을 듣고 아연실색했다. 하지만 커의 계산은 맞았 다. 아메리칸 항공은 미국 여행 업계 수익의 약 20%에 달하는 400억 달러의 매출을 기록하고 있었다. 연간 매출 2,000억 달러 에서 500억 달러는 3개월 치의 매출에 해당했다. 과도한 요구처 럼 보이지 않았다.

대통령의 전화는 오후 8시 25분에 걸려왔다. 파커는 아메리 칸 항공 본사의 아트리움이 내려다보이는, 직원들과 함께 사용하 는 개방된 스위트룸의 책상에서 전화를 받았다. 므누신 장관은 트럼프 대통령이 직접 전화하고 싶어 했지만, 30분 후에 생방송 으로 중계될 집무실에서의 연설을 준비하고 있다고 말했다.

파커는 "지난주에 제가 했던 말은 기억합니다"라고 운을 뗐 다. "하지만 이제 바이러스는 우리에게 중요한 문제가 되었습니 다. 구제금융이 필요합니다. 항공 산업 전체가 도움이 필요합니 다." 파커는 강하지만 동요하지 않는 듯 말하려고 했다. "500억 달러가 필요할 것 같습니다." 파커는 어렵게 말을 꺼냈다. 상당 한 금액이었고, 민주당과 공화당 모두에서 반발을 일으킬 것으 로 예상되었다. 자유시장을 주장하는 공화당은 정부의 민간기업 지원을 달갑지 않게 생각했다. 민주당은 구제금융을 반대하면서 최고경영자들이 주주와 함께 자신들의 배를 불리면서 현금을 충분히 확보하지 않았다고 비난할 것이다.

그러나 파커가 생각했던 반발은 없었다. 전화기 반대편에 있는 백악관 캐비닛 룸에 있는 므누신은 조금도 놀라지 않았다. 그는 그날 오후에 대통령에게 유럽 여행이 금지되면 항공 산업에 큰 타격을 입을 것이라고 경고했다. 파커는 그 타격을 돈으로 제시했을 뿐이었다. 므누신은 이해한다면서 연락하겠다고 약속했다.

파커는 댈러스의 포트워스 공항 근처에 있는 300에이커 규모의 아메리칸 항공의 본사 캠퍼스에서 집으로 돌아오는 길에 아내 그웬에게 전화를 걸었다. 과거 아메리칸 항공의 승무원이었던 그웬 역시 남편에게 전해줄 소식이 있었다. 그웬은 댈러스 매버릭스 경기장에서 열린 댈러스 매버릭스Dallas Mavericks와 덴버 너기츠Denver Nuggets의 게임을 보러 갔다가 NBA가 시즌을 중단한다는 이야기를 들었다고 했다. 그웬은 댈러스 매버릭스 구단주 마크 큐반Mark Cuban의 몇 줄 뒤에 앉아 있었는데, 그가 전화를 받고 보인 반응이 생중계되었다고 했다. 억만장자인 구단주는 ESPN과의 인터뷰에서 "지금 농구가 문제가 아니죠"라고 말했다. 관계자들은 이들의 경기는 끝을 낼 수 있도록 했고, 경기는 댈러스의 승리로 끝났다. 하지만 2020년 NBA 시즌의 마지막 경기였다.

"팬데믹은 모델링할 수 없잖아요!"

•8장• 세상이 봉쇄된 날

브라이언 체스키가 재무팀에게 고함쳤다. 에어비앤비 최고경영자는 샌프란시스코의 집에서 홀로 침대에 앉아 노트북을 무릎 위에 올려놓고 있었다. 그는 늦은 밤 화상회의에 참여했으며, 팀 구성원들은 하루 종일 코로나바이러스가 에어비앤비 수요에 미치는 영향을 예측하려고 노력했다.

에어비앤비에 예약한 여행객 수만 명이 숙박을 취소하려고 했다. 환불해주어야 할 돈이 10억 달러가 넘었다. 에어비앤비의 정책은 집을 빌려주는 호스트들이 자체적으로 환불 정책을 설정할 수 있도록 했는데, 대다수가 환불을 허용하지 않았다(에어비앤비 호스트의 절반은 집을 빌려주고 받은 돈으로 주택대출금을 갚고 있었다). 체스키와 직원들이 밤늦게까지 화상회의에서 고민한 질문은 "회사의 돈으로 환불 차액을 메워야 할까?"이었다. 그러자면 수십억 달러의 비용이 필요할 것이고, 비용을 아끼지 않으면서 실리콘밸리 스타트업의 본보기로 성장한 에어비앤비에는 그만한 현금이 없었다.

보통은 온순한 체스키는 38세의 나이보다 어려 보였고, 옆집 친구 같은 느낌이었다. 하지만 지금은 비용을 계산하다가 인내심을 잃고 말았다. 고객들에게 수천 달러의 예약금을 포기하거나, 낯선 사람의 집에서 병에 걸리지 않기를 바라는 것 중 하나를 선택하라고 강요해야 할까?

불과 일주일 전만 해도 그는 고공행진을 거듭했다. 그는 이전에 식당이었던 샌프란시스코 브래넌 888번지, 지금은 'Ate, Ate, Ate'라고 불리는 5층 회의장에서 소수의 경영진에게 연설하고 있었다. 체스키는 직원들에게 이달 말에 회사의 IPO를 발표할 계획이라고 말했다. 에어비앤비 본사는 원래 내셔널 카본 컴퍼니National Carbon Company가 본사로 건설하였으며, 1916년에 에버레디 배터리Eveready Batteries의 제조 시설로 사용하던 건물이었다. 에어비앤비가 2013년부터 글로벌 본사로 사용하는 이 건물은 1층에는 아직도 트램 전철이 지나다니고 있었고, 급성장하는 IT 기업의 본사기 그렇듯 레트로한 분위기가 물씬 풍겼다. 게다가 샌프란시스코 베이와 그 너머의 골든게이트 브리지Golden Gate Bridge의 전망이 한눈에 들어오는, 말 그대로 높은 곳에 위치하고 있었다.

2020년은 에어비앤비가 실리콘 밸리에서 떠나 월스트리트의 거인 중 하나로 자리매김하는 해가 될 것으로 예상했다. 하지만 지금은 한 해를 버틸 수 있을지도 알 수 없었다.

•8장• 세상이 봉쇄된 날

CRASH LANDING

• 9장 •

스트레스 테스트

"상황이 좋지 않아요. 하지만 통제하고 있습니다."
_ 저스틴 무지니치(미국 재무부 차관)

*월스트리트의 시스템, 공포로 막히다

스테판 셰어Stephen Scherr는 뉴욕시 외곽으로 약 두 시간 거리의 롱아일랜드Long Island에 위치한 호화로우면서도 목가적인 햄튼 Hamptons의 별장으로 터널터널 걸어 들어갔다. 월스트리트 임원 다수가 햄튼에 주말 별장을 가지고 있었다. 3월 13일 금요일 저녁 7시 30분이 약간 지났을 때였다. 골드만삭스의 최고재무책임 자인 셰어는 이번 한 주간의 일을 머릿속에서 떨쳐낼 수 없었다. 주식시장이 대폭락했고, 원유, 금, 채권 가격도 떨어졌다. 누구도 아무것도 사지 않고 있었다. 투자자들은 방어적인 자세를 취하며 대부분의 자산을 팔아 안전한 현금을 확보했다.

골드만삭스에서 1조 달러의 재무상태표를 관리한 셰어는 워싱턴의 관료들과 통화를 계속했다. 관료들은 미국에서 다섯 번째로 큰 은행인 골드만삭스가 안정적인지를 확인하려고 했다. 그는 재무부 차관인 저스틴 무지니치Justin Muzinich에게 "상황이 좋지 않아요. 하지만 통제하고 있습니다"라고 말했다.

하지만 그도 완전히 자신할 수는 없었다. 증권과 현금이 구매자와 판매자 사이에서 원활하게 순환하는 월스트리트의 시스템이 공포로 인해 막히고 말았다. 투자자들은 현금을 원했고, 현금을 확보하려고 가능한 모든 것을 팔았다. 수십억 달러가 월스트리트에 갇혀 있었으며, 보통은 지루했던 지원 업무부서는 문서

•9장• 스트레스 테스트

지옥에 빠져버렸다. 그 결과 셰어도 놀랄 만큼 골드만삭스에서도 빠른 속도로 현금이 빠져나가고 있었다.

게다가 월요일만 해도 요원해 보였던 3만 6,000명 직원의 원격근무가 며칠 후 불가피할 것으로 보이면서, 이들 모두를 원격근무로 전환하는 방법에 대한 회의가 계속되었다. 골드만삭스는 많은 비상 대응 계획을 가지고 있었다. 2012년에는 허리케인 샌디로 로어 맨해튼 전체가 정전되었을 때 지하실에 비축했던 모래주머니 수백 개로 골드만삭스의 전력 시스템을 지킬 수 있었다. 「뉴욕타임스」가 이 장면을 포착한 사진을 공개했고, 골드만삭스 리더십의 예측력은 높이 평가되었다. 맨해튼에서는 테러 공격도 조심해야 했다(골드만삭스는 2017년에 본사에서 몇 블록 떨어진 곳에서 밴이 인도로 질주해 8명이 사망하는 사건이 발생한 후 절차를 업데이트했다).

그러나 대규모 팬데믹은 염두에 두지 않았고, 코로나19에는 속수무책이었다. 세계보건기구는 이틀 전에 코로나19를 공식 팬데믹으로 선언했다. 전 세계의 경영진, 특히 코로나바이러스가 빠르게 확산해 3월 9일 현재 142명이 확진되는 등 미국에서 바이러스의 중심이 되어 버린 뉴욕에서 경영진들은 사업을 유지하면서 안전하게 사무실을 비울 방법을 찾아야 했다.

아시아 지역에서 근무하는 골드만삭스의 소수 인력은 이미 몇 주 전에 그룹으로 나누어 혼잡한 거래소가 아닌 백업 장소로 보내졌다. 그러나 10년 전에 20억 달러를 들여 유리와 강철로 만들어져 허드슨강Hudson River를 굽어보는 골드만삭스의 본사는 그보다 훨씬 붐볐다. 하루에 약 1만 명의 직원이 뉴욕, 뉴저지, 커네티컷에서 지하철과 타운 카를 타고 골드만삭스의 중심인 본사에 도착해 작은 승강기를 타고 사내 스타벅스와 가죽쿠션 벤치가 두 줄로 놓인 자유의 여신상이 보이는 멋진 전망의 아트리움이 위치한 11층 로비로 쏟아져 들어왔다. 그곳에서 직원들은 사무실 스위트와 붐비는 거래소로 들어갔다. 하지만 이 본사는 이제 공중보건의 위험 지역이 되었다.

세어는 골드만삭스의 사장인 존 월드론과 수석 행정관리자인 로렌스 스타인Laurence Stein과 함께 이 모든 것을 해결할 방법을 찾아내는 임무를 맡았다. 이 문제는 그 주에 골드만삭스의 사내 체육관에서 계약직 근로자로 일하던 직원 중 한 명이 처음으로 바이러스에 양성 반응을 보인 후에 더욱 긴급해졌다. 세 사람은 다음 주인 3월 16일에 시작할 예정이었던 팀을 분산시키는 접근법에 동의했다. 뉴욕시의 골드만삭스 직원 중 절반은 언제나처럼 본사에 보고하고, 나머지 반은 뉴저지 주변의 백업 현장이나 원격근무로의 전환을 결정했다. 직원들은 '청팀'과는 '백팀'으로 나누기로 했다. 골드만삭스의 로고 색상이기도 했고, 날이 갈수록 불안해하는 직원들에게 사기를 불어넣기 위해서였다.

이론적으로는 간단한 계획이었다. 하지만 실행은 전 세계에서 가장 강력한 금융기관의 경영진 세 명이 조급해질 정도로 복

•9장• 스트레스 테스트

잡했고, 공간과 장비를 확보하기 위해 노력해야 했다.

55세인 셰어는 이 지루한 작업에 지쳐 햄튼에서 조용히 저녁을 보낼 생각이었다. 하지만 그가 별장 안으로 들어가기도 전에 휴대전화가 울렸다. 셰어가 믿을 수 있는 직원이자 몇 분 거리에 살고 있는 베스 해맥이었다. 그는 그녀를 몇 분 전에 태워다 주었다. 두 사람은 사가포낙Sagaponack에서 채 1마일도 떨어지지 않은 곳에 주말 별장을 가지고 있었고, 함께 햄튼에 도착했다.

해맥도 힘들었던 한 주를 조용히 마무리하고 싶어 했다. 골드만삭스의 회계책임자인 그녀의 일은 지루하지만 중요했다. 은행이 금융 의무를 이행할 수 있도록 올바른 장소와 올바른 화폐로 언제나 충분한 현금을 확보해야 했다. 골드만삭스와 같은 은행은 매일 수십억 달러를 주고받으며 증권을 매매하고, 공개된 트레이딩 포지션을 위하여 담보를 제시하고, 수십 개국에서 대출을 지원하고, 고객의 예금 출금에 대응한다.

이 장부 관리 역할은 48세인 해맥에게 돌아갔다. 해맥은 월스트리트 전설인 알고리즘 트레이딩을 선도하는 헤지펀드 르네상스 테크놀로지Renaissance Technologies의 설립을 도왔던 하워드 모건Howard Morgan의 딸이다. 그녀는 생애 절반 이상을 골드만삭스에서, 그중에서 상당 부분을 국채 트레이더로 보냈다. 그녀는 왜 골드만삭스가 JP모건과 같은 대형 상업은행보다 규제 검열을 통과하는 게 더 어려운지에 대해 묻는 상사의 질문에 재치 있고 간결하게 답했다.

"위기 속에서 JP는 유동성을 가지고 있다In crisis, JP has inflows."

2018년에 그녀는 은행의 자금 관리 담당자로, 중요하지만 매력적이지 않고, 좋은 시기에는 보이지 않지만 나쁜 시기에는 눈부시게 빛나는 직책을 맡게 되었다(지금 방금 끝이 난 일주일이 바로 그런 시기였다).

해맥이 자리에 앉아 잔에 진을 따르고 피버 트리 토닉과 세인트 제르망 엘더플라워 리큐어를 조금 더했을 때, 휴대전화가 울렸다. 햄튼의 휴대전화 서비스는 악명이 높을 정도로 나빴는데, 부유한 주민들이 바다 경관을 망칠 수 있다면서 새로운 송신탑 건설에 반대했기 때문이다. 해맥이 상사와 함께 집으로 가는 동안에도 통신이 계속 끊어졌다. 집에 도착해 휴대전화에 와이파이가 연결되자 뉴욕과 런던의 직원들로부터 이메일과 음성 메일이 쏟아져 들어왔다. 하지만 그중 어느 것도 반가운 소식은 없었다. 해맥은 셰어에게 전화를 걸었다.

"술 마셨어요?" 해맥이 물었다. 해맥은 자신이 건드리지도 않았던, 테이블 위에서 표면에 물방울이 맺힌 술잔을 바라보았다. 셰어도 술을 마시지 않았다. "다행이네요. 문제가 생겼거든요." 그녀가 말했다.

금요일 저녁에 계산된 골드만삭스의 금융 장부는 그 주에 수십억 달러의 현금이 빠져나갔고, 들어온 돈은 없다는 것을 보여주었다. 해맥은 "시장의 동요로 기업의 유동성이 놀라울 정도로 빠져나갔어요"라고 자신의 상사에게 세련되게 설명했다.

유동성은 현대의 기업의 핵심 시스템으로, 운영 자금을 조달하고 미지급 채무를 충당하기 위해 쉽게 매도할 수 있는 국채와 같은 현금 및 유가증권을 말한다. 유동성은 어느 회사에게나 중요하지만, 은행에게는 결정적이다. 규제기관이 요구하는 거래 의무를 이행하고, 대출 의무를 지원하고, 고객 출금에 대응할 수 있도록 현금이 충분해야 하기 때문이다. 장부상 부유해 보이는 은행도 실제 유동성이 바닥난다면 치명적 위험에 빠질 수 있다. 현금을 조달하기 위해 자산을 팔아야 할 수 있으며, 이 경우 고객들은 겁에 질려 돈을 인출하게 될 것이다. 결과적으로 현금과 신뢰가 함께 사라지는 은행은 과거의 고전적인 뱅크런을 겪게 될 것이다. 이것은 금광을 소유했지만 삽을 소유하지 못한 셈이다.

골드만삭스는 장부상 자산은 1조 달러에 달했으므로 은유적으로 충분한 금을 가지고 있었다. 게다가 2,300억 달러 이상의 현금과 일반적으로 현금으로 간주되는 국채와 유가증권을 확보해 삽도 가지고 있었다. 하지만 지난주는 전혀 일반적인 상황이 아니었다. 트레이딩 고객들은 시장의 혼란에서 물러나 현금을 가지고 떠났다. 바이러스의 확산을 걱정하는 대기업들은 신용을 이용해 골드만삭스에 수억 달러의 대출을 요구했다. 몇 주 전만 해도 충분한 듯 보였던 2,300억 달러의 유동성은 빠르게 사라지고 있었다.

게다가 이들 중 상당 부분은 사실 현금이 아니라 국채였다. 2019년 말을 기준으로 골드만삭스가 보유한 미국 재무부, 패니 메이Fannie Mae, 프레디 맥Freddie Mac과 같은 정부 기관이 담보하는 채권의 가치는 1,000억 달러를 넘어섰다. 일반적인 상황이라면 이러한 채권들이 원활하게 거래되며, 다른 월스트리트 중개업체들의 매수를 통해 가격을 쉽게 확인할 수 있었다. 즉 쉽게 매도할 수 있고, 가격도 정확하게 파악할 수 있었다. 그래서 이러한 상품은 현금만큼 유동성이 높은 것으로 고려되었다.

하지만 그 주에 채권시장은 얼어붙었다. 매도자가 요구하는 가격과 구매자가 지불하려는 가격 사이에 큰 격차가 발생했다. 이띤 경우에는 그 치이기 너무 커서 거래가 전처 이루어지지 않았다. 세계에서 가장 쉽게 거래되는 금융자산이었던 미국 국채도 한 번에 수백만 달러 이상 거래되지 않았다. 채권시장에서 구매자가 사라지자 채권에 달러 가치를 매기기 어려웠고, 해맥의 팀은 눈이 가려진 채로 일을 진행하는 것이나 진배없었다.

여기에 알 수 없는 정부 규칙 하나가 일을 더 복잡하게 만들었다. 골드만삭스와 같은 브로커-딜러는 현금을 제한해야 했다. 즉 적어도 일주일에 한 번은 진행 중인 트레이딩의 가치를 확인하고 (고객들이 골드만삭스에 빚진 돈과 골드만삭스가 고객들에게 빚진 돈을 확인하는 것), 보호된 계정에 차액을 입금해야 했다.

그런데 시장이 혼란해지면서 일부 포지션의 가치를 측정하는 것이 거의 불가능해졌다. 누가 누구에게 얼마를 빚지고 있는지 알 수 없었고, 보호된 계정에 얼마의 현금을 예치해야 할지를 확인하는 것은 신화 속 시지프에게 내려진 벌과 같았다.

그날 저녁 해맥은 셰어에게 전화를 걸어 월요일에도 혼란이 이이진다면 골드만삭스의 유동성이 연방준비제도가 설정한 최소 수준 이하로 하락할 수 있으며, 이렇게 되면 채권을 염가로 팔아서라도 현금을 조달해야 할 수도 있다고 경고했다. 하지만 그 다음 벌어질 일에 대해서는 말하지 못했다. 기업들이 골드만삭스의 건전성을 의심하게 된다면 신용을 최대한 사용해 현금을 받아가려고 할 것이다. 트레이딩 고객들은 추가 담보를 요구할 것이고, 예금자들은 현금을 인출할 것이다. 이 모두는 결국 또 다른 매도세를 형성하고 다시 현금 인출을 가속화할 수 있었다.

유동성 위기는 이전에도 투자은행을 망가뜨린 적이 있었다. 2008년 가을, 리먼 브라더스Lehman Brothers는 수백억 달러 가치의 자산을 소유했지만, 현금이 부족해 파산을 신청했다. 골드만삭스는 그 시나리오와는 거리가 멀지만, 셰어와 해맥은 가능한 결과를 예측할 수 있을 정도로 충분한 경력을 보유하고 있었다.

"그러니까 우리가 내일 일찍 사무실로 돌아가서 이 문제를 해결해야 할 것 같아요"라고 해맥이 셰어에게 말했다. 셰어는 아침 6시에 오겠다고 했다. 해맥은 런던에서 자정이 넘도록 숫자와 씨름하고 있는 대리인 레이드 오기니Laide Oginni에게 연락해 "내일도 제정신으로 출근해야 한다"면서 이제는 잠을 자라고 했다.

해맥은 술잔을 들어 올렸다가 다시 생각했다. 해맥도 제정신으로 출근해야 했다.

토요일 오전 8시 30분, 뉴욕 하버와 자유의 여신상이 보이는 로어 맨해튼의 골드만삭스 본사 41층에 있는 검소한 회의실에 스무 명 남짓의 골드만삭스 경영진이 모여 있었다. 새벽에 검은 색 벤츠 SUV를 타고 돌아온 셰어와 해맥을 비롯해 회계담당자 인 시에라 프레드먼Sheera Fredman, 리스크 담당인 브라이언 리Brian Lee, 수석 행정운영자인 로렌스 스타인, 운영 담당자 필 암스트롱Phil Armstrong, 그리고 골드만삭스의 트레이딩 운영 담당자인 에리카 레슬리Ericka Leslie가 함께 자리하고 있었다. 임시로 만들어진 이 그룹은 골드만삭스의 현금이 어디로 갔는지, 얼마나 더 필요한지, 이떻게 얻을 수 있는지를 찾아내기 위해 결성되었다

금융 시스템이 직면한 팬데믹으로 인한 혼란은 2008년에 전 세계를 끌어내린 위기와는 달랐다. 이후에 시행된 새로운 규정들은 월스트리트를 재건하고, 도박장 같은 문화를 억제하며, 은행의 재무 상태를 강화했다. 2010년에 주택시장의 붕괴를 막기 위하여 마련된 주요 입법 대응책인 도드-프랭크Dodd-Frank 개혁은 사실 그 누구도 만족시키지 못했다. 도드-프랭크 법안은 막후 정치 협상의 결과였다. 필리버스터(의회 안에서 다수파의 독주 등을 막기 위해 합법적 수단으로 의사 진행을 지연시키는 무제한 토론_역자 주)를 이용해 60표 차이로 통과되었고, 주택담보대출 붕괴의 근본적인 원인 중 일부를 해결했다. 대형 은행의 트레이더들은 결국 주주들의 돈인 은행의 자금으로 거대한 내기를 하지 못하게 되었다(주주들의 돈이라고는 하지만 2008년 위기에서 결국 이것이 세금taxpayer money이

라는 사실이 확인되었다). 대신에 그들은 고객이 주식, 채권 또는 원유를 매입할 때 매도자를 연결하고 적은 수수료를 받는 통행료 징수원이 되었다. 또한 수익을 증폭시키기 위해 대규모 차입금을 쌓아놓을 수 없었다. 부채가 줄자 은행들은 더 안전해졌고, 스트레스가 발생했을 때 붕괴할 가능성도 줄었다.

이제 은행은 매년 워싱턴의 규제기관이 상상한 최악의 시나리오에서 자신의 사업과 막대한 증권의 보유가 어떻게 작용할지를 시연하는 '스트레스 테스트'를 거쳐야 했다. 가장 최근 버전인 2019년 버전에서는 불황이 유럽에서 시작되어 미국으로 퍼져가는 시나리오가 사용되었다. 시나리오에서는 실업률이 10%에 달하고, 주가는 절반으로 떨어지며, 주택 가격과 이자율도 하락하는 것으로 가정했다. 금융 관리자와 거의 모든 대형 은행이 통과해야 하는 어려운 과제였다.

하지만 정부 관료들이 생각해낸 실험은 2020년 3월에 펼쳐진 살아 숨 쉬는 공포를 상상할 수 없었다. 2008년에는 금융위기가 사람들이 집을 사고, 사업을 시작하고, 여행을 하는 실물경제로 번져갔다. 하지만 이번 위기는 그 반대의 문제였다. 이번 위기는 월스트리트의 잘못은 아니었지만, 월스트리트가 해결해야 할 중요한 문제였다.

당면한 과제는 거래량이 급증해 시스템이 막히고 있다는 것이었다. 트레이딩 정산, 즉 증권이 매수자에게 전달되고, 현금이 매도자에게 전달되는 절차가 제대로 진행되지 않고 있었다. 3월 둘째 주에 임박한 주식, 채권, 기타 자산의 거래를 포함하여 골드만삭스의 장부에 기록된 실패한 트레이딩의 가치는 예측했던 수준의 4배가 넘었다. 여러 가지의 복잡한 원인이 있었고, 어느 하나 쉽게 해결될 문제는 아니었다. 원격근무 중인 월스트리트 트레이더들은 느리게 거래를 기록했다. 고객을 대리해 증권을 보유하고 있는 커스터디 은행의 지원 인력도 제때에 거래를 전송하지 못하고 있었다.

고객들은 더 비밀스럽게 담보를 공개했다. 공개된 트레이딩은 가격이 변동에 따라 양측이 정기적으로 현금이나 다른 고품질 자산을 전송하도록 요구했다. 분명하게 예측할 수 있는 거래도 있었다. 예를 들어 3개월 후 애플 주가에 대한 베팅은 정확하게 계산할 수 있었다. 하지만 그보다 복잡한 거래는 해석의 여지가 있었다. 또한 혼란스러운 시장에서 자산 가치가 매일 크게 격동하고 있어서 계산은 더욱 어려웠다.

3월 둘째 주가 되자, 분쟁에 휘말린 거래의 가치, 즉 골드만삭스와 트레이딩 파트너들 사이의 누가 누구에게 얼마나 빚지고 있는지에 대해 일치하지 않는 장부가 일반적인 수준보다 3배로 증가했다. 동시에 거래소와 정산소는 은행에 더 공격적으로 담보를 요구하게 되었다. 일반적인 경우에는 사람들이 붐비는 양방향 도로였던 것이 지금은 막다른 골목이 되었다. 은행들은 계획하지 않았던 증권을 보유하고, 필요한 현금은 없는 상황이 되었다. 그 결과 유동성이 감소했다.

월스트리트의 원격근무는 시장의 변동성을 더욱 확대했다. 지금까지의 경험 중 가장 혼란스러운 시장에서 수많은 트레이디가 거래장에서 일할 수 없었다. 공중보건 당국이 요구하는 사회적 거리두기를 할 수 없을 정도로 협소했기 때문이었다. 골드만삭스가 운영하는 뉴욕에 있는 4개의 거래소는 원래 수천 명의 트레이더가 일하는 장소였지만, 이제는 약 백 명 정도로 줄었다. 그리니치Greenwich와 뉴저지의 백업 장소도 안전하지 않다고 판단되었다.

월스트리트의 트레이딩은 디지털화되고 기획된 부동산에 의존한다. 트레이더들은 시장을 모니터링하고 주문을 넣기 위해 여러 개의 스크린을 사용한다. 거대한 데스크톱 폰뱅킹은 1초도 안 되는 시간에 상사, 다른 브로커, 최고 고객과의 직접 커뮤니케이션을 제공한다. 하지만 집에 있는 컴퓨터로는 충분하지 않았다. 규제도 문제였다. 은행의 트레이더들은 엄격한 감시를 받았다. 녹음 소프트웨어가 전화 통화를 모니터링하고, 트위터와 같은 시간을 낭비하는 특정 메시지 앱을 차단한다. 맨해튼 은행의 임원들은 회사의 거대한 트레이딩 운용, 즉 돈을 벌어다 주는 핵심 작업을 원활하게 유지하기 위한 하드웨어를 나르느라 우버와 자신의 자동차까지 동원했다.

같은 주말, 600마일 떨어진 곳에서 다른 회의가 진행되고 있었다. 3월 15일, 일요일에 디트로이트의 3대 자동차 제조업체인 제너럴 모터스, 포드 및 피아트 크라이슬러Fiat Chrysler의 최고경영자들은 미국의 가장 강력한 노동조합 중 하나인 유나이티드 오토 워커스UAW, United Auto Workers를 운영하는 로리 갬블Rory Gamble이 주최한 화상회의에 참석했다. UAW는 자동차 및 항공우주 제조업체를 위한 부품을 생산하는 포드, GM, 피아트 크라이슬러 및 기타 회사에서 근무하는 약 40만 명의 미국 노동자를 대표했다.[2]

이들 자동차 기업은 3월 13일부터 근로자들의 원격근무를 실시했지만, 조합에 가입된 15만 명의 공장 근로자들은 원격근무를 할 여유기 없었다. 공장에서 일할 경우 전염 가능성은 분명했다. 자동차 제조는 손으로 부품을 넘겨주고, 휴게실에서 모이며, 무거운 기계를 작동한다.

3월 12일, 인디애나주 코코모Kokomo 지역의 UAW에 가입한 근로자가 바이러스 양성 판정을 받으면서 첫 번째 UAW 확진자가 되었다. 디트로이트 지역 공장의 근로자들은 손 소독제를 챙기기 시작했다. 갬블은 바이러스를 막기 위한 최선의 방법을 찾기 위해 건강 및 안전팀에 과제를 맡겼고, 노동조합의 변호사들에게는 3대 기업과의 계약상 의무를 확인해달라고 주문했다.

주초에 미국 전역에 바이러스가 확산되기 시작하면서 그는 세 명의 최고경영자에게 미국 공장을 폐쇄해달라는 전화통화를 시도했다. 갬블의 목표는 3대 자동차 회사의 조립 공장을 신속하고 체계적으로 폐쇄하고, 여세를 몰아 조합원들이 부품 공급을 비롯한 지원 근로자들에게도 같은 조치를 적용하는 것이었다.

────   •9장• 스트레스 테스트

화상회의는 긴장 속에 진행되었다. 제너럴 모터스는 몇 달 전에 UAW 조합원들의 40일 동안 파업으로 이어진 시위를 겪어야 했다. 당시 기업 생산성의 손실 규모가 40억 달러에 달했다. 또한 제너럴 모터스는 피아트가 노동 비용을 줄이기 위해 노동조합의 임원들에게 뇌물을 제공했다면서 소송을 제기했다(뇌물 스캔들로 인해 당시 노동조합의 수장이 퇴출되었고, 갬블이 2019년 11월에 그 자리에 앉았다).

세 명의 최고경영자들을 회의에 모두 참여시키는 것은 어려운 일이었다. 기업의 변호사들은 이들이 모여서 노동정책을 논의하는 것 자체가 반독점법 위반이 될 수 있다고 우려했다. 기업이 급여를 줄이거나 근무시간을 늘리지 못하도록 막아서 노동자를 보호하기 위한 법이 이제는 그들을 위험에 빠뜨리고 있었다. 갬블은 포드 공장 노조인 로컬 600^{Local 600}의 초기 조합원 시절부터 빌 포드와 개인적으로 이야기를 나눈 적이 있었고, GM 최고경영자 메리 바라^{Mary Barra}와 피아트 크라이슬러 최고경영자 마이크 맨리^{Mike Manley}와도 이야기를 나눈 적이 있었다. 그는 건강과 안전 절차에 대해서만 이야기하고, 연방의 반독점법에 위반이 될 수 있는 생산일정 같은 민감한 논의를 피하겠다고 경영자들을 달랬다. 더불어 미시간 주지사 그레첸 휘트머^{Gretchen Whitmer}와 많은 자동차 공장이 위치하고 있는 선거구의 하원의원 데비 딩겔^{Debbie Dingell}에게 전화를 걸어 세 명의 최고경영자들을 설득해달라고 부탁해야 했다.

회의에서 갬블은 즉각적으로 2주 동안 공장을 폐쇄해달라고 요구했다. 맨리는 조립라인에 방치된 미완성 차량을 언급하면서 반대했다. 이 차량은 녹이 슬 것이고, 수백만 달러어치의 자재가 손실될 것이라고 했다. 맨리는 신규 생산 없이, 이미 생산 중인 차량의 제작을 완료하기 위해 하루에 출근하는 근로자의 숫자를 줄이는 것은 가능하다고 제안했다. 그러나 해켓은 즉각 단점을 지적했다. 그는 "바이러스는 차량의 생산 과정과 상관없이 전염됩니다"라고 말했다. 화상회의에서 제조 일정의 변경을 약속해서는 안 된다는 변호사의 조언을 들었던 최고경영자들은 주저했고, 계획을 세우기 위해서 48시간이 필요하다고 답했다.

모건 스탠리는 뉴욕주 웨스트체스터 카운티Westchester County에 있는 교외 캠퍼스와 런던의 직원들 사이에서 두 건의 코로나19 확진 사례를 확인했다. 런던의 직원은 지난주에 이탈리아 북부 알프스로 스키 여행을 다녀온 뒤 코로나에 걸렸다. 3월 18일 아침에 최고경영자 제임스 고먼은 두 사람에게 건강 상태를 물었다.

그는 사흘 전 뉴욕의 호주 영사관에서 금융 및 은행 부문에 대한 특별 공로를 인정받아 최고 시민의 영예를 받는 자리에 참석했었다. 당시 행사에 참석하는 것이 현명한 일인지 알 수 없었다. 뉴욕 전역에서 행사가 취소되고 있었고, 앤드류 쿠오모 주지사는 500명 이상의 실내 모임을 금지했다. 행사는 그보다 훨씬 작은 규모였지만, 그래도 자신의 손님으로 참석할 18명에게 참석을 포기해도 이해한다는 메모를 보냈다. 이 중에는 그의 대학생인 아들과 호주에서 날아온 사촌도 포함되어 있었다. 하지만 모두 참석해서 호주 총영사가 고먼의 가슴에 훈장을 달아주는 모습을 지켜보았다.

그는 모건 스탠리의 타임스 스퀘어 본사 40층 사무실로 돌아왔다. 몸이 계속해서 떨렸다. 아침에 유지보수 담당자들을 불러 에어컨을 고치도록 했고 제대로 작동하는 것처럼 보였다. 하지만 그에게는 효과가 없었다. 고먼은 사무실 밖으로 머리를 내밀어 비서에게 유지보수 직원을 다시 불러달라고 부탁하고 '코로나바이러스에 걸린 건 아니겠지?'라는 농담을 쪽지에 적어 보여주었다.

당시만 해도 바이러스 확산 초기 단계였고, 그 정도의 농담은 심각하게 들리지 않았다. 미국의 50개 주에서 모두 확진자가 나왔고, 115명이 사망한 상황이었다. 사람들은 악수 대신 팔꿈치 부딪치거나 주먹을 부딪치면서 인사했다. 손 소독제는 인기 상품이 되었다. 하지만 아무도 마스크를 쓰지 않았고, 정부 관계자들도 마스크를 쓸 것을 권하지 않았다. 그때만 해도 일상이 완전히 멈춘다는 것은 상상하기 어려웠다.

오후가 되자 고먼의 상태는 점점 더 나빠졌다. 유지보수 직원들이 또 왔지만 도움이 되지 않았다. 초기 코로나 환자 수천 명이 그랬듯이 질병의 존재는 알고 있었지만, 자신이 걸릴 것이라는 생각은 하지 못했다. 하지만 고먼은 정말 코로나에 걸렸을지 모른다고 생각했다. 그는 사무실에서 나와 팔꿈치로 승강기 버튼을 눌렀고, 로비에서 사람들을 피해 집으로 가는 길을 찾았다. 운전사에게 바이러스를 노출시키고 싶지 않아서 40분을 걸어 다운타운에 있는 집으로 갔고, 집에 가자마자 침대로 기어들어갔다.

이틀 후 그는 양성 판정을 받았고, 모건 스탠리의 13번째 확진자가 되었다. 그는 아파트에서 홀로 지내며(아내인 페니와는 2년 전에 이혼했다) 수분을 보충하기 위해 페디얼라이트Pedialyte를 마셨다. 아침에 일어나면 시트는 땀으로 흠뻑 젖어 있었다. 문 앞에는 비서가 두고 간 닭고기 수프가 있었다. 맛이나 냄새를 느끼지 못했던 고먼은 억지로 스프를 먹었다. 매우 겁이 났다.

그럼에도 불구하고, 긍정적인 모습을 유지하려고 노력했다. 그는 뉴욕 연방준비은행의 의장 존 윌리엄스John Williams에게 "아프긴 하지만, 심각하지 않아요"라고 말했다. 윌리엄스는 모건 스탠리의 주요 감독기관이었기 때문에, 고먼은 그에게 자신의 병을 알려야 한다고 생각했다. 다음으로는 이사진에게 자신이 코로나에 걸렸다고 알렸다. 대중에게 공개해야 할지 여부는 중요한 정보를 주주에게 알려야 하는 의무와 개인의 의료 정보를 보호해야 한다는 권리 사이에서 균형을 맞추어야 하는 일이었다. 이사진은 고먼이 병원에 입원하지 않는 한 공개할 필요는 없다고 합의했다. 고먼은 "문제가 하나 더 있어요. 내가 죽으면 회사를 어떻게 이끌지를 생각해두세요"라고 말했다.

8일째 되는 날, 고먼은 아이들에게 사실을 얘기했다. 24세인 딸은 전화로 그 이야기를 듣더니 당장 화상전화로 하라고 명령했

•9장• 스트레스 테스트

다. "아빠가 괜찮은지 확인해야겠어요." 언제나 침착한 호주 출
신의 고먼은 목이 메었다.

CRASH LANDING

· 10장 ·
비행금지

"항공 산업, 붕괴 직전에 있다."
_ 헬레인 베커(월스트리트 애널리스트)

*미국의 항공사, 250억 달러의 보조금을 요청하다

더그 파커가 테네시Tennessee주 서부의 초원을 달리고 있을 때 휴대전화가 울렸다. 3월 14일 토요일이었으며, 아메리칸 항공의 최고경영자인 파커는 내슈빌Nashville에서 집으로 향하고 있었다. 렌터카 트렁크에는 대학 기숙사의 물건들로 가득 차 있었다. 그와 아내는 수업을 전면 취소하고 학생들을 집으로 돌려보내기 시작한 밴더빌트 대학Vanderbilt University에서 딸을 데려오는 길이었다. 파커에게는 백악관에서 구제금융을 받기 위해 로비를 해달라는 요청이 들어오고 있었다. 일주일 전 비공식 회의에서 그는 므누신 장관에게 항공 산업은 돈이 필요하지 않다고 말했었다. 하지만 단 일주일 만에 상황은 급변했다.

항공사들은 항공기 운행을 최대 70%까지 줄였다. 비행에 나선 항공기는 사실상 텅 비어 있었다. 미국 정부는 지난 주 유럽대륙으로의 여행을 금지하겠다고 발표했고, 이후 사흘 만에 비행 금지는 영국과 아일랜드로 확대되었다. 애널리스트들은 이러한 조치는 항공기 좌석 100만 개가 사라지는 것과 같다고 추정했다. 파커를 위시한 항공사 최고경영자들이 백악관에서 "여객 비행기는 안전하다"라고 보장한 지 10일 만에 대통령은 입장을 바꾸어 "여행할 필요가 없다면 여행하지 말라"고 말했다.

대통령의 발언은 그렇지 않아도 주저앉아 있는 항공 산업에 발길질을 하는 셈이었다. 항공편 예약은 급감했다. 특히 항공사들의 매출에서 큰 부분을 차지하는 여름휴가 시즌이 문제였다. 델타 항공은 마뜩치 않은 대출을 받아내고, 일부 항공기는 영구적으로 폐기하고, 또 일부는 임시로 사막의 저장소에 세워 두겠다고 발표했다. 유나이티드 항공의 최고경영자는 최소한 6월 말까지 기본 급여를 포기하겠다고 합의했고, 은행들로부터 20억 달러를 조달했으며, 예정된 25억 달러의 자본 지출을 줄였다. 월스트리트의 유명 애널리스트 헬레인 베커Helane Becker는 며칠 후 "항공 산업, 붕괴 직전에 있다"[1]라는 기사를 썼다

몇 주 후에 웹캐스트를 통해 열린 산업 컨퍼런스에서 델타 항공의 최고경영자 에드 바스티안은 코로나바이러스가 여행 업계에 미치는 영향을 2008년의 시각으로 추정하는 것은 오산이라고 말했다. 그는 2001년 9월 11일의 테러와 더 비슷하다고 평가했다. 19년 전, 승객들이 옆자리 승객의 몸에 폭탄이 있지 않을까 두려워했지만, 이제 승객들은 옆자리 승객이 치명적인 바이러스를 가지고 있지 않을지를 걱정한다. 그는 이에 대해 "공포를 느끼게 만드는 사건"이라고 평가했다.

그런데 2022년에 미국의 주요 항공사 최고경영자 중 유일하게 2001년에도 최고경영자였던 사람은 에드 바스티안이 아니라 윌리엄 더글러스 파커였다. 그는 9·11 테러 당시 39세였으며, 끔찍한 서비스 평가와 계속되는 노조의 파업에 시름하면서 손실을

기록하고 있는 지역 항공사인 아메리카 웨스트America West의 경영자가 된 지 열흘 째 되는 날이었다. 그의 항공사는 테러 공격으로 단 한 대의 비행기도 잃지 않았지만, 비행 중단으로 인해 사업이 중단될 위기에 처했다. 그는 정부에 주당 3달러에 회사 지분 3분의 1을 담보로 제공하고 비용 절감을 약속하며 3억 8,000만 달러의 대출을 받아 부도를 막아냈다. 그 후 몇 년 동안 파커는 수익성이 없는 허브를 폐쇄했고, 기내 식사에 요금을 부과했으며, 좌석 뒷면 테이블에 광고를 붙이면서 아메리카 웨스트를 미국 내에서 가장 효율적인 예산을 가진 항공사로 탈바꿈시켰다.

2005년에는 승무원이었던 직원과 결혼했고, 동시에 아메리칸 항공과 15억 달러의 합병 협상을 시작했다. 테러 공격 이후 항공업계 최초의 합병이었다. 빨간색, 하얀색, 초록색으로 칠해진 항공기에서 아메리카 웨스트라는 이름은 사라지고, 빨간색과 파란색으로 칠해진 US 에어웨이즈US Airways의 항공기가 되었다. 그리고 파커는 합병된 회사의 경영을 맡았다.

장난기 많고 충동적인 더글러스 파커는 항공 산업에서 사랑받는 인물이었다. 비죽한 갈색 머리카락이 잘 어울렸고, 그의 미소는 곧 호탕한 웃음으로 바뀌곤 했다. 그는 팜플로나Pamplona에서 황소 피해 달리기 대회에 참여했으며, 신혼여행에서는 번지점프를 했다. 2005년 인터뷰에서는 "사람들이 놀라는 게 좋습니다"라고 털어놓았다. 지역 항공사에서 경력을 쌓기 시작했고(피닉스의 지역 항공사는 항공 산업에서는 가장 규모가 작다), 주요 항공사로 진출할 수 있었다.

하지만 최고경영자로 성장하기까지는 어려움이 있었다. 파커
는 2007년에는 음주운전으로 24시간 징역형을 받았다. 세 번째
음주운전이었다. 그는 델타 항공이 98억 달러의 적대적 인수 제
안을 공개적으로 거절하고 몇 시간 후에 애리조나주 스콧스데일
^{Scottsdale}에서 음주운전으로 적발되었다. 파커는 사과하고 곧바로
용서를 받았다. 장난기 많지만 능수능란한 사람인 파커는 처음
에는 정부에서, 그다음에는 월스트리트에서 인정을 받아냈다.

6년 뒤, US 에어웨이즈는 규모는 훨씬 크지만 파산 직전인 아
메리칸 항공을 인수하여 세계 최대의 항공사가 되었다. 당시 인
수는 파커에게도 도박이었다. 그는 라스베이거스 블랙잭 테이블
에서 정기적으로 도박을 즐겼는데, 처음에는 25달러 테이블에서
시작해 운이 좋다고 생각하면 50달러 테이블로 옮겨갔다. 파커
는 합병이 완료되던 날, "세계에서 가장 큰 항공사가 되었으므로,
이제 수익성도 가장 높아야 한다. 그렇게 할 것이다"라고 선언했
다. 자신의 의지를 보여주기 위해 급여는 현금이 아닌 주식으로
만 받는 미국 내 다섯 명의 최고경영자 중 한 명이 되었다(덕분에
급여에서 건강보험료가 공제되지 않아 개인 수표로 1만 달러를 지불해야 했다).

하지만 그의 목표는 달성되지 않았다. 두 항공사는 예약 시스
템이 달랐고, 경로를 두고 경쟁했으며, 노동조합과의 계약도 달
랐다. 파커와 아메리카 웨스트 때부터 함께했던 열정적인 임원

•10장• 비행금지

들은 몇 년이나 고군분투했다. 2019년 3월에는 항공기가 추락하는 사고가 두 번이나 발생해 보잉 737 맥스 항공기 20대가 발이 묶인 처지가 되었다. 같은 해에 계약 분쟁 중에 수리 속도를 늦춘다고 비난한 노동조합 정비사들과의 갈등으로 항공편 수천 편이 취소되었다. 아메리칸 항공은 2018년과 2019년에 이익 예상치를 달성하지 못했으며, 이를 부채로 메웠다.[2] 2020년 초에 부채는 약 330억 달러를 기록했다. 미국 대형 항공사 중에서 가장 크지만 재정적으로 가장 취약한 상태에서 코로나바이러스를 맞이하게 된 것이다.

하지만 파커는 미국 주요 항공사의 최고경영자 중에서 유일하게 파산 경험이 없었으며, 파산할 생각도 없었다. 그는 포트워스에 있는 집의 차고에 차를 주차하고 재빨리 가방을 챙겨 워싱턴행 비행기를 예약했다. 자동차 운전은 충분히 했고, 미국에서 가장 큰 항공사의 최고경영자였으니 말이다.

피터 드파지오Peter DeFazio가 레이번 오피스 빌딩Rayburn Office Building의 사무실에 앉아 있을 때 비서가 전화가 왔다며 알려왔다. 이번에도 닉 칼리오Nick Calio였다. 드파지오는 오리건 서부 출신의 베테랑 의원이었다. 오리건 서부는 서쪽에 태평양이, 동쪽에는 캐스케이드 산맥Cascade mountains이 있었고, 북쪽에는 드문드문 포도밭이 수를 놓고, 남서쪽에는 벌목 캠프가 있었다. 72세의 민주당 하원의원인 드파지오는 교통위원회 의장이기도 했다. 그래서 항공 산업 최고의 로비스트인 칼리오가 연락을 취한 것이다.

드파지오와 위원회는 미국인들이 코로나바이러스의 위험을 자각한 후 2주 동안 매출이 급락한 항공 산업을 위하여 500억 달러 규모의 구제금융을 위한 협상을 주도하고 있었다. 미국 기업들에게 제공되는 구제금융 중 가장 큰 규모였다. 전체적인 아이디어는 민주당과 공화당 모두의 지지를 받았지만, 어떻게 모을 것인지, 어떻게 지급될 것인지, 구제금융의 대가로 어떤 조건을 요구할 것인지에 대한 합의는 거의 이루어지지 않았다. 칼리오는 새로운 문제는 없는지 계속해서 전화했고, 드파지오의 인내심은 바닥이 나고 있었다. 항공 산업은 노조로부터 승인과 양해를 얻어야만 행동에 나설 수 있었다.

드파지오는 무뚝뚝하게 "당신이 노동조합과 논의를 해야 저도 이야기할 수 있습니다"라고 말했다. "리처드 트룸카Richard Trumka에게 전화해야 하나요?"라고 칼리오가 되받아쳤다. 리처드 트룸카는 미국 최대 노동조합연맹인 AFL-CIO(노동총연맹 산업별 회의)의 대표이다. 그러자 드파지오는 "아뇨, 사라에게 전화하세요"라고 답했다.

사라 넬슨Sara Nelson은 오리건의 작은 마을에서 자란, 기독교 과학자의 딸이었다. 조각상처럼 균형 잡힌 몸매를 가진 넬슨은 원래 고등학교 영어 교사였지만, 대학 학자금 대출 때문에 실용적인 경력이 필요했다. 그래서 1996년에 보스턴에 기반을 둔 유나이티드 항공사의 승무원으로 입사했다. 그녀는 2001년 9월 11일에 로건 공항Logan Airport을 이륙해 1시간 후에 세계무역센터 북쪽 타워에 부딪친 유나이티드 항공 175편에서 여러 명의 친구를 잃었다. 당시의 비극과 유나이티드 항공의 파산 신청을 겪은 후 넬슨은 승무원 노동조합인 항공승무원협회Association of Flight Attendants에서 활동하게 되었다. 처음에는 협회의 대변인이 되었고, 2014년에는 회장으로 임명되었다.

5년 동안 회장으로 활동하면서 넬슨은 노동조합에 속한 85%의 항공 산업 종사자[3]를 위한 열띤 옹호자인 동시에, 전국적으로 회원과 협상력이 감소하고 있는 노동조합을 위한 싸움꾼으로 카메라 앞에 당당하게 서는 역할을 기꺼이 수용했다. 2019년, 연방 정부의 폐쇄 조치로 TSA 직원들이 출근하지 못하게 되면서 월급도 받지 못하게 되었을 때, 노조의 힘을 되찾기 위한 전반적인 파업을 호소하는 연설을 했다. 당시 파업은 제2차 세계대전 이후 본 적이 없었던 다양한 산업이 참여한 총파업이었다.

2020년 3월 초, 넬슨은 승무원, 비행사, 정비사, 탑승 게이트 직원, 수하물 처리 직원, 운항 관리사를 비롯한 항공업 종사자들의 고용을 유지하기 위하여 250억 달러의 연방 보조금을 요청하는 제안서를 작성했다. 이 제안은 항공 여행이 현재 수준을 유지한다면 발생할 거의 확실한 대규모 해고를 피하기 위한 노력이었다. 하지만 동시에 대담하게 권력을 잡으려는 노력이기도 했다. 이 제안은 그녀가 이끄는 조직을 포함하여 항공 노조가 항공사의 이사회에서 전략을 결정하고 경영진에게 책임을 물을 수 있도록 요구했다. 또한 연방 보조금을 받는 모든 항공사가 노동조합에 대하여 중립을 유지해야 한다고 주장했다. 이러한 주장은 정확하게 넬슨의 조직이 몇 차례 시도했지만 조합의 추진력을 끌어내지 못한 델타 항공을 겨냥한 것이었다.

넬슨의 제안은 또한 연방 보조금을 받는 모든 항공사가 이후에 파산을 신청하면 노동조합에 대한 명시적인 보호를 제공하도록 요구했다. 넬슨은 2002년에 유나이티드 항공의 파산을 경험하면서 근로자들이 연금을 잃고, 급여와 혜택을 상당 부분 포기했으며, 비행 일정을 조정하기 위한 유연성을 잃는 것을 목격했다. 2020년의 팬데믹에 놀란 넬슨은 항공사가 또 파산할 경우에 구체적인 보호를 받기를 바랐다.

넬슨은 3월 13일 아침에 드파지오에게 제안서를 보냈고, 올랜도에서 열린 조합 회의를 마치고 레이건 공항으로 돌아오는 비행기에서 이메일을 작성했다. 드파지오는 넬슨에게 좋은 소식을 전했다. 하원의장인 낸시 펠로시가 민주당 입장에서 역사상 가장 큰 경기 부양책 제안을 채택하기로 합의했다는 소식이었다.

넬슨은 기뻤지만, 오후에는 몸이 좋지 않음을 느꼈다. 워싱턴에 도착했을 때 귀가 막힌 것 같은 느낌을 받았고, 이후 며칠 동안 침대에서 영국제 독감 약인 렘십Lemsip을 마시며 버텼다.

이틀 후, 뉴욕의 따뜻한 일요일 오후에 미국 최대 은행의 경영진들이 화상회의에 참석하고 있었다. 회의에는 골드만삭스, 모건 스탠리, 뱅크오브아메리카, 웰스파고, 시티그룹, 스테이트 스트리트 및 뉴욕은행의 최고경영자와 병원에서 긴급 심장 수술을 받고 회복 중인 JP모건의 최고경영자인 제이미 다이몬을 대신한 고든 스미스 공동 사장도 참석했다.

그 주에 연방준비제도의 은행 감독 책임자인 랜덜 퀄스Randal Quarles는 그들 중 몇 명에게 전화하여 유럽 규제당국의 압력을 받고 있다고 전달했다. 유럽의 연방준비제도라고 할 수 있는 유럽중앙은행ECB의 총재 크리스틴 라가르드Christine Lagarde는 퀄스에게 유럽중앙은행은 은행들에게 자사주 매입과 배당금 지급을 중단하도록 지침을 내릴 것이라고 말했다. 그리고 미국 은행들도 같은 조치를 취하도록 권고했다. 그렇지 않으면 유럽 은행은 미국 경쟁사보다 불리하게 되기 때문이었다. 배당금이 없으면 주주들은 주식을 팔 것이고, 은행들은 일상적인 운영 자금을 조달하기 위해 더 많은 비용을 지불해야 할 것이다. 퀄스는 이를 받아들이지 않았으며, 그 주에 통화한 월스트리트 최고경영자들에게도 그렇게 말했다.

이 주장은 모건 스탠리 최고경영자 고먼에게 호감을 얻었다. 고먼은 배당금을 유지하는 것이 합리적이라고 믿었다. 일단 배당금은 그렇게 많은 돈이 아니었다. 배당금은 대형 은행의 자본 반환 관행의 약 3분의 1을 차지하며, 나머지는 자사주 매입으로 구성된다. 두 번째로 이러한 조치는 시장에 위험 신호를 보낼 것이다. 배당금 삭감은 월스트리트에서 지진과 같은 사건으로, 회사가 충분한 자본을 가지고 있지 않다는 신호를 투자자들에게 보내는 것이다. 고먼은 임원들에게 "배당금을 삭감하면 존재하지 않는 자본 문제를 만들게 될 것"이라고 말했다. 그들은 배당금을 줄이지 않기로 결정했다. 적어도 정부의 명령이 있지 않다면, 배당금을 줄이지 않을 작정이었다.

하지만 퀼스의 주장에 약간은 양보하여 자사주 매입을 중단하기로 합의했다. 배당금과 자사주 매입은 이익을 주주들에게 반환하는 방법이지만, 두 가지는 방식이 다르다. 예를 들어 배당금은 주당 25센트로 이미 설정되어 있으며, 투자자들에게 안정된 수입을 약속하여 투자를 유치하기 위해 만들어졌다. 반면 자사주 매입은 기업 이익을 할당하는 주식 수를 줄여 주가를 높이는 것으로, 기회가 있을 때마다 자주 조정된다. 현금이 부족한 경우에는 자사주 매입을 줄이고, 주가가 하락하고 저렴해 보일 때는 자사주를 매입한다.

또 한 가지 중요한 차이가 있다. 배당금을 줄이면 시장이 패닉에 빠지지만, 자사주 매입은 조용히 이루어지며 분기의 마지막에 발표된다. 이 때문에 2008년 금융위기 이후 규제당국은 은행들에게 총배당금을 전체 자사주 매입의 절반으로 유지하도록 압박했다. 세계가 공포에 휩싸이고 현금이 부족해지면 은행은 배당금을 삭감하거나 건전성에 대한 의심 없이 자본을 줄이기 위해

•10장• 비행금지

자사주 매입의 규모를 줄일 수 있다.

하지만 논란이 많은 결정이었다. 2019년에 미국의 8대 대형 은행은 자사주 매입에 1,000억 달러를 지출했고, 이는 2008년 금융위기에서 주가를 끌어올리는 데 중요한 역할을 했다. 그런데 지금 주주들을 소외시켜도 될까?

특히 웰스파고의 최고경영자인 샤프에게는 문제가 있었다. 샤프는 6개월 전에 웰스파고가 고객들이 요청하지 않은 가짜 계정을 수백만 개 만들었고, 일부 고객에게는 수수료를 부과한 것으로 밝혀지면서 그 뒤처리를 위해 임명되었다. 연방준비제도는 처벌로 웰스파고에 자산 한도를 부여했는데, 새로운 예금을 받거나, 신규 대출을 내주거나, 새로운 자산을 구매할 수 없다는 뜻이었다. 샤프는 자사 이익을 자사주 매입에 사용할 수 없다면, 수익은 그냥 축적될 것이라고 우려했다. 은행은 연방준비제도의 한도를 테스트하지 않으면 수익을 더 유리하게 활용할 수 없다. 그리고 스캔들로 경영자가 두 번이나 교체되었던 기업이 규제당국의 심기를 건드리는 것은 좋은 생각은 아니었다. 또한 샤프는 투자자들에게 주식을 보유하지 않을 이유를 주고 싶지 않았다. 그렇지 않아도 주가는 2016년에 가짜 계좌 스캔들이 드러난 이후 경쟁사들에게 크게 못 미쳤다. 결국 그는 입장을 완화했고, 뱅크오브아메리카 최고경영자인 브라이언 모이니한도 의견 유보를 표명하면서 투표는 만장일치로 이루어졌다.

CRASH LANDING

· 11장 ·
기병대

"전에는 넘지 않았던 선을 넘었다."
_ 제롬 파월(연방준비제도의사회 의장)

*최악의 공포, 경제 위기가 다가오고 있다

제롬 파월은 연방준비제도 회의실의 매끈한 마호가니와 화강석으로 만들어진 테이블의 맨 앞에 있는 자신의 자리에 앉았다. 머리 위로는 0.5톤의 황동 샹들리에가 7미터 높이의 천장에 매달려 있었다. 회의실은 1937년 프랭클린 루스벨트Franklin Roosevelt 대통령이 지정한 공간으로 제2차 세계대전 중에 영국과 미국 군사 지도자들 간의 회담 장소로 사용되었다. 이제 이 방은 다른 전투의 최전선이 되었다.

항공 산업이 생명줄을 잡기 위해서 매진하고 있는 와중에 또 다른 구제 프로그램이 어느 정도 구성되고 있었다. 이 프로그램은 금융 시스템을 위한 것이었다. 연방준비제도와 재무부 관리자들은 혼란스러운 트레이딩 시장을 진정시키고, 건강에 대한 위협이 월스트리트와 경제를 무너뜨릴 위험을 줄이기 위하여 여러 개의 대출 프로그램을 신속하게 마련하고 있었다.

연방준비제도는 미국의 주요 경제 규제기관이며, 최대 고용과 물가 안정이라는 두 가지 목표를 가지고 있다. 연방준비제도는 경제가 호황에서 고통스러운 불황으로 빠지지 않고 안정되고, 신중한 속도로 성장하도록 만들기 위해 노력하는데, 이를 위하여 두 가지 도구를 사용한다.

첫 번째는 이자율이다. 정부는 연방기금금리라고 하는 목표 이자율을 설정한다. 이 이자율은 은행 간에 하룻밤 동안 돈을 빌리는 데 얼마나 많은 이자를 부담해야 하는지에서부터 30년 장기 대출을 받는 주택 구매자에게 어느 정도 이자를 부과해야 하는지에 이르기까지 모든 종류의 경제 활동에 대한 기준선 역할을 한다. 연방준비제도가 불황에서 경제를 견인하려면 금리를 낮추어 은행이 대출을 하도록 격려한다. 경기가 과열되지 않도록 방지할 때는 금리를 인상한다. 경제를 용광로에 비유한다면, 금리 정책은 풀무 질과 같아서 불이 꺼지려고 할 때는 산소를 공급하고, 불이 너무 뜨거울 때는 불을 약하게 조절한다. 1980년대 초에는 과도한 인플레이션에 대응하여 연방기금금리는 최대 20%까지 상승했고, 2009년에는 경제 회복을 위해 거의 0%까지 하락했다.

연방준비제도가 경제를 규제하는 두 번째 방법은 국가의 채무를 매입하거나 매각해 돈의 공급을 조절하는 것이다. 연방준비제도가 대형 은행이나 브로커-딜러로부터 국채를 매입하면, 사실상 새로운 돈이 창출된다. 이 돈은 브로커에게 지급되고, 경제로 스며들어 돈의 공급을 늘린다. 그 반대의 경우에는 국채를 판매하여 현금을 받고, 경제에서 순환되는 돈의 양을 줄인다. 이러한 거래는 '공개시장조작open market operation'이라고 한다.

2008년 금융위기 이후 몇 년 동안 공개시장조작이 대대적으로 적용되었다. 연방준비제도는 국채뿐 아니라 패니 메이와 프레디 맥 같은 준정부 기관의 채무도 수십억 달러씩 매입하여 무력한 경제에 현금을 불어넣는다. 그리고 이 현금이 대출되거나, 새로운 비즈니스에 투자되거나, 상품과 서비스를 구입하는 데 사용될 것으로 기대한다.

3월 중순이 되자, 건강의 위협에서 시작된 문제가 빠르게 시장 위기로 번지고 있었다. 세계에서 가장 안전한 금융자산으로 간주되며 채권시장의 기반이라고 할 수 있는 미국 국채 거래에서 투자자들이 현금을 확보하기 위해 매도에 나서면서 혼란스럽고 무질서해졌다. 구매자는 거의 없었고, 가격은 크게 흔들렸다. 새로운 국채를 판매하는 주간 경매가 실패할 수 있다는 우려마저 있었다. 이 경우, 기축통화로 알려진 달러의 입지가 흔들릴 수도 있었다. 2008년 금융위기가 한창일 때도 시장이 이 정로도 나빠 보이지는 않았다. 회사채, 지방채 및 전 세계 기업과 정부가 유지되기 위하여 의존하는 난해한 도구의 시장에서는 분열이 더욱 심했다.

연방준비제도는 이미 한번 개입한 뒤였다. 2주 전에 금리를 인하하고, 수십억 달러어치의 국채를 매입하겠다고 발표했다. 그러나 이것만으로는 충분하지 않았다. 파월은 일요일 아침에 긴급회의를 소집했다. 갑작스러운 회의 일정과 전염에 대한 우려로 직접 참석하지 못한 사람들을 위해 지역은행 총재들은 미국 전역에서 전화로 회의에 참여했다. 은행 감독인 랜덜 퀼스는 워

싱턴으로 출퇴근하기 위하여 보통 일요일에 솔트레이크시티Salt
Lake City의 집에서 나와 금요일에 다시 집으로 퇴근했다. 하지만
이번에는 솔트레이크시티의 집밖으로 나오지 못하고 있었다. 최
고 시장 규제 담당자 로리 로건은 뉴욕 연방준비제도의 요새 같
은 본부에서 전화로 회의에 참가했다.

로건이 상황을 요약했다. 시장은 혼란에 빠졌다는 것이었다.
연방준비제도는 더 많은 일을, 더 빨리 해야 했다. 모든 시선은
파월에게 집중되었다.

파월은 어쩌면 우연히 세계에서 가장 강력한 중앙은행의 수
장이 된 것인지도 몰랐다. 월스트리트의 변호사이자 투자은행
가 출신인 그는 조지 H. W. 부시 대통령George H.W. Bush의 재무부에
서 일한 경험이 있었지만, 이후 사모투자 회사인 카라일Carlyle로
자리를 옮겨 전임자들과 사뭇 다른 경력을 가지고 있었다. 2008
년 위기에서 경제를 구해낸 진중하고 사근사근한 말투의 벤 버냉
키Ben Bernanke와 경제를 복구하기 위하여 오바마 대통령이 찾아낸
침착한 재닛 옐런Janet Yellen 박사 모두 연방준비제도의 의장으로
지명되기 전에 학자였다.

버냉키와 옐런은 연방준비제도에서 냉담하고 학문적인 관점
을 강화했고, 워싱턴의 정치적 서커스에서 멀리 떨어진 신적 존
재로 만들었다. 한편 파월이 연방준비제도 의장이 된 것은 뻔뻔
한 정치적 결정이었다. 2012년, 상원에서 두 명의 후보를 다수의
공화당 의원들이 필리버스터로 강력하게 반대하면서, 파월은 연

•11장• 기병대

방준비제도 이사의 자리를 메우기 위하여 편법으로 오바마 행정부가 물망에 올린 것이다. 5년 뒤에 옐런 의장의 임기기 끝나자, 워싱턴에서는 트럼프 대통령에게 옐런을 다시 임명하라고 촉구했다. 연방준비제도는 정치에 개입하지 않는다는 관점에 맞게 오바마, 클린턴, 레이건 등 이전의 대통령은 모두 상대 정당의 대통령이 선택한 연방준비제도 의장을 임명했었다.

므누신 장관은 옐런을 다시 임명하도록 추천했지만 트럼프 대통령은 요지부동이었다. 그는 민주당의 제안을 믿지 않았다(게다가 옐런의 키가 160센티미터로 너무 작다고 생각했다[1]). 그러나 트럼프는 연방준비제도의 정책, 특히 금리를 너무 빨리 인상시키지 않겠다는 의지는 좋아했다. 트럼프는 월스트리트 대출자들에게 돈을 빌리고, 간혹 안 갚고 버티는 방식으로 부동산 제국을 건설했다. 그 때문에 저렴한 대출에 열광했다. 또한 주식시장의 상승을 자랑스러워했는데, 저금리는 투자자들이 채권이 아닌 주식을 선호하게 만들어 주식시장을 상승시키는 효과가 있었다. 그래서 옐런을 원하지는 않았지만, 옐런의 정책을 계속할 사람을 원했다.

트럼프 대통령은 연방준비제도이사회에서 조용한 이사로 여섯 해를 보낸 파월을 선택했다. 파월은 옐런의 저금리 정책을 지지했고, 연방준비제도의 이사로 활동하는 동안 옐런 의장으로부터 공화당 의원들과 접촉하라는 요청을 받았다. 그는 공화당 상원의원들에게는 이미 알려진 존재였다. 또한 트럼프의 미적인 취향에도 맞았다. 은색백의 머리카락을 지녔으며, 키는 거의 180센티미터에 달하여 연방준비제도 의장으로서는 완벽한 인물로 보였다.

파월은 4년 임기의 절반을 보내면서 연방준비제도에서 흔히 볼 수 있는 것보다는 좀 더 현실적인 관료라는 것을 증명하고 있었다. 파월은 워싱턴 D.C.의 부유한 가정에서 여섯 아이 중 장남으로 태어났고, 따뜻한 성격은 아니지만 힘이 있었고 실용적이었다. 그는 묵묵히 의회의 양당 지지를 얻기 위해 노력했으며, 임기 초반에는 의회의 일정으로 바빴다. 또한 중앙은행을 둘러싼 비밀스러운 커튼을 조금이나마 걷어보려고 노력했다. 2019년에는 '연방준비제도 공청회'라는 약간은 투박한 이름의 행사를 열어 기업, 노동 및 비영리 단체의 지도자들을 연방준비제도 내부의 성스러운 공간인 목재 패널 회의실로 초대했다. 파월 의장은 회의실의 특징을 소개하면서 "형식적이고 단단한 샹들리에"를 언급하며 당일의 행사는 다르기를 바란다고 말했다.

그는 바로 그 샹들리에 아래에 앉아, 10년 만에 발생한 가장 심각한 경제 상황을 직면하고 있었다.

정부 내부에서는 코로나바이러스 팬데믹 초기 상황이 2008년 금융위기와 비슷한 점이 있다고 생각했다. 2월 중순부터 3월 첫 주까지 S&P500 지수가 20% 하락했다. 신용시장의 상황은 좋지 않았다. 투자자들은 심지어 우량한 기업으로 알려진 블루칩 기업에도 돈을 투자하려고 하지 않았다. 6일 동안 무디스와 스탠더드앤드푸어스 같은 신용평가기관에서 높은 평가를 받는 '투자 등급' 채권도 발행되지 않았다. 밤사이 기업들이 자금을 조달하기 위해 의존하는 단기 채무인 상업용 어음의 가격은 폭등했다.

혼란은 세계에서 가장 광대하고, 유동성이 큰 미국의 국채시장에도 퍼져갔다. 국채는 미국 정부가 직접 빌리는 돈이며, 미국은 채무 불이행을 한 적이 없기 때문에 세계에서 가장 안전한 투자처로 간주된다. 미국 국채는 현금으로 쉽게 교환 가능하며, 가격에 영향을 미치지 않기 때문에 일종의 저금통으로 여겨진다. 2019년에는 거래된 미국 국채의 가치는 약 6,000억 달러에 달했으며, 구매자와 판매자가 충분했기 때문에 거래는 원활했다.

그런데 단 며칠 만에 국채시장이 붕괴했다. 한 번에 1억 달러 이상의 미국 국채를 움직이는 데 익숙했던 브로커들은 몇 백만 달러의 작은 규모의 수요자도 찾기 어려웠다. "국채시장은 다른 시장을 위한 초석입니다.[2] 그런데 이 초석에 금이 갔습니다." 블랙록BlackRock의 고위 임원인 릭 라이더Rick Rieder는 3월 13일 「월스트리트저널」과의 인터뷰에서 이렇게 평가했다.

시장의 톱니바퀴에 모래를 던지는 원인은 하나가 아니라 여러 가지이다. 월스트리트의 트레이더들은 집이나 원격의 백업 장소에서의 근무로 전환 중이었기 때문에 트레이딩은 더 느리게 진행되고 있었다. 2008년 금융위기 이후 만들어진 규정들은 은행을 더 견고하게 만들었지만, 민첩성은 떨어지게 되었다. 이들은 시장의 기능을 제대로 수정하기 위해 뛰어들기를 바라지 않았다. 헤지펀드들은 수년간의 안정적인 시장에 마음을 빼앗겨, 변동성이 아닌 안정성에 많은 돈을 걸었다. 시장의 변동성이 커지자, 이러한 베팅은 불이익으로 이어졌다. 결국 포지션을 정리하느라 곤혹을 치르거나, 손실을 상쇄하느라 자산을 매도해 현금을 확보해야 했다. 불에 기름을 부은 격이었다.

한 주 전, 연방준비제도는 시장을 진정시키기 위해 몇 가지 이례적인 조치를 취했다. 여기에는 연방준비제도의 상대 역할을 하는 주요 딜러로 알려진 24개의 대형 은행 그룹에 단기 대출을 무제한 제공하는 것도 포함되었다. 그러나 은행들이 대출을 느리게 받아들이자, 연방준비제도는 금요일에 370억 달러 규모의 미국 국채를 매입하는 방향으로 정책을 선회했다.

하지만 충분하지 않았다. 긴급회의 참석자들은 한 가지 문제에 집중했다. 금리를 제로로 인하해야 하냐는 것이었다. 경제학자들은 기본적으로 논쟁을 좋아하는 집단으로, 참석자들은 치열하게 논쟁했다. 클리블랜드Cleveland 연방준비제도 지역은행 총재인 로레타 메스터Loretta Mester는 0.25~0.5% 사이에서 금리를 소폭 인하해야 한다고 주장했다. 제로 금리가 되면 연방준비제도의 모든 화력이 소진되고, 경기가 계속 침체되면 총알이 떨어질 것이라고 주장했다(중앙은행은 금리를 제로 이하로도 인하할 수 있다. 은행에 돈을 넣어 놓으면 오히려 손해가 나게 되어 저축이 매력을 잃고, 따라서 소비를 유도하고 경제 성장을 촉진시킬 수 있다는 아이디어다. 2010년대 중반 이후 유럽 국가 대부분이 마이너스 금리를 유지했지만 미국의 연방준비제도는 이런 조치를 꺼렸다). 이에 반대하는 사람은 메스터뿐이었다.

오후 5시, 연방준비제도는 기자와의 화상회의에서 10년 중 가장 놀라운 중앙은행 정책을 발표했다. 투자자들이 탈출하지 않도록 시장에 돈을 풀고 가격을 안정시키기 위하여 최대 7,000억 달러 규모의 국채 매입을 시작한다는 정책이었다. 또한 이번에는 이자율을 실제 제로에 가깝게 인하하여 기업과 개인이 대출을 더 쉽게 받을 수 있도록 했다.

연방준비제도는 경제를 조절하기 위해 중요한 수단을 동시에 적용했다. 파월은 연방준비제도가 중앙은행이 보유한 예금에 대해 은행에 지불하는 이자를 낮춘다면, 은행이 더 많은 돈을 빌려주어 코로나19의 강화된 봉쇄 조치로 타격을 입는 기업들을 지원하기를 바랐다. 또한 채권시장으로 다시 뛰어들어 국가의 최종 대출자 역할을 이행하며, 마비된 시장을 움직이게 하려고 노력했다.

이번 조치는 미국 중앙은행 역사상 가장 극적인 개입이었으며, 코로나바이러스가 얼마나 빠르게 경제적 위협으로 변화했는지를 나타내는 징후였다. 게다가 이것이 마지막 조치도 아니었다. 이후 몇 주 동안, 연방준비제도와 재무부는 긴급 프로그램을 연이어 내놓았다. 단기 기업 채무를 매입하고, 대형 은행에 자금을 공급하고, MMF와 현금이 부족한 지방정부에 자금을 지원하여 대기업에 직접 대출을 지급하기 위해 노력했다. 이들 프로그램의 일부는 2008년의 조치를 적용한 것으로, 오히려 10년 전보다 규모다 더 컸다. 그 외의 조치들은 중앙은행의 권한을 확대하는 새로운 것들이었다. 이후 파월은 연방준비제도가 "전에는 넘지 않았던 선을 넘었다"라고 인정하며, 경제를 지키려는 노력이 성공했다고 평가했다.

최고재무책임자인 스티브 셰어는 골드만삭스 본사 41층에 있는 자신의 사무실에서 연방준비제도의 기자 회견을 듣고 있었다. 평일에도 무덤처럼 조용하고, 일요일 밤에는 완전히 비어 있던 경영진 스위트는 토요일 아침에 은행의 위기관리팀이 소집되면서 활발한 활동의 중심이 되었다. 비서들은 전화 업무를 위하여 호출되었으며, 누군가는 음식을 주문했다. 경영진은 현명하면서도 위안이 되는 중앙은행의 조치를 소화하고 있었다. 2008년에는 중앙은행이 경직된 신용시장을 지원하기 위해 비슷한 정책을 이행하기까지 몇 개월이 걸렸다. 이번에는 채 2주가 걸리지 않았다. 하지만 7,000억 달러는 미국 정부 채권시장의 규모에 비해 너무 작았다. 고작 하루에 거래되는 가치보다 약간 많은 정도였다. 게다가 현금이 기업과 가계에 제대로 효과를 발휘할 때까지 몇 주가 걸릴 것이다. 골드만삭스의 재무 담당자인 베스 해맥은 "좋기는 좋은데, 충분하지 않군요"라고 말했다.

파월도 그 사실을 알고 있었으며, 연방준비제도의 화상회의에 참여한 기자들에게 그대로 말했다. 경제 규제는 두 가지로 나눌 수 있다. 연방준비제도와 같은 중앙은행의 영역은 이자율과 통화 공급을 사용하는 통화정책이다. 한편 세금을 징수하고 정부 지출을 배분하는 재정정책은 입법부의 소관이다. 연방준비제도는 금융시장을 진정시키기 위해 최선을 다하고 있었지만, 불황에 빠지는 것처럼 보이는 가계와 기업들을 크게 도울 수는 없었다. 이러한 싸움을 위한 부양책은 의회의 역할이었다. 파월은 기자들에게 "우리에게는 도구가 없습니다. 때문에 재정적인 대응이 중요하며, 이들 조치가 고려되고 있어서 다행입니다. 효과가 있기를 바랍니다"라고 밝혔다.

폭스 뉴스의 에드워드 로렌스Edward Lawrence 기자가 연방준비제도가 국채와 모기지 채권 이외의 유가증권 매입을 고려하고 있는지 물었다. 파월은 아직 여기에 대해 논의한 적이 없으며, 이를 위한 법적 권한이 모호하다고 말했다. "우리는 이미 매입하는 채권 이외의 다른 유가증권을 매입할 수 있는 법적 권한이 없으며, 이를 모색하지 않고 있습니다."

시장은 연방준비제도의 보증을 믿지 않았다. 일요일 밤에 거래를 시작하는 아시아 시장은 하락했다. 미국 주식 선물도 5% 하락하여 워싱턴과 월스트리트의 투자자들이 미국 중앙은행의 단호한 조치에 안심할 것으로 기대했던 희망이 사라졌다.

골드만삭스의 최고경영자 데이비드 솔로몬은 자신의 사무실에서 나와 셰어의 사무실로 갔다. 그는 연방준비제도 발표의 주요 내용에 주목했다. 1994년 이후 중앙은행이 금리를 발표하기 시작한 이래로, 이처럼 신속하게 금리를 인하한 적은 없었다. 심지어 2008년 최악의 경제 위기에서도 이처럼 빠르게 행동하지 않았다.

솔로몬은 재무담당자인 셰어에게 "일회성으로 생각하면 안 됩니다"라고 강조했다. 밖은 어느덧 어두워졌고, 허드슨강 아래에서 가로등이 깜박거렸다. "이제 연방준비제도는 코로나바이러스를 심각한 위기로 인지하고, 경제가 한동안 봉쇄될 것이라고 인정하고 있습니다. 주가가 하락하는 건 당연합니다."

파월은 혼란스러운 시장에 미국 정부의 재정적 역량을 발휘하여 시장을 진정시키려고 했다. 하지만 그 과정에서 오히려 투자자들에게 최악의 공포를 확인시키는 꼴이 되었다. 최악의 공포는 경제 위기가 다가오고 있다는 것이었다.

CRASH LANDING

· 12장 ·
충분하다

"이 정도면 충분할지도 몰라요."
_ 더그 파커(아메리칸 항공 최고경영자)

*항공 산업의 마지막 희망

항공 산업의 로비 단체가 워싱턴의 펜실베이니아 애비뉴에 있는
사무실을 선택한 이유가 레이건 공항을 드나드는 비행기를 구경
할 수 있는 멋진 전망 때문은 아니었지만, 확실히 훌륭한 선택이
었다. 평상시에 로비 단체의 리더인 닉 칼리오는 워싱턴의 하늘에
서 굉음을 내고 있는 자신의 성과물을 확인할 수 있었다. 최고경
영사들이 분기 회의를 위해 7층 회의실에 모였을 때, 남쪽 창문을
통해 항공기가 이륙하고 착륙하는 소리가 계속해서 들렸다.

　그러나 3월 18일에는 하늘이 이상할 정도로 조용했다. 항공
기 운항이 크게 줄어 어려운 상황을 대변하는 듯했다. 최고경영
자들은 파산을 피하기 위해 수십억 달러를 얻으려고 빠르게 회의
가 소집되었다.

　아메리칸 항공의 최고경영자 더그 파커는 주말 동안 차로 내
슈빌에서 달라스로 이동했고, 그 전날에는 항공기를 타고 워싱턴
D.C.로 이동했다. 제트블루의 최고경영자 로빈 헤이스는 비행
스케줄이 너무 많이 축소되어 항공기를 구할 수 없어 차로 뉴욕
까지 와야 했다. 3월 4일 트럼프와의 회의에서 "코로나바이러스
에 감염될 가능성이 큰 인물"로 지목되었던 유나이티드 최고경
영자 무뇨스는 의사들의 조언을 무시하고 모임에 참석했다.

　파커가 므누신 장관에게 초조한 마음으로 항공 산업이 살아

남으려면 500억 달러가 필요하다고 말한 지 일주일이 지난 후였다. 최고경영자들이 워싱턴에 온 이유는 정부에 대한 요청이 어떻게 보여야 하고, 어떻게 하면 정치적 분열을 피할 것인지를 알아내기 위해서였다. 일반적인 상황이라면 미국항공운송협회 Airlines for America, A4A 3층 회의실의 테이블 주위에 앉아 있는 최고경영자들은 서로가 치열한 경쟁자들이었다. 하지만 지금은 정부에 도움을 청하기 위해 서로 단결하고 있었다. 그날은 3월 18일이었다. 비행기를 탄 미국인들은 60만 명으로, 위기가 발생한 이후 가장 적은 인원이었다. 2월 말에 비행기를 탄 승객의 수는 200만 명 이상이었다.

아메리칸, 델타, 유나이티드 항공의 최고 변호사들이 미리 작성한 문서에는 250억 달러의 보조금이 요청되어 있었다. 하지만 업계의 손실은 그 두 배에 달했다. 최고경영자들은 정부가 아무런 조건도 없이 500억 달러를 내주지 않을 것임을 잘 알고 있었다.

최고경영자들은 상원 다수당 원내대표인 미치 맥코넬Mitch McConnell에게 도움을 청했다. 3월 17일 화상회의에서 이들은 온전한 보조금을 요청했다. 사우스웨스트 항공의 최고경영자 개리 켈리는 정부가 바이러스가 통제된 후에 항공 산업이 번창하기를 원하는지, 아니면 마비되어 있기를 바라는지를 물었다. 대출은 기업의 재무에 부채를 늘릴 것이고, 위기가 끝났을 때 직원을 다시 채용하고, 새로운 항공기를 사들이고, 기술 투자를 재개할 수 없게 만들 것이다. 켈리는 "최대한 직원들과 주주들을 돌보고 싶습니다"라고 말했다. 만약 도움을 받지 못한다면 산업은 파산 직전으로 몰릴 것이라고도 강조했다.

맥코넬은 패를 보여주지 않는 영리한 정치인으로 알려져 있었지만, 이번에는 이례적으로 속마음을 드러냈다. 그는 켄터키의 집으로 텅텅 빈 항공기를 타고 비행한 직후였기 때문에 최고경영자들의 처지를 이해한다고 말했다. 그는 기업의 보조금이 너무 박하다면서 "우리는 하원의 법안을 훨씬 초과하는 계획을 세우고 있습니다. 목적을 이룰 때까지 노력할 것이며 여러분을 고려하고 있습니다"라고 답했다.

파커는 상황이 비현실적으로 느껴졌다. 일주일 전에 그는 미국 하원 대표인 낸시 펠로시와 시민권 영웅이자 의원인 존 루이스John Lewis와 함께 앨라배마주 '피의 일요일Bloody Sunday' 기념식에 참석했다. 루이스는 다른 시위 대원들과 에드먼드 페터스 브리지Edmund Pettus Bridge를 건너 몽고메리Montgomery로 향하려고 할 때 주 당국의 기병에게 폭행을 당했다. 하지만 걱정의 징후는 있었다. 루이스는 췌장암 말기인 것으로 확인되었고, 바이러스를 가진 사람 옆에 앉을까 봐 별도의 버스를 타고 이동했다. 이런 일은 마치 아메리칸 항공이 몇 년 동안 후원했던 연례행사인 것처럼 느껴졌다. 이들은 저녁 식사를 위해 10인용 식탁에 앉았다. 그는 강력한 경쟁자들에게 둘러싸인 회의실에서, 가능한 사회적 거리두기를 하면서 정부에 도움을 요청하고 있었다.

'사회적 거리두기'라는 중의적인 문구는 팬데믹이 시작되고 얼마 지나지 않아 알려졌고, 오래도록 유지되었다. 공중보건 전문가들은 대화하는 동안 자연스럽게 공기에 떠다니는 비말이 무해하게 바닥에 떨어지려면 사람들 사이의 거리가 최소 1미터 이상이 되어야 한다고 권고했다. 팬데믹 초기에 미국 전역에서 이 새로운 문구와 어색한 지리적 의미를 물리적 형태로 나타났다. 식료품 상점의 계산대 줄에서, 산업의 생산라인에서는 발자국 모양의 스티커로 거리두기가 표시되었다. 아직 열려 있는 사무실 건물은 책상이나 개수대로 번갈아 가면서 입구를 막았다. 뉴욕에서는 경찰이 도로공사를 알리는 전자 교통 표지판을 다시 프로그래밍하여 프로스펙트 공원Prospect Park에서 산책하는 사람들에게 거리두기를 상기시키는 도구로 활용했다.

항공사 경영진들은 정부에 지원금을 요청하기로 결정했고, 정부 관료들과의 만남을 요청했다. 어쨌거나 그들은 워싱턴까지 항공기로 이동할 수 없다고 주장하지는 않았다.

파커는 스피커폰에 대고 지원 요청과 관련해 맥코넬에게 세심하게 주장을 펼쳤다. "바이러스가 계속되고 지원이 이루어지지 않으면, 항공 산업은 존재하지 않게 될 겁니다."

의회는 결국 2조 달러의 CARES 법안을 준비하고 있었다. 이 법안은 입법 분야의 막대한 업적이었다. 정부의 중요한 조치가 필요하다는 것에 대해 만장일치로 합의가 이루어졌지만, 그 외의 모든 부분에서는 의견 차이가 있었다.

민주당은 근로자를 보호하고, 기업이 문을 닫으면서 공중보건 비용의 증가와 세수 감소로 수세에 몰린 지방정부에 대한 지원을 바랐다. 한편 연방정부의 지원을 받는 대기업에 대해서는 엄격하게 제한하기를 바랐다. 공화당은 언제나 정부의 과도한 개입을 경계했고, 대기업을 더 보호하려고 했지만, 해안의 대도시에 대한 지원에는 열의가 덜했다. 심지어 미국 국민을 어떻게 도와야 하는지에 대해서도 논란이 있었다. 민주당은 실업 급여를 통한 지원을, 공화당은 직접 돈을 주는 방식을 선호했다.

막대한 예산이 편성되자(원래 3월 중순에 지원금의 규모는 1조 달러였으나, 이후 두 배 이상 증가했다),[1] 기업들은 더 많은 예산을 얻으려고 돌진하기 시작했다. 일부 산업은 정부의 도움이 없다면 살아남을 수 없다고 주장했는데, 이들의 주장은 옳았다. 그래서 외식 산업의 로비 단체[2]는 3,250억 달러를 요청했고, 여행 업계는 2,500억 달러를 요청했다. 보잉은 600억 달러를 바랐다.

또 다른 기업들은 지원이 제공되는 동안 다른 혜택을 받으려고 했다. 아디다스는 오랫동안 미국 전역의 체육관이 폐쇄된 상황에서도 세전 금액으로 체육관 회원권과 운동 장비를 지불할 수 있도록 허용하는 규정을 바랐고, 이번에는 지지를 얻기 위해 의회를 방문했다. 양돈 농가는 고기가 부족하다면서 국경이 폐쇄됐음에도 연방정부에 외국 노동자의 비자를 신속하게 처리해

달라고 다시 한번 요청했다. 드론 제조업체들은 드론이 상품과 의약품을 언택트로 배달할 수 있다면서 연방항공국^{Federal Aviation} Administration에 제한을 해제해달라고 요청했다. 드론 산업의 대변인은 "이번이 올바른 기회"라고 말했다.

항공 산업의 최고경영자들은 여전히 K 스트리트에 모여서 파이의 큰 조각을 얻기 위한 로비 활동을 벌이고 있었다. 닉 칼리오는 수백억 달러의 지원을 얻을 수 있도록 양측 의원들과 충분히 대화를 나누었다. 그러나 항공 법안 작성을 주도한 민주당은 항공 산업의 지원금을 퍼주기 식으로 판단하고 강하게 반대했다. 스티븐 므누신 재무장관도 지원금에 대해서는 비슷한 입장이어서 시장 금리보다 낮은 이자율로 항공사에 대출을 제공하여 세수의 유출을 막아야 한다고 제안했다.

항공 산업의 최고경영자들은 므누신의 제안에 대해 논의했다. 사우스웨스트 항공의 최고경영자인 게리 켈리는 "10년 동안 1%로 빌린 돈은 지원금이나 마찬가지입니다"라면서 열린 태도를 보여주었다. 같은 기간의 예상 인플레이션은 이자를 상쇄시키기에 충분했다. 하지만 부채는 빚이었고, 이들은 이미 재무제표가 삐걱대는 상황에서 선뜻 빚을 짊어지려 하지 않았다. 게다가 정부가 대출해준다면, 민간 투자자들은 돈을 빌려주려고 하지 않을 것이다. 미국 재무부에 돈을 갚은 다음에야 자신들의 돈을 갚을 것이기 때문이었다. 뿐만 아니라 9·11 테러 이후 비상 대출은 항공사의 재무 상태를 약화시켰고, 이후 몇 년 동안 일부 항공사는 파산했다.

그들은 500억 달러의 절반은 직원들 급여로 사용될 지원금으로, 나머지 절반은 다른 목적으로 사용할 수 있는 대출로 구성해 달라고 제안했다. 또한 정부에 항공사가 활용할 수 있는 비상 대출 기금을 마련하도록 제안했는데, 대형 은행들에게 제공하는 '할인 창구'와 유사한 것이었다.

그렇다면 항공사들은 대가로 무엇을 제공할 것인가? 그들은 경영진의 임금에 상한선을 두는 것에 특히 반대했다. 2008년 금융 위기에서 은행의 부주의로 위기가 불거진 것과 달리, 항공 산업은 문제를 유발하지 않았기 때문이었다. 최고경영자들은 자사주 매입과 배당을 제한하는 것에 더 개방적이었다. 사실 그럴만한 돈도 없었다. 업계는 또한 팬데믹 발생 이전의 공항 서비스를 계속 제공하는 것에 동의했다.

파커는 누구도 해고하고 싶지 않았다. 그는 직원들에게 안정적인 경력을 제공할 수 있다고 솔직하게 말하고, 과거의 파산을 이겨내기 위하여 몇 년을 보냈다. 파커는 승무원들의 졸업식 행사에 참석해 "앞으로 50년 동안 이 일을 하고 싶다면, 우리도 그렇게 할 것입니다"라고 강조했다. 그는 정부가 직원들의 급여를 메워준다면, 아무도 해고하지 않겠다고 제안했다. 직원들을 교육이나 훈련을 받을 수 있는 상태로 유지하는 것은 수요가 다시 회복될 때 고용을 더 쉽게 만들어주기 때문에 합리적인 선택이었

•12장• 충분하다

다. 또한 정치적으로도 좋은 선택이었다. 민주당 하원의원들이 주도하여 법안을 작성 중이었고, 파커는 이들이 노조에 귀를 기울인다는 것을 알고 있었다.

파커는 헤이스를 포함한 다른 최고경영자들을 설득하려고 노력했다. 하지만 헤이스는 소극적인 태도를 보였다. 그는 제트블루는 재정적으로 상태가 나쁘지 않아서 돈이 필요하지 않다면서, 돈을 받고 경제나 정치적 제약을 받는 것을 원치 않는다고 했다. 무뇨스와 켈리는 찬성했다. 그러나 파커는 최고경영자들과 함께 워싱턴에 오지 않고 델타 항공의 정부 관계 담당자인 헤더 윈게이트Heather Wingate를 보낸 바스티안을 걱정했다.

델타 항공은 이 로비 단체와 복잡한 관계를 가지고 있었다. 델타 항공은 매년 500만 달러의 회비로 워싱턴에서 더 많은 일을 할 수 있을 것이라고 생각하여 몇 년 동안 관계를 철회했다가 2019년 말에 다시 가입했다. 또한 델타 항공이 사우스웨스트 항공과 함께 아메리칸 항공이나 유나이티드 항공 등의 경쟁사 대비 재정 상태가 좋은 이유도 있었다. 업계가 함께 힘들다고 해도 경쟁적인 관계를 쉽게 떨쳐버릴 수는 없었다. 파커는 바스티안이 자신의 회사보다 경쟁사에 더 유리한 정부 자금을 받는 것에 주저할 가능성이 있다고 생각했다.

파커는 윈게이트를 붙잡고 "바스티안이 지금 조건을 좋다고 할까요?"라고 물었다. 지금까지 협상해서 답을 얻었는데, 갑자기 상사가 거부해 모든 것이 수포로 돌아가는 것은 바라지 않았다. 하지만 윈게이트는 바스티안이 동의했다고 확인해주었다.

파커에게는 또 다른 문제가 있었다. 지금까지 한 주가 넘게 아메리칸 항공은 절실하게 필요한 10억 달러의 대출을 받기 위해 월스트리트 은행 네 곳과 협상 중이었다. 그런데 최고재무책임자인 데릭 커가 그날 오후에 파커에게 협상이 잘 진행되고 있지 않다고 전화를 걸어왔다. 뱅크오브아메리카가 평가 기관과의 문제를 언급하며 빠져나갔는데, 경험 많은 커에게는 돈을 빌려주기 싫어서 하는 말처럼 들렸다. 그런데 이제는 이제 골드만삭스도 망설이고 있었다. 결국 5억 달러가 사라진 것이었다.

커는 도이치뱅크에서 추가로 2억 5,000만 달러를 받으려고 했지만, 이들 역시 주저했다. 파커는 벽장으로 들어가 골드만삭스의 사장이자 최고운영책임자인 존 월드론에게 전화를 걸었다. 파커는 머릿속에 어떻게 주장을 펼쳐야 할지에 대한 계획이 들어 있었다. 하지만 세상일은 쉽지 않았다. 이에 대해 월드론이 먼저 말을 시작했다. "거기에서는 무슨 일이 벌어지고 있죠?" 그가 물었다. 정부의 지원에 관한 협상이 어떻게 진행되고 있는지에 대한 자세한 정보를 원하는 것이었다. 파커는 자신의 답변이 골드만삭스의 대출 결정에 영향을 미치게 될 것인지 확실하지 않았다. 은행은 정부의 지원을 받는 기업에 돈을 빌려주는 것이 더 편할 수도 있고, 아닐 수도 있었다. 아니면 월드론은 월스트리트에

　　　　　　　　　　　　•12장• 충분하다

유리한 시장 정보를 찾고 있는 것일지도 몰랐다. 항공사들과의 협상은 더 큰 지원금과 관련해 공공의 관심을 받았다. 골드만삭스는 법안의 통과 가능성에 따라 매시간 가치가 변하는 1조 달러 규모의 투자 포트폴리오를 가지고 있었다.

파커는 어떤 종류의 지원이든 초당적인 지지를 받고 있다고 자신했고, 월드론에게도 그렇게 말했다. 그다음에 조심스럽게 대출 문제를 언급했다. 골드만삭스는 다시 대출에 참여하겠다고 했고, 월드론은 "우리가 당신을 지지하겠습니다"라고 말했다. 파커가 최고경영자인 모이니한에게 전화한 후 뱅크오브아메리카 역시 다시 대출에 참여했다(뱅크오브아메리카의 최고경영자인 모이니한은 고위 투자 은행가에게 전화를 걸어 직접 승인해주었다. 최고경영자가 거래에 직접 개입하는 것은 이례적이었다).

오후 동안 항공사의 최고경영자들은 지원금을 받기 위해 꼭 필요한 의원들에게 휴대전화로 로비를 하면서 시간을 보냈다. 켈리는 마리아 캔트웰Maria Cantwell 상원의원과 통화하기 위해 사라졌다. 바스티안은 애틀랜타의 사무실에서 존 튠John Thune과 셸리 무어 카피토Shelley Moore Capito 상원의원에게 로비했다. 두 사람은 모두 공화당 의원으로, 교통감독위원회의 임원들이었다.

한편, 텔레비전에서는 CNBC의 뉴스가 흘러나오고 있었는데, 금융시장에 대해 점점 심각한 보도를 내보내고 있었다. CNBC의 항공 전문 기자 필 르보Phil Lebeau는 "게리 켈리를 인터뷰했다"라고

하면서 산업, 노동조합 및 의회 간 협상에 대한 업데이트를 공유했다. 회의실 안의 최고경영자들은 한꺼번에 어깨를 으쓱거리는 사우스웨스트 항공의 최고경영자를 바라보았다. 몇 분 전에 그는 기자의 전화를 받으러 사라졌던 것이다.

모든 것이 빠르게 진행되고 있었다.

저녁 7시 30분쯤에는 닉 칼리오가 분노에 가득 차 회의실로 들어왔다. 칼리오는 다른 경영자들에게 "절대 못 믿을 겁니다"라고 말했다. 그는 방금 의회에서 민주당이 작업 중인 항공 산업 지원 제안을 접수했다고 말했다. 그 제안에는 넬슨의 영향력을 분명하게 확인할 수 있었다.

전반적으로는 항공사가 마련한 계획과 비슷했다. 너무 비슷해서 일부 최고경영자들은 몇 주 동안 누군가가 A4A의 계획을 유출했고, 그 자료가 노동조합의 손에 넘어간 것은 아닌지 의심이 들 정도였다. 그러나 위기와 관련 없어 보이는 몇 가지 제안도 포함되어 있었다. 대신 노동조합과 정치적 좌파의 사안으로 대체되었다. 여기에는 노동조합 대표를 이사회 자리에 지정하고, 조직 결성 노력을 반대하기 위해 연방기금 사용을 금지하고, 경영진의 보수를 엄격하게 제한하는 것이 포함되어 있었다. 칼리오가 세부 사항을 공유하는 동안 회의실 안의 분위기는 급격하게 바뀌었다.

항공사 최고경영자들은 노동조합 문제를 잘 모르는 것은 아

──────────

니지만, 협상은 주로 변호사나 정부 업무를 다루는 직원들이 처리한다. 일반적으로는 최고경영자의 책상까지 올라가는 것은 소수의 까다로운 문제들뿐이다. 그런데 이번에는 모든 요구를 확인할 수 있었고, 그중 일부는 절대 동의할 수 없는 대담한 권력 놀음처럼 보였다.

분위기는 절망감에서 전투 의지로 바뀌었다. 최고경영자들은 의회의 공화당원들을 동원하여 반격하기로 결정했고, 가능한 것을 얻기 위해 의회와 협력하기로 했다. 오래된 전선이 형성되고 있었고, 재계와 노동계는 각자의 위치로 철수하고 있었다. 와인 애호가인 칼리오는 맞춤형 블렌드의 레드 와인 몇 병을 꺼냈고, 피곤한 경영진과 직원들은 칸티나 디 칼리오 2016년 보르도 와인으로 피로를 풀었다.

사라 넬슨은 여전히 몸이 좋지 않아 워싱턴 D.C. 자택의 침대에서 노트북을 무릎 위에 놓고 일을 하는 중이었다. 그때 그녀의 휴대전화가 울렸다. 전화를 건 사람은 와인 잔을 내려놓고 닉 칼리오의 사무실을 나온 파커였다.

"도대체 당신들은 무슨 생각이죠?" 그는 절박하게 말했다. "우리는 항공 산업을 구하려고 애쓰고 있었는데, 갑자기 회의실에 있던 사람들의 4분의 3이 '에라 모르겠다'라는 식이 되어 버렸어요." 그는 노동조합의 제안이 현재의 위기와 크게 상관이 없는 것처럼 보이는 요구사항을 포함하고 있었기 때문에, 최고경영자들이 시작부터 거부하고 있다고 설명했다.

그녀는 경험 많은 노동운동가에 어울리는 분노로 가득 찬 대답을 했다. "협상이라는 말을 모르나요?"

파커는 한숨을 내쉬며 말했다. "사라, 지금은 협상할 때가 아니에요." 파커는 처음부터 취약했던 항공사 최고경영자들의 연대가 빠르게 해체되고 있음을 알고 있었다. "해체되고 있다고요. 지금 올 수 있나요?" 파커가 물었다.

넬슨은 머리를 하나로 묶고 '블랙 라이브스 매터Black Lives Matter(흑인의 생명도 소중하다)' 문구가 새겨진 스웨트 셔츠에 청바지를 입고, 무릎까지 오는 부츠를 신었다. 자동차를 운전하려고 앉았는데, 목이 메었다. 넬슨은 누구와도 상의하지 않았다. 변호사와 노동조합 직원과도 상의하지 않았다. 노동조합의 협상은 일반적으로 변호사 대열 사이에 공식적인 메모가 오고 가는 엄격하게 짜인 작업이었는데, 넬슨은 혼자서 일했다.

그녀는 피터 드파지오에게 전화를 걸었다. 두 사람은 서로를 잘 알고 있었다. 드파지오는 1987년부터 오리건에서 넬슨의 고향을 대표하는 의원이었다. 그녀는 1990년대에 오리건에서 워싱턴 D.C.로 가족을 데려오기 위해 유나이티드 항공에 지원하면서 그를 알게 되었다. 그녀가 노동조합 회장으로 선출되면서 두 사람은 더 가까워졌다(승무원이라면 누구나 드파지오를 좋아하게 된 사건이 하나 있었다. 200년대 초에 비행기 안에서 살충제를 뿌리는 것에 대한 조사를 위해 의회에서 청문회를 개최했다. 당시 업계 대표가 뿌려도 안전하다고 진술했을 때, 드파지오는 살충제 스프레이를 꺼내어 그의 의자에 살충제를 뿌려도 되느냐고 물었다). 그는 2015년에 노동조합의 명예 회원으로 선정되었다.

그녀는 항공사 최고경영자들과의 회의에 가고 있다면서, 업계와 노조 양측이 지지하는 타협안을 이끌어내려고 노력할 것이라고 설명했다. "혼자 가나요?" 그가 물었다. 그는 넬슨의 의지를 확인하고 행운을 빌어주었다. "상황을 계속 알려줘요. 기다릴게요."

넬슨은 조용한 워싱턴 거리를 걸어 백악관에서 동쪽으로 두 블록 떨어진 A4A의 본사에 도착했다. 경비 인력은 이미 퇴근한 후였고, 유나이티드 항공 최고경영자인 무뇨스가 문 앞에서 넬슨을 맞았다. 무뇨스는 이미 퇴근했었지만, 넬슨이 이전에 유나이티드 항공의 승무원이었다는 이유로 다시 호출되었다. 최고경영자들은 과거 고용주였던 그가 평화로운 결과를 얻는 데 도움이 될 것이라고 생각했다. 넬슨은 잠깐 감동을 받았다. 코로나바이러스에 대한 과학적 지식이 모두 확인된 것은 아니었지만, 보건당국은 기저질환을 가진 사람과 고령자의 위험이 높다고 경고했다. 무뇨스는 두 가지 모두에 속한 사람이었다.

하지만 이 다정한 기분은 오래 가지 않았다. 회의실에서 한 시간 이상 논의가 진행되었지만 막다른 골목이었다. 항공사의 최고경영자들은 노동조합 대표를 이사회 구성원에 포함하는 것을 거부했고, 노동조합과의 계약에 대해서도 양보할 생각이 없었다.

넬슨은 더 이상 참을 수 없었다. 휴식 중에 파커와 무뇨스에게 손짓해 작은 방으로 두 사람을 불렀다. 이들 최고경영자의 몰골은 말이 아니었다. 옷은 구겨지고, 눈은 퉁퉁 부어 있었다.

넬슨은 "대중은 당신들을 싫어해요. 당신들은 정치적인 호감이 전혀 없어요"라고 말했다. 구제금융이 언급되면 대중과 의회가 항공 산업에 등을 돌릴 것이라고 경고했다. 넬슨은 자신이 그들의 마지막 희망이라고 주장했다. 근로자를 고용하는 것은 의회의 민주당과 공화당이 모두 좋아하는 일이었다. 미국의 항공 근로자는 200만 명이나 되기 때문에 누구나 생계가 위험에 처한 관계자를 알고 있거나, 그런 누군가를 아는 사람을 알고 있었다. 넬슨은 노동조합의 제안 목록을 확인하려고 아이폰에서 문서를 찾았는데, 이전 버전인 것을 알고 재빨리 전화를 걸었다.

"문서를 잘못 보냈더군요." 넬슨이 휴대전화에 대고 말했다. "제대로 보내주세요." 파커는 넬슨이 첨부파일을 잘못 보낸 조합의 직원을 나무라는 줄 알았다. 그런데 "좋아요, 피터. 고마워요"라며 단호한 어조로 말하고 전화를 끊는 넬슨의 말에서 드파지오 민주당 하원의원에게 구조를 요청하고 있다는 사실을 알게 되었다. 파커는 넬슨이 민주당 하원의원과 우호적인 관계에 있고, 이를 활용하려 하고 있음을 깨달았다. 넬슨은 최신 버전으로 두 명의 최고경영자에게 하나씩 요구사항을 나열했다. 무뇨스는 가끔 양손으로 머리를 감싸 쥐었다.

이성과 피로가 겹치며 자정이 가까워지면서 잠정적으로 휴전이 성립되었다. 항공사는 최고경영자와 칼리오를 대표로 하고 노동조합은 넬슨을 대표로 하여 미국 의회에서 250억 달러의 급여 보조금을 요청하기로 합의했다. 의회가 노동 비용을 지원하면 일자리를 잃은 사람은 없을 것이다. 나머지 부분에 대해서는 합의를 이끌어내지 못했다는 사실에 합의했다.

새벽 1시 이후, 파커는 현관문을 열고 무덤 같은 도시의 거리로 나갔다. 그는 정부 정책 담당자 네이트 가튼에게 "이 정도면 충분할지도 몰라요"라고 말했다.

조니 파인Jonny Fine의 휴대전화가 끊임없이 울렸다. 회사채 시장의 베테랑인 그는 골드만삭스의 투자 등급 신디케이트 데스크 syndicate desk(신규 발행, 자산 유동화, 금융거래와 관련된 작업을 담당하는 팀 또는 부서_역자 주)를 감독하며 블루칩 기업이 투자자에게 채권을 판매하는 데 도움을 주는 직원들을 관리했다. 물론, 지난 몇 주 동안에는 판매가 어려웠다. 시장이 동요하면서 투자 등급이 높은 기업도 신규 발행된 채권을 매입하려는 투자자를 찾기가 거의 불가능했다. 연방준비제도가 일요일 밤에 발표한 내용에 따르면 한 주 동안 단 몇 건의 신규 거래가 완료되었을 뿐이었다. 심지어 3월 9일에는 투자 등급의 기관 한 곳만 채권을 발행했는데, 그 기관은 코로나19 데이터를 정리하는 대표적인 기관으로 알려진 존스홉킨스 대학교였다.

그런데 뉴저지 외곽 지역에 있는 자신의 집 정원을 걸으면서, 파인은 약간의 실마리를 감지했다. 화요일 아침, 45세의 은행가

파인은 버라이즌Verizon과 펩시콜라 등의 블루칩 기업의 신규 채권 발행에 대한 투자자들의 관심을 측정하고, 이것이 우호적으로 받아들여지고 있음을 알게 되었다. 그뿐만이 아니었다. 그와 이야기를 나눈 몇몇 투자자는 채권을 매입할 수도 있다고 관심을 표시했다. 파인은 이를 시장이 복귀할 징조로 판단했다.

골드만삭스는 큰 흥미를 보였다. 해맥의 팀은 주말 동안 소파의 쿠션을 파헤치듯이 온라인 이체 지연을 추적하고 특정 거래를 더 저렴한 기금으로 이용할 수 있는 자회사로 이전시켰다. 일부는 해결되었지만, 해결해야 할 문제가 더 많았다. 파인은 해맥에게 투자자들과의 대화 내용을 전달했고, 해맥 역시 변화를 감지했다. "당신들은 저의 은행가잖아요. 방법을 찾아보세요." 해맥은 파인과 또 다른 수석 은행가 가우라프 마투르Gaurav Mathur에게 말했다.

해맥은 여전히 은행의 유동성이 규제 당국이 요구하는 최저점 아래로 하락할 수 있다고 걱정했다. 비록 일시적인 문제로 끝난다고 하더라도, 부족한 부분을 메우는 방법을 연방준비제도에 제출하기 위해 서류 작업을 해야 했다. 또 만약 이런 사실이 유출된다면 고객과 투자자들은 놀랄 것이며, 골드만삭스의 일상 업무에 자금을 조달하는 데 중요한 사업과 현금을 다른 곳으로 이전할 수도 있었다.

하지만 해맥이 신규 자금 조달 방법을 모색하는 이유는 단순히 두려움 때문만은 아니었다. 골드만삭스는 위기 상황에서 다른 경쟁사들이 물러서는 위치에 진입하여 막대한 이익을 창출했다. 골드만삭스는 위기 전 호황기인 2007년이 아니라, 경쟁사들이 상처를 확인하기 위해 물러난 2009년에 최고 수익을 기록했다. 그 해에 골드만삭스는 대부분 증권 트레이딩을 통해 208억 달러의 이익을 거뒀다.

골드만삭스의 리더들은 지금도 비슷한 기회를 찾고 있었다. 지금은 후퇴할 때가 아니라 수익의 기회를 잡고, 골드만삭스는 위기에 강하다는 것을 시장에 입증해야 하는 시기였다. 하지만 이를 위해서는 현금이 필요했다. 파인과 다른 은행가, 트레이더에게 중요한 정보를 얻은 골드만삭스는 투자자들이 시장으로 다시 들어오고 있다는 신호를 파악하고 채권 발행을 결정했다.

기업은 보도 자료로 신규 채권 발행 의사를 발표해 투자자의 관심을 유도하고, 주위를 환기시켰다. 그러나 골드만삭스가 현금을 모으고 있다는 사실이 알려지면, 약점으로 해석될 수도 있었다. 그래서 마투르와 파인은 가능한 조용히 투자자들의 관심을 확인하고, 비용은 신경 쓰지 말라는 지시를 받았다. 전화로 은행의 계획을 이사회에 알리고 있던 셰어는 해맥에게 거래소의 상황을 업데이트해달라는 문자 메시지를 여러 차례 보냈다.

당일에 골드만삭스는 정부의 기준 금리보다 3% 높은 금리로 30년 만기인 채권을 25억 달러어치 판매하여 기회를 포착한 수많은 블루칩 기업의 추세에 동참했다. 해맥이 생각했던 것보다 비용은 더 들었지만 거래가 원활하게 진행되었으며, 채권 거래도 활발했다. 성과를 얻기 어려울 때는 확실히 성과를 끌어내야 한다. 피로한 투자자들 역시 해맥의 모호한 감정을 공유했다.[3] 이러한 감정은 투자 관리자인 컬럼비아 스레드니들Columbia Threadneedle의 톰 머피Tom Murphy가 「월스트리트저널」과의 인터뷰에서 했던 말에도 잘 나타나 있다. "시장이 작동하는 어떤 날이라도 좋은 날이다."

미국의 일부 블루칩 기업과 그들의 은행에는 적어도 지금은 샌드백이 비치되어 있다.

CRASH LANDING

•13장•
매우 흥미롭다

"최고의 기업은 위기를 극복하며 만들어집니다."
_ 앨런 왁스먼(식스스트리트 파트너스 회장)

*에어비앤비, 충분히 투자할 가치가 있다

그레그 렘카우Gregg Lemkau는 하와이의 쿠키오 골프 클럽Kukio Golf과 비치 클럽Beach Club에서 푸른 바다를 바라보고 있었다. 주요 섬의 코나 해안에 만들어진 이 민간 시설은 사실 이웃에 있는 후알랄라이 리조트Hualalai resort에서 분리된 것이다. 포시즌스 호텔이 있는 후알랄라이 리조트에는 매일 여행객을 받았다. 하지만 쿠키오의 회원들은 매년 6만 6,000달러의 연회비를 내야 했다. 이곳은 실리콘 밸리의 엘리트들 사이에서 인기가 많았다. 대부분 오클랜드에서 일주일에 두 번 운영되는 코나 익스프레스Kona Express라는 사설 셔틀을 타고 왔다. 이곳은 사람을 차별하지 않았고, 월스트리트의 유명인사도 회원으로 속해 있었다. 사모펀드 KKR의 공동 창업자인 조지 로버츠George Roberts는 이곳에 집을 가지고 있었다. 워런 버핏의 누나도 이곳에 집이 있었다. 헤지펀드와 트레이딩 대기업 시타델Citadel의 최고경영자인 켄 그리핀Ken Griffin은 이곳에 집을 두 채나 가지고 있었다.

골드만삭스 투자은행의 공동 최고경영자인 렘카우는 2016년에 이곳에 집을 구입했다. 2020년 3월 말 어느 날 아침에 그는 아내와 자녀들과 함께 음산한 뉴욕을 떠나온 이후 매일 새벽 2시에 일어나 직원들과 연락을 유지하기 위해 노력했다. 근거리에 있는 관광객으로 붐볐던 스노클링 비치가 황량하게 비어 있었다.

그는 사모펀드 회사인 실버 레이크^{Silver Lake}의 고위 경영진인 에곤 더반^{Egon Durban}에게 전화를 걸었다. 더반은 몇백 야드 떨어진 자신의 집에서 편히 지내고 있었다. 과거에 두 사람은 해변을 거닐며 투자 아이디어를 논의했지만, 이제는 불가능했다. 렘카우는 아마도 야구공을 던져 더반의 지붕을 맞출 수도 있겠다는 생각이 들었다. 하지만 건강 전문가들은 사람들과의 직접 접촉을 피하라고 경고하고 있어서 전화로 자신의 제안을 전달했다.

"에어비앤비 봤어요?" 렘카우가 물었다.

에어비앤비는 집주인에게 단기 임차인이나 여행객을 연결해주는 온라인 숙박 사업이었다. 최근 몇 년 동안 실리콘 밸리에서 큰 인기를 끌면서 부상해 310억 달러의 가치를 창출했고, 최고경영자인 브라이언 체스키를 스타로 만들었다. 그런 에어비앤비가 지금 어려움에 처해 있었다. 예약이 사라지고 여행객들이 여행을 취소하면서 문제가 생겼다. 에어비앤비는 다른 IT 스타트업들과 마찬가지로 수익을 창출하지 못하고 있었으며, 마케팅과 인력에 대대적으로 투자하고, 고객에게 보조 서비스를 제공하고 있었다. 에어비앤비는 말라가는 현금흐름에 겨우 의존하고 있었다. 렘카우는 회사가 약간의 자금을 조달할 계획임을 슬며시 언급하며, 몇십억 달러 규모의 자금력을 가진 실버 레이크가 관심이 있는지 떠보려고 했다.

사실 그는 비밀스럽게 행동하고 있었다. 에어비앤비가 자금을 모으는 데 도움이 필요하다는 목소리가 커지자 딱 일주일 전에 골드만삭스와 모건 스탠리를 고용했다. 브라이언 체스키는 월스트리트를 능숙하게 관리할 수 있다는 것을 증명했으며, 두 거물급 은행을 서로 경쟁시켜 에어비앤비가 절박하게 필요한 것을 찾아내도록 했다. 그는 골드만삭스에 애어비앤비 주식을 사려는 투자자를 찾도록 했고, 모건 스탠리에는 에어비앤비가 가진 기존 10억 달러 신용 대출을 보유한 은행 그룹과 협상을 주도하고 필요한 경우 추가 대출을 조달할 계획을 세우도록 했다. 두 은행은 수년 동안 에어비앤비의 고문이었으며, 2019년에는 2020년 중반 또는 말로 예정된 IPO를 계획하는 데 도움을 주기 위해 고용되었다. 그러나 코로나바이러스로 인해 그들의 업무가 바뀌었다.

체스키가 크리스마스에 생각했던 IPO는 잠시 미루어야 할 것으로 보였다. 그는 주시했던 걱정스러운 징후들이 중국 비즈니스의 하락에서 시작해 유럽과 미국, 월스트리트의 가장 큰 시장으로 확산하고 있음을 알고 있었다. 게다가 이전부터 진행 중이었던 환불 요청도 쌓여 있었다. 그래서 그는 금융의 샌드백을 쌓기 위해 두 은행에 도움을 청했다.

골드만삭스 팀은 이미 자본력이 풍부한 투자자들에게 연락을 취했다. 그중 TPG, 드래고니어Dragoneer, 제너럴 애틀랜틱 등 세 개의 사모펀드가 관심을 보였다. TPG는 에어비앤비의 기존 투자자로, 회사의 가치를 100억 달러로 평가하고 실리콘 밸리의 '유니콘' 클럽 중 하나로 만든 2014년 자금 조달을 주도한 기업이다. 이 회사는 이제 투자금을 두 배로 늘리려고 했다. 드래고니어는 2018년 스포티파이Spotify라는 음악 스트리밍 서비스에 대한 투자로 실력을 인정받았다. 스포티파이 투자는 에어비앤비가 현재 모색하고 있는 것과 유사한 구조로, 즉 기업이 상장될 때 할인된 가격으로 주식으로 전환되는 부채투자debt investment이다.

하지만 월스트리트 거래를 성사시키는 핵심은 경쟁 입찰이다. 더반의 실버 레이크는 좋은 선택이었다. 이 회사는 기술 기업에 대한 현명한 투자자로 명성을 쌓아왔다. 이 회사는 기술 스타트업에서 엄청난 수익을 얻기 위해 초기 단계 스타트업에 투자하는 전통적인 벤처 캐피털 회사가 아니라, 더 성숙하고 검증된 기업에 투자한다. 예를 들어 2013년에 컴퓨터 기업 델Dell에 투자했고, 수십 년 동안 월스트리트에서 가장 성공적인 거래 중 하나로 입증되었다. 또한 실버 레이크는 팬데믹 초기에 기사처럼 등장했다. 그들은 몇 주 전에 트위터에 10억 달러를 투자했으며, 한 달이 채 안 되는 시간 내에 여행 예약 사이트 엑스피디아에 금융 구명보트를 던져주기로 결정했다. 렘카우는 더반에게 에어비앤비에도 관심이 있는지 물었다.

"브라이언 체스키는 당신이 지지해주고 싶은 사람이에요. 좋은 사람이죠." 렘카우가 더반에 말했다.

하지만 더반은 공손하게 거절했다. 그는 "지금 상황에서 잘 모르는 분야이기 때문에 의견을 갖기 어렵습니다"라고 답했다. 사실, 72시간 전에 실버 레이크 내부 회의에서 그는 최고 트레이더들에게 같은 경고를 신중히 건넸다. 현금에 절박한 우수한 기업은 저렴한 돈으로 투자할 수 있다고 말하면서도 "에어비앤비와 같은 회사에 돈을 투자해서는 안 된다"라고 경고했다. 그러나 그는 렘카우의 의견을 신뢰했다. 두 사람은 하와이에서 이웃사촌이고, 친구였다. 함께 수십 건의 거래를 했으며, 실버 레이크가 수백만 달러를 벌었던 델의 투자도 그중 하나였다. 그는 다시 생각해보겠다고 말했다.

 몇 마일 떨어진 곳에서 또 다른 분위기가 형성되고 있었다. 투자회사인 식스스트리트 파트너스^{Sixth Street Partners}의 회장인 앨런 왁스먼^{Alan Waxman}은 하와이 별장에서 렘카우의 전화를 받았다. 두 사람은 서로를 잘 알고 있었다. 왁스먼은 44세의 활기찬 텍사스 출신으로 서퍼처럼 보이는 스타일이다. 그는 2009년에 TPG의 재정 지원을 받아 식스스트리트를 설립하기 전에 10년 이상 골드만삭스에서 일한 경력이 있었다. 이후에는 그의 은행가들을 쫓아내는 바람에 렘카우는 불쾌감을 느끼기도 했다. 하지만 식스스트리트는 남들보다 수익을 잘 찾아내는 스마트머니^{smart money}였다.

 설립 이후 10년 동안 회사는 일관되게 투자자들에게 높은 수익을 제공해왔으며, 대부분의 틈새 투자를 고려하고 중요한 손실을 방지하기 위해 복잡한 거래를 구성했다. 이들의 거래는 월스트리트에서도 복잡한 편이었는데, 회사들이 다른 곳에서 쉽게 얻을 수 없는 복잡한 조건을 가지고 있어 안정적인 수익을 끌어냈다.

왁스먼은 실리콘 밸리의 에어비앤비가 자금을 모을 계획을 하고 있다는 소문을 들었다. 3월 중순 어느 날, 한 벤처 투자자가 그에게 문자를 보냈다. "수요일의 이사회에 참석했는데, 최근 기업 성과가 끔찍하더군요. 새로운 예약은 없고 환불 요구만 많았습니다. 언제 바닥을 칠지, 아니면 바닥에 도달했는지 알 수 없었습니다." 그는 에어비앤비가 "스포티파이 같은 거래"를 찾고 있다고 알려주었다. 이 언급은 왁스먼의 관심을 끌기에 충분했다. 음악 스트리밍 서비스가 공개된 후 스포티파이 거래는 투자자들에게 막대한 수익을 안겨주었다.

왁스먼은 문자로 "관심이 많습니다"라고 답했다. 식스스트리트는 벤처 캐피털 기업이 아니었으며, 사실 왁스먼은 1년 넘게 실리콘 밸리에서 투자자들이 수익을 창출하지 못하는 스타트업을 지나치게 높게 가치를 평가했으며, 재앙이 기다리고 있다고 경고해왔다. 왁스먼은 최근 에어비앤비의 가치가 310억 달러로 평가된 것은 너무 높다고 생각했다. 그러나 실리콘 밸리의 과대광고이든 아니든, 체스키의 에어비앤비는 충분히 후원할 가치가 있다고 생각했다. 식스스트리트는 에어비앤비에 상당한 금액을 빌려줄 수 있으며, 그 대가로 향후 주식을 매입할 수 있는 옵션을 받을 것이다.

그는 재빨리 식스스트리트와 분리된 사모펀드 TPG의 공동 최고경영자인 존 윙클리드Jon Winkelried에게 전화를 걸었다. 왁스먼은 TPG가 에어비앤비에 투자한 사실을 알고 있었으며, 만약 식스스트리트가 투자에 참여할 경우 문제가 생기지 않도록 하고 싶었다. 윙클리드는 문제가 없다고 답했다.

왁스먼은 다음에 더반에게 전화를 했다. 그는 렘카우가 하루 전에 실버 레이크 임원에게 제안한 내용을 알지 못했다. 그러나 왁스먼은 에어비앤비에 20억 달러의 투자를 제안하려고 생각하고 있었으며, 식스스트리트의 규모로는 너무 많은 금액이었다. 기술 기업들 사이에서 자금력이 풍부하고 뛰어난 평판을 가진 실버 레이크는 좋은 협력 파트너가 될 수 있었다. 왁스먼은 "당신도 에어비앤비와 관련해서 전화를 받은 것으로 알고 있어요"라고 말했다. 더반은 "관심 없다고 했습니다"라고 말했다. 왁스먼은 "저는 매우 흥미로운 것 같아요. 우리의 생각을 말해줄게요"라고 제안했다.

그는 더반에게 식스스트리트가 생각하는 거래를 설명했다. 회사는 연이율 약 11%를 부과하는 15억 달러를 대출할 것이며, 미래에 에어비앤비 주식의 약 1.75%를 싸게 구입할 수 있는 보증을 받게 된다. 이 보증은 에어비앤비를 150억 달러 정도로 평가하며, 회사가 자금을 마지막으로 조달한 2017년과 비교하면 절반도 안 되는 가치로 나타났다. 왁스먼은 "최고의 기업은 위기를 극복하며 만들어집니다"라고 말했다.

더반은 깊은 인상을 받았다. 렘카우가 체스키를 추천한 것도 머릿속에 여전히 남아 있었다. 게다가 왁스먼이 제안한 거래는 실버 레이크가 돈을 잃을 가능성이 작을 정도로 보수적이었다. 에어비앤비가 최근의 310억 달러 가치 근처에서 공개될 경우 보증은 금광과 같을 것이었다. 심지어 더 낮은 숫자에서도 실버 레이크와 식스스트리트의 투자는 충분히 수익을 창출할 것으로 예상되었다. 또한 월스트리트에서는 두 회사의 거래를 부러워했다. 승자로 평가되는 평판을 가진 식스스트리트가 관심을 가지는 만큼 살펴볼 가치가 있었다. 더반에게는 오랜 경쟁 상대인 TPG에게 대적할 수 있는 기회였다. 그는 전화를 끊고 렘카우에게 전화를 걸었다. "어쩌면 관심이 생길 것도 같아요. 우리는 기술을 알고, 그들은 구조를 알고 있어요"라고 말하며 식스스트리트와의 협력이 기쁠 것이라고 덧붙였다.

3월 27일에 식스스트리트는 골드만삭스의 은행가를 통해 에어비앤비에게 10억 달러 대출과 회사 주식으로 전환될 5억 달러의 부채를 포함한 제안서를 보냈다.

무시할 수 없는 생명줄이었다. 현명한 투자자들과 TV 해설가들 대부분은 에어비앤비를 포기하고 떠난 뒤였다. 치명적인 전염병이 유행하는데 낯선 사람의 집에 묵고 싶은 사람이 있을까? 미국 주요 도시에서는 주로 자신의 집에 머물도록 명령을 내렸으며, 다른 사람의 집에서 묵는 것은 불법일 수도 있었다. 그러나 실버 레이크와 식스스트리트에게 이 거래는 오래된 워런 버핏의 격언인 "다른 사람들이 무서워할 때 욕심내야 하고, 다른 사람들이 욕심부릴 때 무서워해야 한다"를 적용할 수 있는 현실이었다. 월스트리트 대부분은 겁을 내고 있었지만, 더반과 왁스먼은 욕심을 낼 수 있을 정도로 충분한 여유가 있었다.

에어비앤비는 제안의 일부만 반박했다. 대출에 부과할 11%의 이자율에는 주저하지 않았다. 비싼 이자금과 위기 상황에서의 부채로 간주했다. 게다가 거래는 TPG가 제안한 주식투자 제안보다 더 매력적으로 보였다. TPG의 제안은 기존 투자자, 창업자와 직원들이 보유한 회사 주식 가치를 크게 낮춘 것이었다. 에어비앤비는 투자자들이 요청한 1.75% 대신 회사 주식의 1.5%에 대한 보증을 제안했다.

그런데 또 다른 문제가 생겼다. 모건 스탠리의 은행가들은 에어비앤비의 기존 10억 달러 은행 대출을 수정하기 위해 은행 그룹과 협상하고 있었고, 새로운 투자를 허용하기 위해 연장해야 했다. 3월 25일 은행과의 통화는 잘 진행되지 않았다. 월스트리트의 은행들은 대출 한도를 인출하고 새로운 대출을 간절히 요청하는 고객들로 넘쳐났으며, 그중 많은 은행이 긴장하고 있었다. 에어비앤비의 기존 대출자 중 하나인 뱅크오브아메리카는 이자율을 크게 인상하지 않는다면 대출을 늘리거나 연장하지 않겠다고 거부하고 있었다.

모건 스탠리의 은행가들은 기회를 보았다. 실리콘 밸리의 최고 은행가인 마이클 그림스Michael Grimes는 "리볼버revolver(사전에 설정된 한도 내로 단기적인 자금을 대여할 수 있는 신용 수단_역자 주)를 폐기하자"라고 제안했다. 우아한 해결책인 동시에 두 가지 문제를 해결할 수 있었다. 뱅크오브아메리카의 신경질적인 태도를 피할 수 있으며, 더반과의 거래의 일환으로 에어비앤비의 재무 상태를 정리하여 새로운 부채를 받아들일 수 있을 것이다. 대부분의 기업은 실질적으로 감당할 수 있는 부채의 한도에 제한이 있다. 이자를 지불하기 위해 매년 현금이 필요하거나, 주주를 불안하게 만들지 않기 위해서이다. 주주의 자금은 우선순위에서 채권자의 자금 뒤에 위치하기 때문이다. 나중에 에어비앤비의 한 임원은 이를 복잡한 문제에서 단순하게 탈출했다는 의미로 '후디니 Houdini(탈출하는 데 선수인 사람)'조치라고 불렀다.

한 가지 문제는 더반이 에어비앤비의 최고경영자 체스키와 만난 적이 없었고, 왁스먼도 몇 년 전에 몇 번 만난 것이 전부라는 것이었다. 이제 그들은 며칠 내에 최대 20억 달러를 투자하게 될 것이며, 뒷받침할 회사의 내부 재정과 작동 방식에 대해 거의 알지 못하는 최고경영자를 지원해야 한다. 이들은 줌 회의로 잠재적인 투자자들과 내부 정보를 공유하기 위한 연구를 진행했다.

이 거래에 대한 소식은 4월 6일에 공개되었다. 실버 레이크와 식스스트리트는 에어비앤비에 각각 5억 달러를 투자하며, 회사의 가치를 180억 달러로 평가했다. 이는 최근 310억 달러로 평가된 가격과는 차이가 있었다. 동시에 에어비앤비는 호스트들에게 장기 체류로 전환하도록 요청할 것이라고 밝혔다. 특히 도시 거주자들이 체류를 연장하는 경향을 노린 것이다. 이러한 이유로 렘카우, 왁스먼 그리고 더반은 먼저 하와이를 체류 연장의 장소로 선택했다.

뉴스가 공개되자마자 왁스먼의 휴대전화가 울렸다. 미국 링크드인의 전 최고경영자이자 실리콘 밸리 베테랑인 제프 와이너 Jeff Weiner가 큰 소리로 말했다. "제정신입니까?"

왁스먼은 한숨을 내쉬었다. 에어비앤비 투자가 발표된 지 몇 시간 만에 모든 방향에서 비난을 받고 있었다. 투자자들과 경험이 풍부한 임원들, 그중에는 그를 깊이 존경하는 사람들도 여행 회사에 투자하는 사람이 없을 것이라고 말하며 혼란스러워하고 있었다. 여행은 고사하고, 심지어 우유를 사러 나가는 사람도 없었다.

그러나 왁스먼은 자신의 거래를 방어할 준비가 되어 있었고, 나중에는 사람들이 열광할 것이라고 믿고 있었다. 그때가 되면, 사람들은 붐비는 승강기와 청소부가 들락거리는 호텔보다는 에어비앤비의 사적인 분위기를 선호할 것이라고 말했다. 또한 기술 베테랑에게 거래가 구조화된 방식을 설명하면서 식스스트리트와 실버 레이크가 돈을 잃을 가능성은 거의 없다고 말했다. 그들의 자금은 가장 높은 우선순위에 있었다. 에어비앤비가 약 20억 달러 가치가 있다면, 보호를 받을 수 있었다. 그런데 그들이 방금 체결한 거래는 회사를 180억 달러로 평가했다. 왁스먼은

•13장• 매우 흥미롭다

160억 달러가 날아가 버릴 유일한 시나리오는 두 번째 대공황뿐이라고 생각했다.

왁스먼은 이렇게 말했다. "제프, 에어비앤비의 가치가 20억 달러가 아니면, 문제는 더 커질 겁니다."

더그 파커 사무실 위의 하늘은 조용했다. 너무 조용하다고 생각했다. 댈러스 포트워스 공항에는 하루 1,000대의 항공기가 들락거렸으나 지금은 확인하지 않아도 2시 35분의 샬롯행 항공기 소리라는 것을 알 수 있을 정도로 줄어들었다. 팬데믹 전에 미국인들은 매일 비행기를 탔다. 그와 동료 최고경영자들이 워싱턴에서 모였을 때 그 수는 60만 명이었다. 그러나 4월 둘째 주에는 10만 명 미만으로, 몇 달 전과 비교해 최고치의 5%에 불과했다.

공항에서 비행 수요가 이렇게 빠르고 완전하게 줄어든 적은 없었다. 아마도 어떤 제품의 수요도 항공기 여행만큼 빠르고 완전하게 붕괴한 적은 없을 것이다.

CRASH LANDING

· 14장 ·

지옥이 덮치는
순간

"상황이 정말 좋지 않아요. 곧 심각한 정책 개입이 이루어지지 않는다면
시장은 붕괴할 겁니다."
_ 조니 파인(골드만삭스)

*월스트리트, '최후의 날' 사이클로 들어서다

빌 애크먼은 3월 18일 아침 아내에게 "해결책이 있어"라고 말했다. 두 사람은 센트럴 파크가 내려다 보이는 펜트하우스의 부엌에서 있었다. 코로나바이러스 진단을 받은 미국인 수는 지난 3일 동안 9,200명으로 세 배나 늘어났는데, 애크먼은 이런 추세를 읽는 방법을 알고 있었다. 그날 아침 퍼싱 스퀘어 최고경영자인 애크먼은 하버드 대학의 역학자 마크 립시치^{Marc Lipsitch}와 이야기했는데, 바이러스를 억제하는 유일한 방법은 전국적인 봉쇄라고 했다. "정말 간단해." 그는 커피를 마시며 아내에게 말했다. "남들에게 알려주어야 할 의무가 있어. 지붕에서 고함이라도 쳐야 해."

애크먼은 전형적으로 남들을 돕고 싶어 했다. 그는 월스트리트에서 어떤 사람보다 회사의 숫자에 깊이 파고들었다. 하지만 그 숫자들을 전개하는 과정에서 그의 투자 아이디어는 종종 깊게 연구된 금융 베팅에서 사회의 이익을 위해 벌이는 신성한 전쟁으로 변했다. 그는 수년 동안 비타민 공급업체 허벌라이프에 대항하기 위해 노력했다. 피라미드 판매 방식을 비난하고, 친구와 이웃을 단백질 파우더와 비타민 쉐이크를 밀어넣고 있으며, 멕시코 이민자들을 회사의 판매 대행사로 모집하고 있다고 주장했다.

2014년 투자자와 규제 당국을 설득하기 위해 3시간 30분 동안의 발표에서 그는 19세기 미국에 온 재단사의 손자인 자신의 할아버지에 대해 이야기하면서 감동적으로 감정을 표출했다. 애크먼은 허벌라이프의 주식이 급락할 것이라면서 10억 달러를 베팅했지만 이후 계속 상승했다. 5년 후, 애크먼은 패배를 인정하고 팔아버렸으며, 한때 "세상 끝까지 포기하지 않겠다"라고 했던 싸움을 중단했다.

그가 2009년 타겟Target 주식회사의 이사회 지배권 경쟁에서 패배했을 때는 존 F. 케네디를 인용하면서 눈물을 흘렸다.[1] 그는 타겟 주주들에게 "우리는 어떤 대가라도 지불할 것이고, 어떤 부담이라도 감내하겠다"라고 말했다. 이 에피소드는 돈뿐만 아니라 자신의 감정과 자존심을 아이디어에 쏟아붓는 그의 명성을 더욱 높였다. 비판자들은 그것이 현실을 도외시하게 만들었고 손해를 보기만 하는 베팅을 지나치게 오래 유지하도록 했다고 말했다. 하지만, 애크먼과 같은 역발상 투자는 자신의 투자 아이디어를 믿어야 한다면서 그를 지지했다.

3월 중순, 코로나바이러스가 미국 경제를 붕괴시킬 것이라는 생각은 비슷하게 위대한 판단이었다. 그래서 애크먼은 최근 몇 년 동안의 잘못된 투자 속에서 크게 활동을 하지 않고 있었던 트위터를 오랜만에 사용하기로 결심했다. "대통령님, 유일한 대안은 다음 30일 동안 국가를 봉쇄하고 국경을 폐쇄하는 것입니다. 그래야 코로나19를 끝낼 수 있습니다. 다른 나라들도 당신의 리더십을 따를 것입니다"라고 트윗했다.

•14장• 지옥이 덮치는 순간

이타주의가 작용한 것은 아니었다. 애크먼에게는 해법인 미국의 단기 폐쇄라는 것이 너무 분명하여 반드시 일어날 것이라고 믿었다. 그는 과학적인 근거를 감안할 때 트럼프가 바이러스를 억제하기 위해 전국적인 봉쇄를 시행할 것이라고 완전히 믿었다. 과학은 승리할 것이고, 시장은 반대방향으로 움직이기 시작할 것이며, 이 모든 비극은 몇 주 후에 끝날 것이라고 믿었다.

그래서 대규모의 스와프 거래에서 얻은 수익을 다시 주식에 투자하도록 그의 트레이더들에게 지시했다. 퍼싱 스퀘어는 힐튼, 버거킹의 모회사 레스토랑 브랜즈 인터내셔널Restaurant Brands International, 홈 공급망인 로우스의 지분을 추가로 보유하고 있으며, 파크 호텔Park Hotels과 구글의 지분을 매입했다. 지난 6일 동안 정부 봉쇄를 근거로 추가로 205억 달러의 증권을 매수했다. 바이러스는 지나가고 시장은 반등할 것이다. 이것은 애크먼에게 공적인 도덕으로 감싸인 투자 논제, 투자 논증이었다.

트윗을 보낸 직후, 애크먼의 휴대전화가 울렸다. 금융 뉴스 네트워크 CNBC의 앵커 스콧 와프너Scott Wapner였다. 그는 애크먼을 정오쯤 자신의 프로그램에 초청하여 그의 호소에 대해 논의하고 싶어 했다.

애크먼은 거의 2년 만에 텔레비전에 출연했다. 부모님이 머무르고 있는 게스트룸에서 그가 출연하는 방송 프로그램이 흘러나오고 있었고, 애크먼은 눈물이 났다. 아직 줌zoom이 널리 사용되기 전이었기 때문에 전화로 참여하고 있었고, 스튜디오의 오디오 송신이 끊기면 때때로 앵커가 그의 목소리를 듣고 있는지 확실하지 않았다. 그는 29분간의 인터뷰(무성영화 시대의 독백 같았다)로 월스트리트에 불을 당겼다.

그는 뉴스 시청자들에게 "지옥이 오고 있습니다. 지금 봉쇄해야 합니다"라고 말했다. 하지만 그의 발언 뒷부분, 주식시장은 긍정적이며, 현재 그가 가지고 있는 포지션을 활용하고 있다는 사실은 어둠 속에 가려졌다. 애크먼이 CNBC에서 실시간으로 이야기하는 순간부터 다우존스산업평균지수는 급격히 하락하기 시작했으며 그날 종가는 6.3% 하락하여 3년 넘게 얻은 이익을 모두 날렸다.

이후 며칠 동안, 애크먼은 패닉을 일으켰다는 비난을 받게 될 것이었다. 음모론적인 비평가들은 그가 시장이 하락할수록 더 가격이 상승하는 스와프의 가치를 높이기 위해 종말론적 입장으로 불길에 부채질을 하고 있다고 비난했다. 실제로 그는 이미 그 포지션을 정리하고 미국 주식에 투자하고 있었다. 그의 CNBC 인터뷰는 투자자들을 겁내게 할 다른 걱정스러운 뉴스와 함께 방송되었다. 델타 항공은 월간 매출이 20억 달러 줄었다고 발표했고, 디트로이트의 자동차 제조사 3사는 미국 공장을 폐쇄했으며, 뉴욕시 관계자들은 호텔을 병원으로 전환하기 위한 계획을 세우고 있었다.

CNBC 앵커 와프너와 전화를 끊고 난 후, 애크먼은 자신이 경

•14장• 지옥이 덮치는 순간

보를 울렸다고 확신하고 재난을 피하기 위한 명확한 계획을 제시했다. 하지만 그는 곧 위기 상황에서 '쇼트' 포지션을 고수하면서 의도적으로 시장을 축소시키고 있다는 비판에 맞서 텔레비전 출연을 방어해야 할 것이다. 그는 다음 주에 이어지는 투자자들의 비난에 이미 약세 포지션을 청산했으며, 실은 주식을 매수하고 있었다고 설명했다. 얼마 전 폐암을 앓은 애크먼의 아버지가 옆방에서 들어와 거리를 두고 포옹하는 자세를 취해주었다.

뉴욕의 봉쇄가 시작된 지 일주일째, 데이비드 솔로몬은 자신만의 바리스타가 되었다. 평상시에는 골드만삭스 최고경영자인 그는 은행의 다운타운 맨해튼 본사 근처 스타벅스에 들러서 사무실로 가는 길에 원하는 음료를 마셨다. 그러나 뉴욕시 대부분이 봉쇄되어 있어서 그는 이제 소호의 타운 홈에서 선호하는 음료를 만들고 있었다. 월스트리트의 베테랑은 디카페인 에스프레소와 아몬드 밀크를 얼음에 넣어 예티 슈퍼쿨링 머그잔에 따르면서, 최고재무책임자인 스티븐 셰어에게 전화를 걸고 이렇게 말했다. "그렇게 하세요." 연방정부로부터 10억 달러를 빌리라는 의미였다.

전날, 솔로몬은 미국에서 가장 큰 8개 은행의 최고경영자들은 금융 서비스 포럼Financial Services Forum이 주관한 화상회의에 참여했다. 이 회의는 연방준비제도의 '디스카운트 윈도(상업은행들이 지급준비율에 맞출 수 있도록 은행에 돈을 빌려주는 것. 연방준비제도의 할인율이 기준금리보다 높을 때 사용한다._역자 주)'를 논의하기 위한 것이었다. 이 비상

기금이 마지막으로 사용된 것은 2008년 금융위기 때였다.

이는 연방준비제도의 '마지막 구제금융 역할'을 가장 명확하게 보여주는 것이다. 이 명칭은 은행이 어려움에 처할 때(예를 들어 고객의 뱅크런), 연방준비제도의 창구에서 대표를 보내 은행 운영자들에게 저렴한 대출을 제공하는 시절의 이름에서 유래했다. 오늘날 이 과정은 전자적으로 이루어지지만 목표는 똑같이 예금기관들이 고객 인출과 같은 금융 채무를 이행하기에 충분한 현금을 확보하여 은행 파동을 방지하는 것이다(은행이 할 수 있는 가장 나쁜 일은 고객이 현금을 인출하려고 할 때 거부하는 것이다. 공포가 퍼지고 고객들이 한꺼번에 인출을 원한다. 오래된 은행 건물은 로비를 넓게 만들어 창구에 대기줄이 길어지거나 공포가 촉발되지 않도록 설계된 것도 이 때문이다.).

'디스카운트 윈도'가 마지막으로 주목받은 순간은 2008년이었으며, 그때 부상을 입은 골드만삭스와 모건 스탠리를 포함하여 몇몇 은행을 살려냈다. 이 조치는 투자자들을 안정시켰으며 두 회사를 파산의 위기에서 건져냈다. '디스카운트 윈도'는 국가의 은행 시스템을 구해준 것이지만, 이것은 거의 죽은 금융기관의 '해일 메리 패스^{Hail Mary pass}(마지막 시도)'로의 평판을 고착시켰다. 국가의 은행 시스템이 2008년 위기에서 벗어나면서 '디스카운트 윈도'는 분명한 오명을 갖게 되었다.

이제 미국에서 가장 큰 은행들은 새로운 위기에 직면하고 있었는데, 경제가 마비되고 있었다. 아무도 여행을 하지 않았고, 레스토랑에서 식사하지 않았으며, 주택을 구입하지 않았다. 이러

•14장• 지옥이 덮치는 순간

한 일상적인 상업 활동은 은행의 자금을 유지하는 데 필요한 것이다. 그들은 또한 기업 대출에서 큰 연체금을 예상하고 있었다.

그들은 당장 돈이 필요하지는 않았지만, 이 일이 끝나기 전에 필요하게 될 수도 있었다. 지금 그것을 받아들임으로써 그들은 불명예를 제거할 것이라고 생각했다. 골드만삭스는 10억 달러를 빌렸으며, 다른 은행들도 비슷한 금액을 빌렸다. 일반인에게는 큰 금액이지만 수조 달러의 장부에서는 무시할 수 있는 오류였다.

뉴욕증권거래소는 미국 자본주의의 상징이다. 1792년에는 버튼우드 나무 아래에서 십여 명의 중개업자들이 은행 주식과 전쟁 채권의 거래를 조직하기 위해 모였다. 그들은 모퉁이에 카페를 만들어 새로운 벤처 실내의 편안함을 제공했다. 그 후 70년 동안 여러 가게와 사무 공간으로 임대되어 활용된 뒤, 1903년에 월스트리트와 브로드스트리트의 코너에 새롭게 건축된 건물로 이전했다. 이 건물은 흰색 조지아 대리석으로 된 입면과 15미터의 주름진 기둥으로 미국 금융의 힘을 상징화했다. 그 시기의 건축 비평가는 이 건물이 "20세기의 격렬한 에너지의 본질을 포착했다"라고 말했다.

이제 이곳은 코로나바이러스가 조용히 퍼져갔던 3월 초에 시험대가 되었다. 매일 아침 수백 명의 중개업자와 기술자들이 협소한 계단을 오르내렸고, 이들은 거의 화면을 끌어안다시피 하며 거래를 외쳤는데, 지금처럼 트레이딩이 전자적으로 처리되기 이

전 시대를 연상시키는 장면을 연출했다.

증권거래소는 3월 13일에 대부분의 기업 직원들을 집으로 보냈지만, 주식시장에서 거래하는 장내거래자 수백 명은 아직도 출근하고 있었다. 그들은 뉴욕증권거래소에서 일하는 것이 아니라 스페셜리스트라고 알려진 수십 개의 특정 기업에서 일했다. 그들은 거기에 있기를 원했고, 장내거래자들을 만족시키는 것이 중요했다.

부사장인 존 터틀John Tuttle은 보건부에 연락하여 검사 키트와 진료를 수행할 의료진을 확보하라는 과제를 맡았다. 그의 아내는 임신 중이었으며, 3월 15일 일요일에 그는 보건부 담당자에게 전화했다. 주정부는 어려움에 처해 있었다. 사용 가능한 검사는 나중에 널리 사용될 자가진단 방식이 아닌, 면허를 가진 기술자가 수행해 연구실에서 진행해야 하는 검사였다. 그리고 안전하게 보관 처리해서 보내야 했다. 보건부 담당자는 화요일에 현장에서 직원을 고용할 수 있을 것이라고 말했다. 터틀은 "시장은 월요일에 개장합니다. 월요일에 하셔야 해요"라고 말했다.

다음 날 아침, 2 브로드 스트리트 입구는 보안 데스크 뒤에 앉아 있는 간호사 팀의 차지가 되었다. 그들은 KN95 마스크를 쓰고 클립보드를 들고 있었다. 직원들이 계단을 내려올 때, 몇 가지 질문을 받았다. 외국을 여행한 적은 있는지, 어디가 아프지는 않은지, 가족이 아프지는 않은지를 물었다. 첫날에는 13명이 검사를 받았다.

3월 17일 화요일 오전 11시, 터틀의 이메일로 결과가 도착했다. 두 명이 양성이었는데, 한 명은 장내거래인이었고, 또 다른 한 명은 뉴욕증권거래소 직원이었다.

12시간 후 커닝햄, 터틀, 블라우그룬트, 최고재무책임자 스콧 힐, 그리고 엘리자베스 킹, 일반 변호사가 거래장을 폐쇄할지에 대해 논의하기 위해 통화에 참여했다. 블라우그룬트는 웨스트체스터의 한 병원에서 참여했다. 그의 아들은 산소 수치가 낮고 호흡 곤란으로 인해 의사들이 그 원인을 찾고 있었다.

필라델피아와 시카고에서는 이미 다른 거래소의 거래장이 폐쇄되었다.[2] 시카고거래소의 트레이더들이 밀과 돼지, 금융 옵션과 같은 상품을 교환하는 곳으로, 거래장을 폐쇄하기로 결정한 지 한 주가 지난 뒤였다. 폐암 생존자이자 코로나바이러스에 대한 우려에 특히 민감한 시카고거래소의 최고경영자 테런스 더피Terrence Duffy[3]는 「월스트리트저널」에 이렇게 말했다. "뉴욕증권거래소가 여전히 열려 있다는 것은 정말 놀라운 일이라고 생각한다. 한 장소에 50명 이상의 사람이 있어서는 안 된다고 생각한다."

커닝햄에게는 쉬운 결정이 아니었다. 그녀는 인간에 의한 중개의 가치를 강력하게 믿었으며, 그들은 스트레스가 가중되는 시기에 개입하여 거래를 원활하게 만들 수 있다고 믿었다.

인간이 슈퍼컴퓨터와 소프트웨어보다 정말 더 나은지는 시장 연구자 사이에서 아직 논쟁 중인 문제였지만, 실제 트레이더들과 그들이 활동하는 거래장이 증권거래소 이미지의 핵심이라는 것은 부인할 수 없었다. 나스닥은 이미 최첨단 영역을 확보해두었으며, 뉴욕증권거래소의 평판은 인간의 일에 대한 매력을 기반으로 하고 있다. 거래장이 비어 있는 광경은 충격적일 것이라고 커닝햄은 화상회의에 참석한 직원들에게 말했다.

그녀는 며칠 전 "뉴욕증권거래소는 미국의 힘과 회복력의 상징입니다"라고 기자에게 말했다. "트레이더들은 그곳에 있기를 바랍니다." 게다가 다가오는 3월 20일 금요일은 시장에서 복잡한 거래일이었다. 주식지수 선물, 주식지수 옵션, 주식 옵션 및 단일 주식 선물이 동시에 만료되는 '네 마녀의 날(3, 6, 9, 12월 둘째 주에 해당)'이었다. 때문에 혼란스러운 거래의 하루가 되는데, 커닝햄은 거래장에 중개업자들이 있어야 어려움을 완화하는 데 중요하다고 주장했다.

장부의 반대편은 안전하지 않았다. 이제 그들은 증거를 가지고 있었다. 뉴욕증권거래소는 체온검사에 실패했거나 몸이 아프다고 보고된 직원들만 검사해왔다. 그러한 검사 과정은 더 이상 효과가 없을 것이다. 전문가들이 무증상자들 사이에 바이러스가 퍼지는 능력에 대해 이미 알고 있었다.

뉴욕은 검사 능력이 부족했다. 만일 거래장을 계속 열어두려 한다면 거래를 개방 상태로 유지하기 위해 필요하게 될 일상적이고 광범위한 검사는 병원들과 그 밖의 업체들로부터 재원을 고갈시키게 될 것이다. 커닝햄은 블라우그룬트와 터틀, 그 외의 경영진들에게 뉴욕증권거래소의 거래장은 반드시 필수적인 작업 공간은 아니라고 말했다.

그들은 이 절충안에 합의했다. 뉴욕증권거래소는 아침에 거래장을 닫겠다고 결정했지만, 3거래일 후인 그다음 월요일까지는 발표하지 않았다. 사람들이 거래장에 있는 것은 안전하지 않다는 점을 인정하면서도 동시에 이틀 더 거래장을 열어두는 것은 이상한 입장이었다.

이는 팬데믹이 발생한 초기 몇 주 동안 경영진들이 신속하게 처리해야 했던 무수한 힘든 요구 중 하나에 지나지 않았다. 이들은 날이 갈수록 변하고 있는 공중보건 지도와 직접적인 경쟁관계에 있는 개인의 안전과 기업의 생존이라는 우선순위에 직면해 있는 불완전한 선택지들 중에서 다양한 것을 선택했다. 전자 쪽으로 너무 많이 기울어지면 바이러스가 마침내 잠잠해질 때 결코 해결하지 못할 위험이 도사리게 된다. 후자 쪽으로 너무 많이 기울어지면 생명이 위태로워지고, 말할 것도 없이 재앙이 닥칠 것이다. 특히 커닝햄과 같은 경영진이 이끌어가는 기업은 업무를 중단한다는 것은 세계 경제에 대한 대중의 신뢰가 흔들릴 정도로 상징적이고 중요해서 특히 부담이 컸다.

그들은 자신들이 내린 결정들이 기업들을 살리고, 바이러스가 진정될 때까지 미국 경제의 엔진을 보존할 수 있기를 바랐다. 하지만 이제 그들은 한 주를 마치기 위해 애쓰고 있을 뿐이었다.

3월 15일, 금리를 거의 제로에 가깝게 내리는 등 연방준비제도이사회의 조치 이후 나온 짧은 시장 반등은 수십 개 우량기업으로 하여금 채권 발행을 통해 자금을 조달하도록 허용했다. 하지만 반등은 하루밤에 지속되지 않았다. 3월 17일 화요일,[4] 기업들은 280억 달러어치의 채권을 발행했다. 엑손은 85억 달러, 펩시는 65억 달러를 조달했으며, 이 자금은 두 기업 모두 엄청난 비용이 들어간 기업 어음으로 알려진 단기 부채를 갚는 데 사용했다. 하지만 알고 보니, 그러한 거래들은 좁은 창문으로 슬그머니 빠져나간 것이었다. 이틀 후, 이 채권단은 문을 닫았다.

투자자들은 화요일에 새로 발행된 엑손모빌의 채권을 정부 금리보다 2.25%포인트 높은 가격에 구입할 용의가 있었다. 그러나 수요일에 그들은 시장에서 동일한 채권을 거래하기 위해 그 금리보다 2.39%포인트 높은 가격을 요구했다. 펩시의 채권은 발행된 후에도 비슷하게 하락했다. 이는 다음 날 회사들이 이 채권을 살 투자자를 찾기 위해 점점 더 높은 금리를 매겨 새로운 채권 발행 조건을 재설정했다. 이는 금융시장의 위험한 상태를 반영하는 악순환이었다.

월스트리트는 스스로 움직여 '최후의 날' 사이클에 들어서고 있었다. 뮤추얼 펀드에서 수십억 달러가 빠져나갔고, 결국 펀드들이 환매 요청을 충족시키기 위해 보유 주식을 매각해야 한다는 것을 의미했고, 이는 가격 하락으로 이어졌다.

3월 20일 금요일, 파인은 자신의 상관인 골드만삭스의 투자은행 부문의 공동 책임자인 댄 디즈에게 "상황이 정말 좋지 않아요. 곧 심각한 정책 개입이 이루어지지 않는다면, 시장은 붕괴할 겁니다"라고 말했다.

CRASH LANDING

·15장·
구제금융

"우리를 위해 해야 할 일이 아닙니다. 당신을 위한 일입니다."
_ 더그 파커(아메리칸 항공 최고경영자)

*경제가 무너지는 것을 막기 위한 2조 달러의 CARES 법안

3월 21일 토요일, 더그 파커는 댈러스로 돌아와 호화로운 동네인 파크 시티에 있는 자택의 식당에 서 있었는데, 그때 스티븐 므누신이 전화를 했다. 아메리칸 항공의 최고경영자와 재무장관은 항공사들이 노조와 불안한 심야 휴전을 한 이후 거의 지속적인 접촉해왔다. 그사이 항공사들의 재정 전망은 나빠지기만 했다. 그 전날, 미국 항공사 승객 수[1]는 일주일 전의 3분의 1 수준인 50만 명 아래로 떨어졌다. 항공사들은 매일 수백만 달러를 잃고 있었다. 며칠 전 파커가 로비 본부의 쪽방에 숨겨둔 10억 달러는 이제 어이없을 정도로 부족해 보였다. 미국인들에게는 워싱턴에서만 나올 수 있는 공적 자금이 필요했다.

므누신 장관은 파커 장관에게 항공사들이 갚아야 할 연방정부 차관에만 찬성한다고 말하면서 보조금 지급에 반대하는 입장을 되풀이했다. 그는 의회 내 강력한 동맹들을 거느리고 있었는데, 그중에서도 특히 펜실베이니아 출신의 상원의원인 팻 투미Pat Toomey가 목소리를 높였다. 이제 사실상 미국 대형 항공사들의 대변인이 된 파커는 작은 도시들에 서비스를 제공하는 수익성이 낮은 노선들을 유지하겠다는 약속을 연장하는 등 항공사들에게 줄 수 있는 다른 조언들을 생각해내려고 노력했다.

므누신 장관은 "더그, 당신이 이해해야 해요"라고 말했다. 지난주, 경제 상황은 나쁜 상황에서 재앙으로 변했다. 항공사들만 재정적인 나락에 직면한 것이 아니었다. 디트로이트의 자동차 공장들은 문을 닫았다. 채권시장의 유동성은 완전히 말라버렸다. 트럼프는 한국전쟁 당시의 법인 국방물자생산법Defense Production Act을 발동하여 민간 제조업체들이 인공호흡기와 마스크를 생산하도록 압박했다.[2] 극도로 도움이 되지 않는 상황 전개로, 북한은 두 개의 탄도 미사일을 시험 발사했다. 그날 「월스트리트 저널」의 극단적인 보수주의 사설 페이지에서도 정부의 대응이 늦고 혼란스럽다면서 므누신 장관을 비난했고,[3] 그와 2008년 재무부 장관이었던 행크 폴슨Hank Paulson의 리더십과 비교했다. 간단히 말해서, 므누신 장관은 정부가 항공사들에게 제공할 500억 달러보다 더 큰 대가를 치러야 했다. 연방정부는 경제 전체가 붕괴하는 것을 막아야 했다.

그는 파커에게 "우리는 이 일을 해낼 것이고, 여러분이 훌륭한 일을 해냈고 여러분도 참여했다는 것을 알아야 합니다. 다른 산업은 참여하지 않았습니다. 규모는 500억 달러이고, 대출로 제공될 것입니다. 보조금이 있을 가능성은 전혀 없습니다"라고 말했다.

므누신 장관의 융통성 없는 태도는 아주 놀라운 것은 아니지만, 파커에게는 여전히 타격이 있었다. 전날, 수십억 달러의 보조금에 대한 정치적 지원이 없다는 신호가 분명해지자, 그는 정부 책임자인 네이트 가튼에게 그들이 시도할 수 있는 다른 것이 있

·15장· 구제금융

는지 물었다. 가튼은 정치적인 연극을 해야 했다. 그는 "척 슈머 Chuck Schumer가 매코널에게 이 조항이 들어 있지 않으면 민주당의 투표를 보류하겠다고 말해주어야 합니다"라고 말했다. 그러면 민주당 원내총무인 슈머는 단지 항공사들을 돕기 위해 미국 경제 전체를 붕괴로부터 구하기로 되어 있던 2조 달러 규모의 법안을 폐기할 용의가 있다고 공개적으로 말해야 한다. 승산이 없는 일이었다.

불과 며칠 전, 슈머는 상원 원내에서 특정 산업에 대한 구제금융에 반대하는 발언을 하면서, 대신 주 실업 사무소, 중소기업 및 공공 병원을 위해 더 많은 돈을 달라고 주장했다. 그는 "우리에게 중요한 점은 항공사, 크루즈 및 기타 산업이 구제금융에 의존하게 만들지 않도록 하는 것입니다. 기억해야 합니다. 기업은 사람이 아닙니다. 사람이 사람입니다"[4]라고 말했다.

파커에게는 한 가지 옵션밖에 보이지 않았다. 노동당은 슈머에게 핵심 지지층이었다. 항공사들은 그렇지 않았다. 그는 한숨을 쉬며 수화기를 집어 들고 승무원 노조위원장인 사라 넬슨에게 전화를 걸었다. "우리를 위해 해야 할 일이 아닙니다. 당신을 위한 일입니다." 그의 말에 넬슨은 시도해보기로 약속했다.

전화를 끊으면서 시간을 본 파커는 늦었다는 것을 깨달았다. 그날은 아내의 생일이었고, 부부는 댈러스 시내에서 북쪽으로 몇 마일 떨어진 고급 파크 시티 근교에 있는 자신의 집에서 몇 블록 떨어져 있고, 회사까지 차로 약 20분 거리에 있는 미국인 사장 로버트 이솜Robert Isom의 집에서 저녁을 먹기로 되어 있었다.

파커는 음식의 메인 요리와 디저트 사이에 칼리오에게 전화를 걸었다. 두 사람은 너무 자주 통화를 해서 10대인 칼리오의 딸은 저녁에 그의 휴대전화가 울리면 "더그 삼촌이에요"라고 소리를 질렀다. 이제 칼리오는 업계의 최고경영자들에게 급하게 전화를 걸어야 했다.

칼리오는 파커가 므누신과의 막후 대화 덕분에 이미 알고 있있던 것, 즉 며칠 전 워싱턴에서 조정해준 보조금에 대한 요청은 의회에 도착하자마자 중단되었다는 것을 확인했다. 그는 그룹에 힘을 실어주려고 노력했다. 보조금을 받지는 못했지만, 그들 모두가 살 수 있는 재정적 조건에 대한 기록적인 대출 패키지가 제안되었다. 그는 "이제 승리를 쟁취하고, 싸움을 멈추고, 항공사를 운영할 때"라고 말했다.

파커가 정부의 구조를 완전히 포기한 것은 아니었다. 넬슨은 낸시 펠로시의 휴대전화 번호를 알려주며 손을 내밀라고 재촉했다. 전화기를 집어들었을 때 순간적으로 이상한 생각이 떠올랐다. 그는 지금까지 일을 하면서 이런 위험에 맞닥뜨려 로비할 일이 없었다.

그는 그날 밤 10시에 '대변인님, 아메리칸 항공의 더그 파커입니다'라고 문자 메시지를 보냈습니다. '피터 드파지오는 제가 이 법안에 대한 항공사 최고경영자의 관점과 대안적인 결과에 대한 함의를 제공하기 위해 당신에게 도움을 요청하라고 했습니다. 편한 시간에 대화했으면 합니다. 지금 보시는 번호가 제 휴대진화 번호입니다.' 그는 답장이 입력되고 있음을 알리는 세 개의 점 버블을 찾기 위해 전화기에서 눈을 떼지 않았다. 하지만 답장은 오지 않았다. 그는 혼잣말로 "망했군"이라고 말하면서 침대에 누웠다.

당파적 교착 상태가 이를 해결해주었다. 3월 22일 일요일, 의회 민주당 의원들은 CARES 법안을 표결에 부치기 위해 법안이 실업보험을 확대하고 곤경에 처한 주정부와 지방정부를 돕는 데 충분하지 않다고 주장하면서 표결에 부치기를 거부했다. 이 표결은 미국 역사상 최대 규모의 정부 지원책을 만들어낸 수일간의 협상 끝에 충격적으로 후퇴한 것이었다. 이는 당파주의에 대한 걱정스러운 징후였는데, 의회는 거의 모든 사람이 필요하다고 동의한 지원책을 놓고 의견을 모으지도 못했다. 노련한 이들은 2008년 하원에서 부실 자산구제제도가 실패했을 때를 떠올렸다. 당시 TARP의 타결이 지연되면서 금융시장에 제때 도움을 주지 못해 월스트리트의 위기가 더욱 심각해졌을 가능성이 있었다.

그러나 파커에게는 희망의 빛이었다. 어쩌면 항공사들에게 여전히 기회가 있을 가능성이 있었다.

하지만 그의 좋은 기분은 오래가지 않았다. 파커의 아내는 몸이 좋지 않았다. 파커와 딸은 일요일 오후에 검사를 받았고, 이들 후에 둘 다 양성 판정을 받았다. 파커는 기분은 괜찮았지만 이틀 동안 소규모 회의실로 꽉 들어찬 수십 명의 동료 최고경영자들과 직원들에게 바이러스를 노출시켰을 가능성이 있다는 것을 알았다.

그는 3월 24일 오후 4시 20분께 가족들의 진단 소식을 전한 뒤 "기분이 나쁘지는 않다"고 말했다. 그는 "3월 16일에 집을 떠나기 전까지 이틀간 딸과 함께 있었고 19일에 여러분을 모두 떠날 때까지 딸과 아내 중 누구도 함께 있지 않았습니다. 때문에 혹시라도 바이러스에 감염됐다면 17일부터 모두 사무실 공유를 시작했을 때 전염되지 않았기를 바랍니다(다행히 전화를 통해 전염될 수는 없겠죠!)"라고 이메일을 보냈다.

파커는 자신의 고위 간부들에게도 이 사실을 알렸다. 하지만 자신이 코로나바이러스에 노출되었고 시험 결과를 기다리고 있다는 뉴스에 대해 부정적으로 반응할 수도 있는 나머지 직원들, 혹은 잠재적으로 시장에 경고하고 싶지는 않았다. 동료 경영자들에게는 "업계의 뉴스가 되지 않았으면 좋겠습니다"라고 비밀을 지켜달라고 부탁했다.

비밀은 지켜졌다. 5일 후 그의 코로나19 검사가 음성으로 나왔을 때, 그는 그룹에 다시 편지를 썼고 뉴스가 유출되지 않은 사실에 대해 그들에게 감사했다. "우리의 경쟁자들에게 모두 말해야 했던 것을 고려하면, 상당히 놀라운 일입니다. 여러분은 품위 있는 행동을 한 것입니다"라고 썼다.

그로부터 며칠 후인 3월 25일 늦은 저녁, 그는 므누신 장관과 몇 분 간격으로 통화를 했다. 므누신 장관은 항공사 지원금 수십억 달러가 포함된 코로나바이러스 구제 방안에 대한 충분한 지지를 얻는 데 결정적인 역할을 한 공화당 상원의원 핵심 그룹과 의사당 현관에 쪼그리고 앉아 있었다. 맥코넬 원내대표는 강력한 상원 은행위원회의 팻 투미와 마이크 크래포^{Mike Crapo}, 교통위원회의 핵심 투표자인 로저 위커와 함께 그 자리에 있었다.

2주 동안 광란의 협상 과정에서 정치적 단층선이 굳어졌고, 그날 저녁 늦게 다수당 대표의 나무 패널로 된 사무실에서 다섯 명의 정치인들은 팽팽히 맞섰다. 므누신 장관은 두 가지 이유로 지원금이 아니라 대출이어야 한다고 주장했다.

첫째, 그는 미국 납세자들을 보살펴야 했고, 대출금은 이자를 붙여 갚아야 한다. 둘째, 이들 기업들의 채권자가 됨으로써 정부는 임원 보수에 대한 한도액과 이들 기업의 주가가 반등할 경우 재무부에 이익을 가져다줄 수 있는 변화들에 대하여 더 큰 영향력을 갖게 될 것이다. 그는 이념적인 이유로 구제금융에 반대하는 소규모 공화당 의원인 펜실베이니아 출신 하급 상원의원 투미라는 확고한 동맹자가 있었다. 다른 한쪽에는 보조금 형태로 쓰일 돈의 비율을 높이기 위해 로비를 하고 있는 동료 공화당원 두 사람은 교통위원회의 핵심 투표자인 로저 위커와 상원 은행위원회의 강력한 위원장 마이크 크래포였다. 므누신 장관과 투미 의원은 대통령에게 전화를 걸어 개입해달라고 부탁하기도 했다. 하지만 대통령은 직접 해결하라고 말했다.

므누신은 복잡성을 중시하고 완전히 새로운 금융상품 세대를 탄생시켰던 시대인 1980년대 말과 1990년대 초를 거래소 현장에서 보낸 골드만삭스에서의 자신의 배경에 기대어 계속해서 아이디어를 냈다. 투자자가 주식을 보유하고 있으면서도 채권에 노출되기를 원하거나, 변동금리 부채를 소유하고 있지만 고정금리가 확실하기를 원한다면 월스트리트는 그에 걸맞은 상품을 가지고 있었다. 그 시대의 거래자들은 위험을 줄이고 분할하여 고객들이 원하는 것에 대해 정확한 서비스를 제공하고, 자신들에게 건전한 수익을 보장했다.

그것이 바로 므누신 장관이 지금 처한 입장이었다. 그는 항공사들과 의회 내 민주당 지지자들이 승인할 보조금, 그리고 자신과 구제금융 반대 진영이 받아들일 수 있는 대출과 같이 충분히 느낄 수 있는 무언가를 만들어야 했다. 게다가 재정부와 미국 납세자들도 심각한 손실을 입을 위험에 처하지 않도록 해야 했다.

파커가 생각해낸 하나의 아이디어는 항공사들로 하여금 재무부 대출의 대가로 주식 워런트증권을 제출하도록 하는 것이었다. 만약, 워런트증권에 대한 이익이 대출금액을 충당할 수 있을 정도로 회사들의 주가가 개선된다면 항공사들은 워런트증권에 대한 이익으로 대출금을 갚지 않아도 될 것이다. 하지만 그렇게 되지 않는다면 항공사들은 재무부에 그 차액을 보상해야 한다.

파커는 "대출로 해야 합니다. 여러분은 확실한 수익을 얻을 수 있을 겁니다"라고 맞섰다. 게다가 제정신을 갖춘 감사라면 이 돈을 미국의 재무상태표에서 부채로 취급할 것이다. 재무상태표는 팬데믹 이전부터 삐걱거리고 있었고, 지금까지 수십억 달러의 추가 대출금과 채권이 쌓여 있었다.

파커는 "너무 힘들게 하면 항공사들이 이를 받아들이지 않을 것입니다"라고 말했다. "그리고 결국 직원들을 해고하게 될 것입니다"라고 덧붙였다. 그의 회사는 어떤 돈이라도 손에 넣을 만큼 필사적이었을지도 모르지만, 재무상태가 더 좋은 기업들, 특히 델타와 사우스웨스트 항공은 므누신 장관이 제시하는 조건에 거의 틀림없이 반대할 것이다. 게다가 파커는 지원금 없이 몇 달 동안 지속된 봉쇄 사태를 견뎌낼 수 있을 것이라고 확신하지 못했다.

므누신 장관은 "좋아요, 다시 전화할게요"라고 말했다. 몇 분 후 전화벨이 다시 울리면서 므누신 장관이 타협의 실마리를 풀 수 있기를 바랐던 또 다른 복잡한 구조가 나타났다. 파커는 또다시 동료 최고경영자들에게 전화를 해야 했다. 통화는 밤늦게까지 계속되었다. 투미 역시 파커에게 전화를 걸어 같은 생각을 이야기했다. 파커는 양쪽 모두에서 악역을 맡고 있다고 생각했다. 펜실베이니아 출신의 이 상원의원이 업계의 단합된 전선을 부추겨서 약한 고리, 즉 합의하고 나머지 사람들을 설득할 수 있을지도 모르는 최고경영자를 찾아내기 위해 재촉하고 있다고 걱정했다.

시계가 자정을 향해 똑딱거리자 맥코넬이 끼어들었다. 그는 므누신 장관과 낸시 펠로시 의장에게 이 법안을 넘겨주면서 법안을 둘러싼 정치적 논쟁에 대체로 관여하지 않으면서 제멋대로의 전당대회를 유치하기 위해 노력하면서 주요한 걸림돌의 경계가 허물어졌다. 그는 500억 달러는 보조금과 대출금으로 균등하게 나눠져야 한다고 말했다. 므누신 장관은 옆방으로 들어가 종종 TV를 보면서 늦게까지 깨어 있는 트럼프 대통령에게 전화를 걸었다. 앞서 트럼프 대통령은 폭스뉴스의 숀 해니티 쇼에 출연하면서 이 프로그램에 출연하기 위해 시진핑 중국 국가주석과의 통화를 미뤘다고 말했다. 이제 그는 자신의 숙소에 있었다. 므누신 장관은 트럼프 대통령에게 그것이 더 광범위한 법안 통과를 위한 길을 닦을 것이라고 말하면서 타협에 대해 브리핑했다. "글쎄, 당신이 생각하는 최선이 무엇이든 간에, 스티브"라고 트럼프는 재무장관에게 말했다.

므누신 장관은 회의에 다시 참석했고, 한번 조정을 한 후 승인을 받았다. 므누신은 지원금인 250억 달러에 대한 통제권, 다시 말해 이후 돈의 상당 부분을 나중에 상환 가능한 대출로 전환할 수 있는 권한이 부여되어야 한다고 주장했다.

그다음 날, 경제가 무너지는 것을 막기 위한 2조 달러의 CARES 법안이 통과되었다. 그것은 소기업과 압박받는 병원을 위한 수십억 달러의 원조, 일자리를 잃은 사람들을 위한 추가 실업 보험, 그리고 수백만 명의 미국인에게 직접 보내는 수표가 포

함됐다. 그리고 미국의 항공사들과 관련 사업을 위한 500억 달러
도 포함됐다.

2008년 위기 당시 재무부 장관을 지냈던 폴슨 장관은 수백억
달러를 월스트리트 은행에 쏟아부었다는 이유로 대중과 의회에
서 큰 비난을 받자 '구제금융'이라는 말에 발끈했다. 므누신 장관
은 같은 꼬리표를 달고 싶지 않았다.

충분할까?

이 그래픽은 「뉴욕타임스」 1면을 칼처럼 오려냈다. 3월 27일
금요일, 이 신문은 인쇄 저널리즘에서 가장 가치 있는 부동산 지
면의 오른쪽 란을 코로나바이러스가 미국 경제를 덮치면서 야기
된 실업수당 청구의 급증을 보여주는 도표에 넘겨주었다.

「뉴욕타임스」 1면에는 칼처럼 날카로운 도표가 실린다. 신문
에 가장 가치 있는 자산인 지면의 오른쪽 란을 코로나바이러스
가 미국 경제를 덮친 후 실업수당 청구건수가 급증했음을 보여주
는 도표에 할애했다. 주간 실업급여 청구건수가 가장 높았던 기
록은 2009년 3월 66만 5,000건이었다. 그런데 이제 지면 1면의
높이 전체를 차지할 정도의 그래프로 나타났다. 330만 건이었다.
헤드라인은 "일자리 감소 폭증: 미국 바이러스 사례 세계 최고"라
는 두 가지 암울한 이정표를 포착했다.

미국 기업들은 코로나바이러스가 전 세계적으로 확산되면
서 수백만 명을 병들게 하고, 자사의 매출에 타격을 입히는 봉쇄

조치를 취했고, 노동자들을 해고했다. 3월 말까지 1,000만 명의 미국인들이 이 바이러스의 경제적 광란으로 일자리를 잃었다. 7,000명이 사망했는데, 이 수치는 당시로서는 끔찍해 보였지만 결국 100만 명을 넘어설 것이었다. 지난 2월 말, 3만 포인트를 돌파했던 다우존스산업평균지수는 2만 1,917포인트로 마감했다. 미국 상업의 상징들이 힘을 잃고, 정부의 지원을 요청하며, 직원들을 해고하고, 자사의 사업이 지속될 수 있는지 궁금해하고 있었다. 수백만 개의 중소기업들이 파산했다.

이것은 세계에서 가장 큰 경제적 타격이었다. 그리고 그 당시 알려지지 않았던 피해액마저도 인명 손실에 비해 희미해졌다. 전 세계적으로 거의 4만 명이 사망했고, 병원들은 꽉 찼다. 미국 발병의 진원지이자, 이탈리아 북부 지역을 추월한 지구상에서 가장 치명적인 코로나19 도시인 뉴욕에서는 구급차 사이렌이 끊임없이 울렸다. 주민들은 의료 종사자들에 대한 감사를 표하기 위해 냄비를 숟가락으로 두드리며, 매일 밤 7시에 창밖으로 머리를 내밀었다.

골드만삭스 최고경영자인 데이비드 솔로몬은 3월의 마지막 날에 미국 해군 병원선 컴포트호가 뉴욕항에 떠 있는 것을 41층의 그의 사무실에서 지켜보았다. 도시의 병원은 빠르게 꽉 찼고, 컴포트호는 예상했던 수천 명의 코로나바이러스 환자들에게 떠다니는 병원을 제공하기 위해 그곳에 있는 것이었다.

솔로몬은 "기병대가 온다"라고 말하면서 사진을 찍었다.

CRASH LANDING

· 16장 ·

문샷

"누가 알겠어. 어쩌면 우리가 인공호흡기를 만들 수 있을지도 몰라."

_ 짐 해켓

*가동이 중단된 공장을 보호장비와 의료장비를 생산하는 시설로 바꾸다

3월 17일 화요일, 포드의 최고경영자인 짐 해킷은 미시간 서부에 있는 자신의 집 서재에서 전화를 받은 후 백악관에 전화를 걸었다. 그는 트럼프의 수석 경제고문인 래리 커들로에게 이렇게 말했다. "우리가 공장을 폐쇄한다는 사실을 미리 알려주려 합니다."

디트로이트의 빅3 자동차 회사들이 주말에 노조위원장인 로리 갬블과의 통화에서 전미자동차노조에 요청했던 48시간이 만료됐다. 이들은 공장 폐쇄 여부를 놓고 내부적으로 찬반양론을 저울질하며 다투었다. 하지만 일단 어떻게 폐쇄해야 하는지에 대해서 아는 사람이 없었다. 산업회사들은 정비나 개조를 위해 개별 공장을 폐쇄하는 비상계획을 가지고 있지만, 수백 개의 공장을 한꺼번에 폐쇄하는 것은 전혀 다른 문제였다. 그리고 이 위기의 반대편에서 공장들을 다시 가동하는 문제도 있었는데, 해킷은 잘해봐야 몇 주가 걸릴 것으로 예상했다.

그러나 그날 아침 이 소식이 들려왔고, 그에게 이 소식은 올바른 것임을 확신시켜 주었다. 미시간주 스털링 하이츠에 있는 크라이슬러 공장에서 시간당 근무하는 닷지 램 픽업트럭을 조립하던 근로자가 코로나19 검사에서 양성 반응을 보였다. 이 직원은 일주일 이상 공장에 출근하지 않았지만, 3월 중순 갑작스러운 환경에서는 이 사실이 거의 중요하지 않았다. 이 바이러스는 미국

•16장• 문샷

전역에 공포를 불러일으켰고, 기업의 경영진들을 수세에 몰아넣고 있었다. 이들은 근로자의 안전보다 이윤을 우선시한다고 비난을 받고 있었다. 크라이슬러는 직원들이 휴게실에 몰려드는 것을 막기 위해 근무시간이 시작될 때마다 직원들에게 소독약, 옷과 장갑을 제공하여 자신들의 스테이션을 소독할 수 있도록 하는 등 근무시간 단축부터 많은 안전 조치를 서둘러 발표했다. 그러나 해킷은 회사의 모든 공장을 폐쇄하는 것은 시간문제라는 것을 알고 있었다. 피할 수 없는 일을 미루는 것은 의미가 없다.

디트로이트는 말 그대로 세계 자동차 산업의 엔진으로 지난 수십 년 동안 상징적인 심장이었다. 이 결정이 발표되면 주식시장에 충격을 줄 것이다. 그는 트럼프가 최근 해킷의 수석 대리인으로 승진한 짐 팔리에게 "미국을 믿지 않는다"라고 말한 것처럼, 트위터에서 자동차 산업을 비난할 수도 있다고 걱정했다. 그는 상황에 대해 행복해하는 대통령의 최고 경제자문에게 직접 자신의 생각을 설명함으로써 그것을 막아낼 수 있기를 바랐다.

그는 제너럴 모터스의 최고경영자 메리 바라를 언급하며 "메리를 대신해 말씀드릴 수가 없다"라고 말했다. 하지만 그는 미국 최초의 산업화 시대의 아이콘인 포드가 그다음 날에 공장을 폐쇄할 수도 있다고 말했다. 근로자들은 일단 한동안은 기존 임금과 정부 실여급여로 충당된 계약서에 명시된 추가 수당을 받게 될 것이다.

커들로는 무거운 한숨을 내쉬었다. 경제가 엉망이 되면서 가을에 있을 재선에서 성공할 가능성이 모호해지고 있었다. 커들로는 해켓에게 미국 경제가 엄청난 생산성 감소 없이 바이러스를 헤쳐 나갈 수 있기를 바란다고 말했다. 해켓은 "우리는 이것을 이겨낼 수 있을 것입니다. 그러나 지금 우리는 근로자들을 유지할 수 없습니다"라고 말했다. 커들로는 이해한다고 말했지만, "근로자들이 지원금으로 생활한다면, 다시 일터로 돌아오지 않을 것 같아 걱정입니다"라고 덧붙였다.

정부 지원금과 추가 실업보험금 지급으로 많은 미국 근로자가 집에 있어도 돈을 받는다는 사실을 알게 된 이후 불거질 경제적 논쟁을 암시한 것이었다. 이는 또한 몇 달 후, 상점들과 호텔들, 식당들이 다시 문을 열었을 때 해고했거나 휴직하도록 했던 근로자들이 돌아오기를 꺼리게 되면서 시작될 어려움의 전조였다. 어떤 근로자들은 정부 지원금으로 그럭저럭 살아가기에 충분히 편하다고 생각했고, 어떤 근로자들은 학교가 문을 닫았기 때문에 보육선택권이 거의 없다는 점, 그리고 또 어떤 근로자들은 여전히 바이러스에 감염될까 봐 걱정하고 있다는 점을 알게 될 것이다.

해켓은 좀 더 가벼운 목소리로 "누가 알겠어, 어쩌면 우리가 인공호흡기를 만들 수 있을지도 몰라"라고 말했다.

사실, 이는 약 1,500명의 환자와 55명의 사망자를 보고한 바 있는 보리스 존슨 영국 총리가 영국의 산업 제조업체들에게 조립 라인을 마스크와 인공호흡기 같은 생명을 구하는 의료 장비 생산으로 전환하라고 촉구한 이후, 해켓이 며칠 동안 고민하고 생각해낸 아이디어였다. 해켓은 이틀 동안 이 문제를 곰곰이 생각하다가 불쑥 던졌다.

"짐, 그거 좋은 생각이네요"라고 말하며 커틀로는 워싱턴에서 가능한 한 길을 터주는 것을 돕겠다고 약속했다.

해켓은 재빨리 포드의 기업 제품 관리 책임자인 짐 바움빅에게 전화를 걸어 계획을 세우라고 말했다. 그는 바움빅에게 메이요 클리닉의 의학석좌인 닉 라루소와 의료기기 업계의 임원인 존 케네디와 연락을 취하도록 했다. 바움빅은 포드사가 도울 수 있을지에 대해 이미 생각하고 있었다. 그 주 초에 그의 대리인들 중 한 명과의 대화가 그의 머릿속에 떠올랐다. 그 남자의 형수는 시카고 러시 병원의 의사였는데, 그녀는 그에게 병원 직원들이 일회용 장갑과 가운을 재사용하고 있으며, 냅킨과 스카프를 즉석 마스크로 사용하고 있다고 말했다.

바움빅은 지난 3월 12일 목요일 원격근무를 지시받았다. 회사는 사무실의 밀도를 낮추고, 누군가가 아프면 연락 추적을 용이하게 하고, 연락이 닿지 않는 직원들의 자리를 메울 수 있도록 하는 A팀/B팀 접근법을 마련했다. 그는 팀에게 "집에 갈 때는 돌아오지 않을 가능성이 크니, 필요한 것을 가져가라"고 말했다. 골드만삭스의 경우와 마찬가지로 이 계획은 실행되지 않았으며, 3월 16일 월요일까지 공장 근무 외의 모든 직원은 집에 있으라는 통보를 받았다. 공장들은 이틀 후인 3월 18일에 문을 닫을 예정이다.

디트로이트 교외 지역인 미시간 노비에 있는 자택에서 바움빅은 12명으로 구성된 핵심 팀을 구성했고, 그들은 수백 명의 엔지니어들을 관리했다. 최근까지 그들은 포드에서 진행하고 있는 반드시 성공해야 할 비밀 프로젝트인, 2021년에 출시를 희망했던 상징적인 픽업트럭 F-150의 완전한 전기 버전을 포함하여 새로운 전기 자동차에 대한 거대한 헌신을 위해 열심히 노력해왔다. 이 프로젝트는 미국 자동차 산업의 많은 부분과 마찬가지로 휘발유로 구동되는 자동차를 대체하기 위한 경쟁에서 실리콘 밸리의 경쟁자들과 외국 자동차 제조업체들에게 기반을 잃은 포드에게 중요한 중심축이었다. 이제 그들에게는 새로운 도전이 기다리고 있었고 바움빅은 그들에게 나라가 기대하고 있다고 말했다.

바움빅은 나중에 "포드가 폭격기를 만들었고 우리는 강철 허파를 만들었다"며 "우리가 할 수 있는 일이 있어야 한다"라고 말했다. 그는 곧 도움이 얼마나 절실하게 필요한지 알게 될 것이다.

디트로이트의 공장들은 여전히 문을 닫은 상태였다. 3월 17일, 크라이슬러에서 첫 확진자가 나온 이후 확진자는 계속 나왔다. 그다음에는 미시간 워런 지프 조립 공장의 근로자였고, 그다음에는 웨인의 포드 브롱코 조립 공장에서 2,800시간을 일한 근로자 중 한 명이 코로나바이러스에 감염된 것으로 확인되었다.

디트로이트의 크라이슬러 공장에서는 조립라인의 근로자가 갑자기 구토를 하면서 90분 동안 닷지 듀랑고의 생산이 중단됐다. 유지보수 근로자들은 바이러스에 감염될 위험 때문에 청소를 거부했다. 사람들에게 두려움이 전염되기 시작했고, 근로자들은 조립라인으로 복귀하는 것을 거부했다. 하루에 수천 대의 차량을 생산했던 공장은 휴면 상태가 되었고, 경쟁의 상징 중 하나였던 자동차 산업은 공포에 마비되었다.

바움빅은 공장 현장을 돌아다니거나 미세 모델을 조정하는 대신 디트로이트 교외에 있는 자택 사무실에서 백악관 직원인 크리스토퍼 애벗과 통화를 하며 어떤 종류의 보호 의료 장비가 필요한지, 공급망은 어떤 모습인지, 포드가 어떤 역할을 할 수 있을지에 대해 이야기를 나눴다. 초기의 논의는 폐가 너무 손상되어 스스로 호흡할 수 없는 환자들을 살리기 위한 복잡하고 비싼 기계인 인공호흡기를 중심으로 진행되었다. 두 사람이 대화를 나누고 있을 때, 백악관과 위기에 대해 상담하고 있던 한 의사가 애벗의 사무실로 걸어 들어와 누구와 이야기하고 있는지 물었다. 애벗은 스피커폰으로 연결했고, 그는 당면하고 있는 의료 재난에 대해 설명하기 시작했다.

그 의사의 가장 큰 염려는 의사들과 집중 치료 간호 직원들이 병에 걸린다는 것이었다. 만일 환자들을 치료할 사람이 아무도 없다면, 위기는 더욱 확대될 것이다. 게다가 병원들이 빠르게 압도당하면서, 많은 사람이 은퇴한 의료인들인 자원봉사자들에게 의존하고 있었다. 만일 안전하다고 느끼지 않으면 그들은 오지 않을 것이다. 지금 당장 필요한 것은 의사들과 간호사들을 보호하기 위한 얼굴 보호대와 다른 장비들에 대한 것이었다. 한 국방부 기술자는 흡입한 공기를 여과하고, 그것을 머리 위로 공급하는 정화된 공기 동력 호흡기, 즉 PAPR로 알려진 장치에 대한 새로운 디자인을 만지작거리고 있었다. 이것들은 삽관된 환자들을 살려주는 복잡한 인공호흡기보다 훨씬 더 간단했고, 아마도 대규모로 생산될 수 있을 것이었다. "만약 당신이 이 문제를 해결한다면 훨씬 더 많은 사람을 구할 수 있습니다"라고 그 의사가 말했다.

이야기를 듣고 있던 바움빅의 머릿속에 생각이 떠올랐다. 그는 PAPR에 대해 들어본 적이 없지만, 그 부품들은 자동차의 에어컨 시스템에 들어가는 것과 매우 유사하게 들렸다.

그는 전화를 끊고 즉시 최고 기후 제어 엔지니어들에게 전화를 걸었다. 포드가 사용할 수 있는, 대량으로 입수할 수 있는 것은 무엇일까?

이러한 요구는 역사적으로 기업에 요구된 공익을 위한 최대 규모의 혁신적인 프로젝트, 즉 문샷이었다. 포드는 이 프로젝트를 위해 바이러스 때문에 가동이 중단된 공장을 보호 장비와 의료 장비를 생산하는 시설로 바꾸었다. 프로젝트에는 영화 「아폴로 13」에서 영감을 받아 '아폴로 프로젝트'라는 이름을 붙였다. 영화 속에서 나사의 엔지니어들은 비행 설명서 표지, 우주복의 일부, 소켓을 사용하여 배고픈 우주비행사 세 명에게 산소를 공급하기 위한 발명을 해낸다. 영화에서와 마찬가지로, 현실에서도 호흡이 문제였다. 코로나19에 걸린 미국인들은 호흡을 제대로 하지 못해 사망하고 있었고, 병원은 이들을 구할 장비가 충분하지 않았다. 수많은 코로나 환자를 치료하는 의료인들은 필요한 보호장비도 없이 오염된 공기를 호흡했다.

바움빅은 세 개의 장비를 중심으로 팀을 꾸렸다. 첫 번째 팀은 응급 대원들을 위한 PAPR을 만들었다. 이틀 안에 그들은 손으로 그린 계획서를 가지고 돌아왔다. 그 계획서는 F-150 트럭의 AC 유닛으로부터 송풍모터를, 조립라인에서 사용되었던 디월트 전동 공구의 동력장치로부터 공기필터와 헤드톱에 부착된 배터리를 공급한다는 내용이었다. 지난 50년간 머스탱 머슬카를 생산해온 미시간의 포드 공장은 며칠 사이에 공기의 흐름을 깨끗하게 유지하는 호스에 달린 밝은 노란색의 후드를 만드는 시설로 바뀌었다. 직원들은 이 장비를 '조악한 PAPR'이라고 불렀다.[1]

또 다른 팀은 인공호흡기에 중점을 두었다. 트럼프는 10만 개의 인공호흡기, 즉 매년 생산되는 것 이상의 규모의 인공호흡기가 필요하다고 말하고 있었다. 안면 보호구와 인공호흡기는 비교적 단순했다. 인공호흡기에는 수천 개의 부품이 있었고, 각각은 스스로 호흡할 수 있는 능력을 대체할 수 있도록 완벽하게 교정되었다.

그다음으로 해결해야 할 암울한 문제가 있었다. 공중보건 당국은 병원이 가득 찬 후에는 군인들의 야전병원들을 설립하는 문제에 대해 이야기하고 있었는데, 이 병원 관계자는 병원에 가능한 전기 콘센트의 잉여분이 없을지도 모른다고 경고했다. 바움빅 팀은 플로리다주 '에어온'에서 전력이 아닌 공기압으로 작동하는 공기입식 시스템을 설계한 한 회사를 발견했다. 이로 인해 포드는 전기 연결 없이 산소탱크만으로 구동될 수 있는 인공호흡기를 만들 수 있었다.

바움빅은 의료 종사자들을 위한 인공호흡기와 안면 보호구, 그리고 환자들을 위한 인공호흡기 세 가지 제품과 6억 달러 이상의 예산을 가지고 해켓과 빌 포드에게 돌아왔다. 해켓은 그에게 "멈추지 마세요. 뒤를 돌아보지 마세요"라고 말했다. "누가 당신을 비난한다면, 그들에게 나에게 전화하라고 말하세요."

문샷을 생각하기에 적절한 시기였다. 포드는 너무 오랫동안 자신의 방식에 빠져서 미래지향적이고 자율적인 차세대 전기 자동차의 입지를 중국과 실리콘 밸리의 경쟁자들에게 내주었다는 비난을 받고 있었다. 특히 테슬라는 속삭임처럼 조용하지만 힘 있고 정교한 전기자동차들을 쏟아내고 있었다.

해켓은 회사가 더 빨리 움직이고, 더 민첩해지고, 덜 고립되도록 노력해왔다. 사실, 바로 그때 포드는 상징적인 F-150 트럭의 완전히 새로운 전기 버전을 설계하는 중이었다. 그 프로젝트의 일정은 새로운 차량을 디자인하고 제작했던 것보다 2년 이상 빠르게, 원형이 준비되어야 한다는 요구를 받았다. 그러나 포드의 문화를 바꾸는 것은 느리고 어려웠다. 포드는 엔지니어들에 의해 운용되는 경향이 있었고, 그들의 자연스러운 증분주의와 땜질, 정제에 대한 친화력이 회사 문화에 스며들어 있었다.

하지만 아마도 그 어떤 미국 회사보다 포드는 위기 시에 국가를 도와야 한다는 의도적이고 깊이 있는 생각을 가지고 있었다. 여전히 많은 주식을 가지고 회사를 지배하고 있는 그 포드의 창업주 가족은 국가적인 위기 시에 나서는 것이 그들의 의무라고 오랫동안 느껴왔다. 1940년대에 그 포드는 소아마비 환자들을 위한 철제 폐 기계를 만들었다. 당시 80세가 다 되어가는 여전히 회사의 최고경영자였던 헨리 포드가 미국의 참전을 반대했던 열렬한 평화주의자였음에도 불구하고,[2] 제2차 세계대전 동안 전쟁 자원을 바치기 위해 민간 차량의 생산을 중단했고, 수만 대의 비행기, 엔진, 글라이더, 발전기를 생산했다.

바움빅이 백악관과 통화한 후 40일 만에 첫 번째 선적은 8,000명 이상의 사람들이 사망했던 뉴욕 지역으로 떠났다. 포드는 7월 말까지 4만 개 이상의 결과물을 생산할 것이다. 한때 새로운 핸들과 크랭크샤프트의 급속 회전 원형을 생산했던 스페인의 한 3D 프린팅 사이트는 하루에 5,000개의 안면 보호구를 생산했다. 포드 엔지니어들은 조립라인을 더 효율적으로 만들기 위해 미시간 본사에서 사우스다코타에 있는 N95 마스크를 생산하는 3M 시설까지 운전했다.

이 과정에서 포드는 자사의 근로자들을 보호하기 위해 노력했지만, 간혹 실패하는 경우도 있었다. 전 세계의 직장인들은 처음에는 다소 어리둥절했지만, 팬데믹이 장기화하면서 자택의 사무실과 식탁으로 물러났다. 하지만 수백만 명의 미국 근로자들과 전 세계 다른 국가의 직장인들은 그러한 사치를 누릴 수 없었다. 이들은 치명적인 바이러스가 존재하는 가운데서도, 계속해서 공장과 육류 포장 시설에서 식료품 선반을 쌓고, 지게차를 운전하며, 제트 비행기와 시내버스를 조종했다.

전 세계의 회사들은 의료 종사자들이 필요로 하는 심각한 보호장비 부족에 대처하기 위해 생산라인을 재정비하고 공급망의 경로를 바꾸었다. 야구팀의 유니폼을 만드는 공장들을 마스크와 병원 가운으로 바꾸었다. 중국의 거대 전자상거래 회사인 알리바바의 부회장인 조 차이는 트럼프 대통령의 고조되는 '쿵플루Kung Flu' 수사로 화가 난 정부 관리들에 의해 억류되었던 260만 개의 마스크를 중국으로부터 가져오기 위해 비밀 거래를 중개했다. 알리바바 제트기가 마스크를 뉴욕으로 배달했다. 코카콜라는 볼티모어에 있는 작은 제본 회사에 2만 9,000파운드의 플라스틱을 기부했고, 이 회사는 안면 보호구를 생산하기 시작했다.

한편, 또 하나 야심 찬 프로젝트가 워싱턴에서 진행 중이었다. 수백만 명의 미국인들이 실직을 하고, 중소기업들이 도산 위기에 처해 있는 상황에서 므누신 장관은 이들을 위한 구제책의 밑그림을 그리고 있었다. 그것은 급여보호 프로그램, 즉 PPP라

·16장· 문샷

고 불릴 것이다. 그리고 이는 기술 관료적이고 상식적인 노력으로 잘 설계되어 실행되는 모범적인 정부 프로그램이 될 것이다.

마이크 폴켄더는 재무부가 입주해 있는 거대한 석조건물 안에 있는 그의 사무실 문 뒷면의 고리에서 넥타이를 풀었다. 그는 연간 21조 달러의 생산으로 세계 최대 규모인 미국 경제의 맥을 짚는 임무를 맡은 수십 명의 박사급 경제학자들을 감독하는 경제정책 차관보였다. 므누신 장관은 대부분의 직원이 재택 근무로 돌입한 3월 중순 이후 재무부에서 근무하는 직원들의 빡빡한 복장 규정을 완화했다. 넥타이는 의회나 백악관에서의 업무를 제외하고는 선택 사항이었다. 오늘 그는 문제를 해결하기 위해 상원으로 향했다.

그의 상사인 므누신은 8주간의 소기업 노동자들의 임금을 보장하고, 그중 6주는 정부가 부담하는 소기업 구제 패키지를 제안했다. 미국의 소기업 급여는 주당 500억 달러로 추정되었으므로, 므누신의 제안은 3,000억 달러 규모였다. 그는 결국 3,500억 달러까지 협상하게 되었다.

하지만 상원이 이 법안을 손에 넣었다. 플로리다 공화당의원 마르코 루비오와 민주당의원 벤 카딘이 위원장을 맡고 있는 중소기업위원회는 수일 만에 이 법안과 그 법안의 가격표를 엄청나게 확대시켰다. 이들 위원회에서는 공공요금, 집세 및 주택담보대출금을 포함하는 것뿐만 아니라 17주간의 급여를 요구했다. 폴켄더 위원장의 팀은 정확한 수치를 계산했고, 이에 따른 가격표는 1조 달러를 훨씬 상회했다. 1조 달러. 이는 2008년 곤경에 빠진 주택담보대출 매입 프로그램보다는 감세, 식량 지원 및 실업률 확대 프로그램의 확대, 그리고 사회기반시설에 대한 지출이 합쳐져서 미국 경제를 위기에서 벗어나게 하는 경기부양책을 넘어서는 것이었다. 코로나바이러스의 경제적 영향에 대한 우려가 급증하고, 루비오 위원장과 카딘 위원장이 의회에서 코로나바이러스에 대한 충분한 지지를 받고 있다고 생각하더라도, 1조 달러 규모의 금융지원 프로그램은 터무니없이 높은 것처럼 보였다. 이들에게 수학적으로 막대한 규모를 설명해주는 것은 폴켄더 위원장의 몫이었다.

방문객들과 필수적이지 않은 인원들에게 폐쇄된 국회의사당은 유령도시였다. 폴켄더는 직원에 의해 청문회실로 안내되었고, 그곳에서 루비오와 카딘은 뉴햄프셔 출신의 민주당원 진 샤힌과 메인주 출신의 공화당원 수잔 콜린스와 함께 사회적 거리를 유지하면서 연단 주변에 앉아 있는 그를 청문회장으로 안내했다.

폴켄더는 불가능하다고 말했고, 카딘은 폴켄더의 수치가 정확하다고 동의했다. 이후 폴켄더는 친구들에게 매우 자랑스러운 순간이었다고 털어놓았다.

급여보호 프로그램은 겨우 통과되었다.

미 의회는 500인 미만 기업들에 대해 3,500억 달러의 대출을 승인한 바 있다. 이 대출금의 75% 이상을 수령자들이 직원들에게 계속 급여를 지급하는 데 사용한다면, 정부가 수용할 수도 있을 것이다. 이 대출금은 불과 몇 달 전에 중소기업청을 운영하도록 임명된 요비타 카란조의 일이었다. 하지만 신청서를 처리하고 실제로 대출을 해주는 일을 맡은 은행 임원들에게 이 프로그램은 엉망진창이었다.

대출자들로부터 어떤 종류의 정보를 수집할 필요가 있었을까? 대출자들에게 자금을 지원한 후에 대출 상품을 판매할 수 있을까? 많은 은행이 SBA 대출기관들에게 승인받지 않았는데, 그들이 참여할 수 있을까? 2019년 한 해 동안 단지 66억 달러의 대출을 처리했던 SBA의 대출 시스템이 쇄도하는 신청 건까지 처리할 수 있을까? PPP가 시작되기 전날 밤인 4월 2일 저녁, 재무부는 여전히 은행과 대출자 모두가 신청해야 할 많은 양식의 최종본을 발행하지 않았다.

은행들은 대출금에 대해 단지 0.5%의 이자만 부과할 수 있게 되어 있는데, 이는 많은 소규모 은행이 예금자들이나 그 밖의 채권자들에게 지불해야 했던 것보다 적다. 게다가 이 금리는 너무 낮아서 자금 관리인들이 은행으로부터 이 대출금을 매입하도록 유인할 수 없었다. 은행들은 자신들의 재무상태표가 수익성이 없는 대출로 막힐 것이라고 우려했다(이 프로그램이 시작되기 전날 저녁, 므누신 장관은 지역 은행들의 요청에 따라 이 금리가 1%로 인상될 것이라고 말했다). SBA 대출을 시작한 대출기관들의 트레이드 그룹 회장인 토니 윌킨슨[3]은 「월스트리트저널」에 이 양식의 초안은 "우리가 희망했던 것만큼 간단하지 않았다"라며 대출기관들이 이 프로그램에 대해 알게 될수록 "그들의 참여 가능성은 점점 더 작아지고 있다"라고 말했다.

JP모건 체이스는 하루 전 자사의 중소기업 고객들에게 널리 광고된 4월 3일자로 대출신청을 받기 시작할 것으로 예상하지 못했다고 말하고, 기자들에게 대출 전에 아직도 SBA와 재무부의 지침을 기다리고 있다고 말했다. 뱅크오브아메리카는 2월 중순 현재 PPP 대출을 이 은행에 예금계좌와 대출을 설정한 중소기업 고객들에게만 제공할 계획이었다.

전국의 소규모 은행들은 불확실성에 직면해 있었다. 메인주 비데포드에 있는 메인 커뮤니티 뱅크[4]는 개설일 전 이미 300건 이상의 프로그램에 대한 문의에 답변을 거의 하지 못했다. 최고경영자 잔 홀리트Jeanne Hulit는 4월 2일 「월스트리트저널」과의 인터뷰에서 "SBA로부터 지침을 받기 전까지는 보류 중"이라고 말했다.

백악관에서는 이러한 우려를 잠재우기 위해 기자회견이 마련되었다. 폴켄더는 전날 밤 2시까지 사무실에 있었는데, 그때 그는 말을 고르고 있는 재무부의 변호사들에게 안내문을 전달했다.

므누신 장관은 "지금쯤이면 은행을 위한 새로운 지침이 담긴 연방 관보가 공개되었을 것"이라고 말했다.

하지만 재무부는 여전히 관보를 공개하지 못하는 상황이었다. 재무부 본부로 돌아온 변호사들은 아직도 세밀한 부분들을 놓고 실랑이를 벌이고 있었다. 폴켄더는 중소기업 프로그램에 배정된 차장검사에게 전화를 걸었다. 그는 "빌어먹을 것을 게시하세요"라고 말했다. PPP 프로그램 개막일[5] 오후 4시 30분경까지 총 32억 달러에 달하는 9,779건의 대출이 승인됐다.

그 후 두 달 동안 5,250억 달러가 500만 명이 넘는 대출자들에게 지급되었는데, 이것은 재무부 증권거래소들이 내놓은 모델과 거의 정확히 일치하는 것이다. 하지만 대부분의 대출자는 결국 95%를 갚지 못할 것이었다. 이것은 미국의 중소기업들에게는 전례가 없는 생명줄이었고, 정치적으로도 미국 정부가 12년 만에 두 번째로 대기업들을 구제해준 것이기 때문에, 다가올 포퓰리즘 비판을 막을 수 있는 강력한 방패가 되었다.

팬데믹이 사르라진 후, 이 프로그램의 효과에 대한 논의가 이루어질 것이다. 돈의 규모가 상당하다 보니 위기에 처하지 않은 기업도 활용하게 되었다. 브라운 대학의 연구원들은[6] 나중에 이 프로그램이 건당 37만 7,000달러의 비용을 들여 겨우 150만 개의 일자리를 구했다고 판단하게 될 것이다. 폴켄더는 재무부가 1,800만 개의 일자리를 구한 공로로 인정하는 이 프로그램을 공개적으로 옹호하게 될 것이다.[7] 이 프로그램은 분명 팬데믹 초기에 수백만 명의 근로자들을 어마어마하게 늘어난 실업수당 청구에서 구해냈다. 대출을 받은 사업체들은 그렇지 않은 사업체들에 비해 해고 인원이 적었고, 재고용도 더 빨랐으며, 이는 정부의 예측을 타당하게 해주었다.

궁극적으로 성공이라고 보는 '급여보호 프로그램'은 경제에 금이 가지 않도록 하겠다는 연방정부의 결의를 보여주는 가장 분명한 신호였다. 9·11 테러 사태 이후 항공사들에 대한 지원이나 2008년 자동차 업계의 구제금융 등 위기 시 거대 기업들을 지원한 적은 있지만, 미국 정부의 대규모 자금이 실물경제에 지원된 것은 이때가 처음이었다.

CRASH LANDING

•17장•
타락한 천사

"나중에 갚을 돈을 빌리면서 큰 소음을 만들고 싶지 않습니다."
_짐 해켓

*연방준비제도 이사회가 던진 생명줄

"연방정부는 포드를 구하기 위해 노력하고 있습니다!" 조니 파인은 전화기에 대고 소리를 질렀다. 4월 9일 목요일이었고, 그는 방금 뉴스 보도를 보고 나서 자신의 상사인 골드만삭스 투자은행의 공동 대표 댄 디스에게 전화를 걸었다.

연방준비제도이사회는 3주 전 채권시장을 지원하기 위해 발표한 프로그램을 높은 평가를 받았음에도 현금을 조달하기 힘든 회사로까지 확대하고 있었다. 지난 3월 말 중앙은행은 기업 자체의 기본 신용도를 반영하는 트리플 B 등급 이상인 높은 등급의 회사채를 매입하는 프로그램을 출시했다(정확한 척도는 3대 신용평가사마다 다르지만, 일반적으로 최고 신용등급인 트리플 A부터 C등급까지 포함되었다).

공식적으로 '주요 기업신용평가' 프로그램으로 알려진 이 프로그램이 시작된 3주 전, 금리인하는 현명한 조치처럼 보였다. 연준은 결코 돈을 잃지 않는다. 게다가 위기가 심화되고 있는 상황에서도 납세자들의 돈을 정크본드 구입에 사용하는 것에 열성적이지 않았다. 이 채권들이 낮은 등급을 받은 것은 금융 스트레스를 반영하거나, 이 회사들의 부채 부담이 급증했기 때문이다. 중앙은행은 최고 등급의 채권들에 보조금을 제공함으로써 시장을 전반적으로 진정시킬 수 있을 것으로 기대했다.

하지만 그렇지 않았다. 채권시장은 혼란의 늪으로 빠져들어갔다. 게다가 그날 아침, 연준은 신용평가기관의 조건을 미세하게 변경한다고 발표했다. 하지만 파인은 평범한 미국인들에게는 별 의미가 없는 일이었을 테지만, 허드슨강이 내려다보이는 자신의 집 테라스를 서성이며 상사에게 팬데믹이 시작되기 전에는 투자등급으로 평가받았지만, 그 이후로는 '정크' 등급으로 강등된 기업들, 즉 대부분의 우량 투자자가 소유하기에는 너무 위험하다고 생각되었던 기업들도 이제 이 프로그램을 받을 자격이 생겼다고 설명했다.

이것은 이상한 변화였다. 단지 약 20개의 회사만이 이 기준에 적합했다. 하지만 이는 연준이 신중한 경영을 하고 위기가 끝난 후에도 여전히 생존할 가능성이 있는 건실한 회사라고 하더라도 그리 오래 가지 못할 수도 있다는 놀라운 인식이었다. 많은 투자 펀드는 경영자들이 회사의 전망을 아무리 믿더라도, 정크 본드를 보유할 수 없다. 회사 등급이 강등되면 투자자들은 보유한 자신들의 채권을 대량으로 매각하게 되고, 이로 인해 채권 가격은 하락하고, 적당한 가격으로 새로운 채권을 발행하는 것은 거의 불가능하게 될 수도 있다. 월스트리트에서는 이런 회사들을 '타락한 천사'라고 부른다.

팬데믹이 발생한 첫 몇 주 동안 델타 항공, 로열캐리비안, 포드 등 몇몇 회사의 채권이 발행되었다. 2020년 4월, 이 클럽 회원들 대부분이 공통적으로 갖고 있는 생각은 자신들이 팔아야 하는 것을 누구도 원하지 않는다는 것이었다. 아무도 항공권이나 새차를 사지 않았다.

　델타보다 25배나 많은 1,140억 달러의 부채를 안고 있는 포드만큼 위태로운 곳은 없었다. 채권 중 약 370억 달러가 투자등급 클럽에서 불명예스럽게 퇴출되어 월스트리트의 정크 영역으로 옮겨진 상태였는데, 이는 가족 행사 때 아이들 테이블로 옮겨진 것과 같다. 신용등급 강등은 짐 해킷 최고경영자와 포드사의 최고재무책임자 팀 스톤이 신용평가사들을 대상으로 신용등급 강등은 일시적인 것이며 포드의 재무상태표는 문제가 없을 것이라면서 이에 반대라는 로비를 벌였음에도 불구하고 이루어진 것이었다.

　강등은 최악의 순간에 이루어졌다. 포드는 현금을 쏟아내고 있었다. 대부분의 조립라인들이 그렇듯이 전시실들도 문을 닫았다. 전시실들을 다시 가동한다 하더라도 아무도 차를 사지 않았다. 2020년 1분기에 신차 판매는 3분의 1 이상 하락했다. 3월 19일, 포드는 현금을 비축하기 위해 배당을 중단했고, 2020년에 얼마나 많은 돈을 벌 것으로 예상하는지에 대해 월스트리트 투자자들에게 알려준 보고서를 철회했다. 포드는 기존 신용 거래를 이용해 은행으로부터 150억 달러를 빌렸고, 4월 초 현재 약 300억 달러의 현금을 보유하고 있다. 이는 평상시에는 상당한 규모였지만, 공장들이 문을 닫은 지금은 불확실한 생명선이었다.

　포드는 은행가들에게 현금을 마련하기 위해 채권 거래를 하는 방안에 대해 조용히 이야기하기 시작했다. 3월 25일 S&P에서

등급이 강등된 후, 투자자들은 채권 매입에 동의한다 하더라도 포드사에 훨씬 더 높은 금리를 요구할 것이다.

미시간주 서부, 자신의 집에 있는 해켓은 파월에게 전화를 걸어 거의 텅 빈 연방준비제도이사회 본부의 사무실에 그를 붙잡아 두었다. 포드 최고경영자는 워싱턴에 있을 때 정부 관리들과 정치인들에게 연락하는 것이 습관이 됐고, 전에도 연준 의장을 만난 적이 있었지만 그가 전화를 받았다는 사실에 약간을 놀라고 있었다. 그는 "의장님이 바쁘신 것을 알고 있습니다"라는 말로 시작했다. 그는 이사회와 투자자, 경쟁자들로부터 현금을 마련하라는 압력을 받고 있었다. 그리고 포드가 그것을 필요로 한다는 것은 의심의 여지가 없었다. 해켓이 가장 원치 않았던 것은 포드의 배당금을 삭감하는 것이었다. 이 배당금으로 수천 명의 퇴직자들에게 일정한 수입을 제공했고, 그 수익자들인 포드 가족에게는 매년 수백만 달러가 지급되었다.

그는 신용시장이 혼란에 빠졌고, 대출을 받기 위해 높은 금리를 지불하는 것은 줄어드는 회사의 현금 사정에 더 많은 압력을 가할 뿐이라고 말했다. 그는 파월에게 "나중에 갚을 돈을 빌리면서 큰 소음을 만들고 싶지 않습니다"라고 말했다. 거의 미안하다는 말투로 그는 일종의 연방정부 지원이 이루어지기를 바란다는 뜻을 내비쳤다. 대안이 없을까?

파월 의장은 2008년의 붕괴 이후 금융시장에 대한 정부의 가장 적극적인 개입이 될 채권시장을 지원하기 위한 대규모 정부 프로그램 발표를 며칠 앞두고 있었다. 그는 입을 굳게 다물었지만 며칠 전 연준 연단에서 했던 확신의 말을 되풀이했다. 다만 이번에는 중앙은행이라는 전문용어를 사용하지 않고 "미국 '정부'가 그렇게 될 것입니다, 짐"이라고 말했다."

여전히 덜덜 떨면서도 해켓은 블랙록의 최고경영자인 래리 핑크에게 전화를 걸었다. 그는 최고경영자 사이의 가벼운 어조를 취했다. 그는 "래리, 나는 당신을 나쁜 위치에 처하게 하고 싶지 않아요"라고 말했다.

사실, 래리는 몇 주 동안 상당히 불편한 위치에 있었다. 세계에서 가장 큰 자금 관리자인 블랙록은 정부를 대신하여 수천 억 달러 가치의 회사채, 담보대출 채권, 그리고 재무부 증권을 획득하기 위해 거대한 증권 거래 운영을 이용하여 채권 매입 프로그램을 시행하기 위해 미국 재무부에 의해 고용되었다. 정부는 동결되고 제 기능을 하지 못하는 신용시장을 제거하기 위해 수천 억 달러의 자산을 매입할 계획을 3월에 발표했고, 그것을 실행하기 위해 블랙록을 고용했다.

이러한 임무는 여러 면에서 쿠데타였으며, 이는 래리가 1988년에 설립한 블랙록이 미국에서 가장 강력한 금융회사 중 하나라는 사실을 인정한 것이다. 하지만 이는 미국 정부가 매입하기 위해 블랙록에게 고용된 바로 그 채권을 소유하고 있는 수백 개의 투자펀드를 자체적으로 운용하고 있던 이 회사로서는 피할 수 없는 이해충돌이기도 했다. 어떤 채권을 매입해야 할지, 그리고 어떤 가격으로 매입해야 할지는 쉽게 시장 과하으로 압축되지 않았고, 이 채권은 적어도 래리가 너무나 잘 알고 있던 자기거래의 기회를 창출해냈기 때문이다. 래리는 거물 기업인들로 구성된 공동체 내에서도 거물이었으며, 그가 분석 의뢰를 받은 채권과 매입 가능성이 있는 기업들을, 그로 인해 채권의 가격을 상승시켜 기업 발행자들에게 재정적 생명줄을 던져주었던 기업들 중 많은 수가 그의 친구들이었다. 이 모든 상황은 그저 엉망진창이었다. 해킷에 대해 들어보시라.

그는 "당신이 독립적이어야 한다는 것을 알고 있습니다. 그래서 나는 왜 포드가 당신이 하려고 하는 일의 비용을 지불해야 한다고 생각하는지에 대한 논거를 제시하고자 합니다"라고 말했다. "우리는 바로 당신이 돈을 아끼기 위해 투자를 줄이거나 일자리를 아웃소싱하는 것과 같은 바보 같은 짓을 하지 않는지 확인하려는 바로 그러한 회사입니다." 그는 "나는 사람들의 고용 상태를 유지하고 있고 노동자들을 보호하고 있습니다"라고 말했다. 포드는 분명 자동차 노조의 간청으로 어떤 노동자도 해고하지 않았고, 공장 문을 닫았지만 결국 엄청난 비용을 지불하고 말았다.

래리는 "당신 말이 맞습니다. 내가 뭘 할 수 있는지 봅시다"라고 말했다.

이 메시지는 므누신 장관에게 전해졌고, 이는 연방준비제도 이사회가 생명줄을 던지고 있다는 것을 의기양양하게 하는 발표로 이어졌다. 이 투자 은행가는 포드의 최고재무책임자인 스톤과 그의 대리인인 데이브 웹과 일주일 정도 상담을 해왔다. 하지만 이들에게 회사가 현금을 마련하기 위해 발행할지도 모르는 새로운 채권들은 말할 것도 없고, 기존 채권들에 대한 시장의 수요가 거의 없다고 경고한 바 있다.

이제 미국 정부는 포드의 채권을 매입할 용의가 있다고 밝혔는데, 파인은 정부의 매입이 월스트리트 투자자들에게 이 채권이 안전하다는 메시지를 보낼 것임을 알고 있었다. 바로 그때, 포드의 기존 채권 가격이 급등했다. 불과 하루 전만 해도 액면가 대비 거의 50% 할인된 가격으로 거래되었던 포드의 채권이 이제는 달러당 거의 80센트에 거래되었다. 시장이 보여주는 또 다른 신뢰의 표시로, 채무불이행에 대비해 자동차 회사의 부채를 보험 처리하는 비용이 거의 2%포인트 하락했다. 5년 동안 채무불이행으로부터 투자자를 보호해주었을 계약의 경우, 현재 보험 처리했던 포드사의 부채 중 1,000달러당 약 77달러가 소요되며, 이는 그 전날 거의 100달러에 비해 하락한 것이다.

채권시장 투자자들에거 새롭게 등장한 낙관론은 포드사로 하여금 줄어드는 금고를 채우기 위해 새로운 채권을 발행할 수 있는 문을 열어주었다. 파인은 디즈와 전화를 끊은 후, 곧 포드의 스톤에게 전화를 걸었다. 그의 메시지는 "지금이 아니면 절대로 안 된다"는 것이었다.

포드는 골드만삭스의 가장 중요한 고객 중 하나였다. 이 투자

은행은 1956년 당시 미국 역사상 최대 규모의 주식 공개 행사였던 이 자동차 제조업체를 상장시켰으며, 수년간 선택의 조언자로 남아 있었다. 20세기 중반, 거의 60년 동안 골드만삭스의 경영 파트너였던 시드니 와인버그가 포드의 이사회에 합류했다. 이 관계는 월스트리트 회사에 있어 가장 중요한 관계 중 하나로 남아 연간 수천만 달러의 수수료를 받았다. 그런데 지금 포드는 곤경에 처했고, 심화되는 금융 문제에서 탈출구를 찾으려 한다면 골드만삭스는 길을 터주고 싶었다.

파인은 포드의 재무책임자인 팀 스톤과 재무 담당자인 데이브 웹에게 이러한 전통적인 신용도 측정에 대해서는 걱정하지 말라고 말했다. 파인은 그들에게 "정말로 중요한 것은 현금을 얼마나 가지고 있고, 언제까지 가지고 있을 수 있느냐는 것입니다"라고 말했다. 포드사가 계속해서 자동차를 생산하지 않는다면 4월 9일을 기준으로 300억 달러에 달하는 현금은 오래가지 못할 것이다.

그다음 월요일인 4월 13일, 포드는 증권신고서를 작성하고 며칠 후 발표하기로 되어 있던 몇 가지 1분기 재무실적을 미리 발표하면서 현금을 조달할 수 있는 방법을 고려하고 있다고 밝혔다. 3월 31일까지 3개월 동안 신차 판매는 1년 전보다 21% 감소했는데, 이 3개월 중에는 연간 판매의 거의 절반을 차지하는 북미 지역에서 코로나바이러스가 발생한 기간 단 몇 주만이 포함되었을 뿐이다. 이는 '당신들이 보고 있는 것을 우리도 보고 있다'라는 메시지를 네온사인으로 시장에 발표한 것이나 다름없었다.

연준의 조치는 포드가 조심스럽게 자본시장에 진입하도록 용기를 주었다.

투자자들은 포드 자체가 발행한 채권에는 관심이 없지만, 신차를 구입하는 소비자들에게 돈을 빌려준 자금조달 자회사인 포드 모터 크레디트가 발행한 채권을 사는 것에는 관심이 있음을 시사했다. 이론적으로 투자자들이 돈을 빌린 기초 소비자들로부터 상환을 요구할 수 있기 때문에, 그 자회사는 더 신용도가 더 높았다.

그러나 포드는 시장이 허세를 부리도록 만들었다.

앞으로 5일 동안, 포드는 역사상 최대 규모의 정크본드 발행을 성사시키게 될 것이다. 이 거래는 연준의 노력이 효과를 거두고 있다는 분명한 신호였다. 투자자들은 겁을 먹었지만, 2008년의 경우와는 전혀 다른 행동을 하고 있다는 점을 보여주는 것이었다. 처음에 30억 달러 규모의 채권 공모로 시작한 이 거래는 결국 85억 달러에 이르렀고, 투자자들이 주문한 금액은 총 400억 달러에 육박하게 되었다.

아메리칸 항공의 무담보 채권은 달러당 약 30센트에 거래되었는데, 이는 투자자들이 아메리칸 항공이 심각한 재정난에 처해 있다고 믿고 있다는 징후였다. 이사회의 일부 멤버들은 이 채권들 중 일부를 환매할 것을 제안했다. 회사들이 시장에서 주식이 저평가된 것처럼 보일 때 종종 환매할 수 있듯이 채권도 환매할 수 있으며, 이로써 채권들 중 일부를 헐값에 처분할 수 있다.

이 회사의 최고재무책임자인 데릭 커는 신용평가기관들이 이 회사의 수십억 달러 부채부담액 중 아주 작은 부분인 일련의 해딩 채권들의 등급을 강등시킬 가능성이 있다는 것을 알고 있었다. 하지만 커는 부채를 대폭 할인된 가격으로 회수하려면 해볼 만한 거래라고 생각했다. 그리고 대형 3대 신용평가기관인 무디스와 S&P 그리고 피치 관계자들에게 아메리칸 항공이 해당 조치를 고려하고 있다고 알려주었다.

S&P는 강경하게 문제의 채권뿐 아니라 모든 회사채의 등급을 하향 조정할 수도 있다고 협박했다(기업들은 종종 다양한 등급의 담보로 뒷받침되는 몇 가지의 채권을 발행한다. 아메리칸 항공이 환매를 고려하던 무담보 채권은 낮은 등급을 가지고 있다). 등급이 하향 조정된다면 치명적일 것이다. 커는 지적하고 싶지 않았지만, 분명 아메리칸 항공은 최약체로 평가될 것이다. 아메리칸 항공의 발행 채권의 가격은 급락할 것이고, 새로운 대출 계획은 물 건너 갈 것이다. 이들 채권을 보장하기 위한 비용(팬데믹 초기에 빌 애크먼이 매입하여 돈을 벌었던 것과 같은 신용부도스와프를 말한다)은 급상승하여 아메리칸 항공이 심각한 위험에 처했다는 이야기를 생산하게 될 것이다. 처음에는 돈을 아끼려고 생각해낸 영리한 방법 때문에 기업의 존재마저 위태로워질 수도 있었다.

커는 S&P에 아메리칸 항공이 채권을 환매하지 않겠다고 말했지만 신용평가사는 물러서지 않았다. 아메리칸 항공이 이 조치까지 염두에 두고 있었다는 사실이 신용등급을 낮춘 근거가 됐다. 이는 커가 해결할 수 있는 수준의 문제가 아니었다. 그는 상사에게 전화를 걸어 나쁜 소식을 전했다.

파커는 곧 S&P 분석가 그룹과 통화를 했다. 그는 "저는 아메리칸 항공 이사회의 의장입니다! 우리는 채권 환매에 대해 생각하고 있지 않습니다"라고 말했다.

일단, 위기는 모면했다.

브라이언 체스키는 일찍 잠에서 깼다. 그가 밤늦게까지 만지작거리던 구글 문서를 열었을 때는 아직도 어두웠다. 에어비앤비는 직원의 4분의 1을 해고했고, 직원들에게 직접 소식을 알리려고 했다. 그는 "우리는 예전에 했던 모든 것을 할 여유가 없습니다"라고 썼다. "이 새로운 세계에서의 여행은 다르게 보일 것이고, 우리는 그에 따라 진화할 필요가 있습니다."

해고된 직원들은 14주의 급여를 퇴직금으로 받게 되며, 1년마다 일주일 치의 퇴직금을 받도록 했다. 그들은 회사가 폐쇄되는 동안에도 회사 노트북에 연결된 상태를 유지할 수 있으며, 에어비앤비는 내부 채용 담당자 그룹에게 직원들이 새로운 직업을 찾는 것을 도와주는 일을 맡겼다. 이는 종종 무자비했던 실리콘 밸리의 해고 반대 정신에 반하는 조치였다. 체스키는 이후 팟캐스트에서 다른 직원을 살리기 위해서는 "가혹한 해고가 낫다"라고 말했다.

CRASH LANDING

·18장·
구걸하고, 빌리고, 훔치고

"당신들은 이 이상한 시기에 고통받고 있을 것이라고 확신합니다."
_ 아누 삭세나(힐튼 공급관리책임자)

*정치에 의해 증폭되는 코로나바이러스의 도전과 무서움

버지니아주 타이슨스 코너에 있는 힐튼 호텔의 총지배인 스콧 해밀턴Scott Hamilton은 손 소독제가 필요했다.

선의의 기업 강도 사건에 해당하는 사건에서 해밀턴은 그의 작전 책임자를 호텔이 위치한 버지니아주의 오피스 파크인 맥클린을 관통하는, 나무가 수백 야드 줄지어 있는 거리로 급파했다. 사건이 일어났을 때 힐튼이 본사는 바로 이 길 위에 있었다 부국장 모하메드 칼리프는 15분 후 청소용품과 물티슈 몇 개를 들고 걸어가 사실상 텅 빈 호텔로 가져왔다.

금발머리를 깔끔하게 빗어 넘기고 단정한 복장을 한 46세의 해밀턴은 미국 최초의 코로나19 사망자가 발표되고 며칠 후인 3월 2일 타이슨스 코너 힐튼의 매니저로 첫 날을 맞았다. 그는 하와이에 있는 와이키키 비치 리조트에서 전임했다. 오아후의 하얀 해변과 버지니아주 맥클린의 영혼이 없는 사무실 공원을 교환한 것은 부인할 수 없는 생활 방식의 격하였지만, 그의 임명은 어떤 면에서는 한 단계 위로 올라선 것이었다. 호텔은 힐튼의 본사로부터 아래쪽에 위치해 있었는데, 이는 직원들과 잡담을 나누기 위해 들르는 습관이 있던 회사 최고경영자 크리스 나세타와 충분한 대면 시간을 갖는 것을 의미했다.

그러나 해밀턴이 새 직장이 들어선 지 일주일 만에 세상은 바

•18장• 구걸하고, 빌리고, 훔치고

꿰었고, 전 세계의 기업 임원들처럼 해밀턴은 이제 그것이 무엇을 의미하는지 아무도 알지 못하는 세상에서 직원들과 고객들을 안전하게 지키기 위해 안간힘을 쓰고 있었다. 질병통제예방센터의 지침은 매일 바뀌었다. 초기 보고서에서는 바이러스가 표면에서 9일 동안 생존할 수 있다고 했다가, 그다음에는 그렇게 오래 생존하지 못한다고 했다. 마스크는 불필요하다고 했다가, 그다음에는 매우 중요하다고 했다. 전 세계적으로 임원들은 마스크와 가운같이 매우 부족한 개인 보호장비를 찾고 있었다.

　해밀턴은 크리스털 시티에 있는 힐튼 더블트리의 지하실에서 먼지 마스크 몇 개를 얻었지만, 마스크가 효과가 있는지는 알 수 없었다. 해밀턴은 NBC 뉴스가 호텔 폐쇄에 대한 기사를 보도할 것이라는 사실을 알게 되었을 때, 호텔에 유니폼과 청소용품을 공급하는 회사인 신타스에 전화를 걸어 다음 날까지 손 소독제를 더 가져다줄 수 있다면 저녁 뉴스에 그들의 로고를 넣을 수 있을 것이라고 말했다.

그러나 이제 그러한 스포트라이트는 불편한 눈부심이 되었다. 미국의 수도 포토맥 바로 건너편에 있는 타이슨 코너 힐튼 호텔은 기업 행사, 로비스트 및 업계 컨퍼런스를 주최하여 대부분의 수익의 올렸다. 하지만 거의 모든 행사가 취소되었다. 관광객들도 사라졌다. 해밀턴은 어린 두 자녀와 호텔에서 살고 있었는데, 두 자녀는 주요 엘리베이터 뱅크를 이용하는 다른 손님들에게 노출되는 것을 피하기 위해 서비스 엘리베이터를 이용했다. 그들은 호텔 기념품 가게의 간식을 가져와 먹었고, 최소한의 식당 인력이 남아서 간단한 메뉴를 룸서비스로 제공했다.

그는 돈을 아끼려는 노력의 일환으로 외부 경비원들과 회사의 계약을 중단시킨 채 주차장과 식당을 직접 청소했다. 하루에 한 번은 유령이 나오는 호텔에 대한 1980년 공포영화인 〈샤이닝〉을 떠올리며 복도를 걸었고, 손님들이 괜찮은지 보기 위해 문을 두드렸다. 증상이 있는 손님을 비상구를 이용해 대기 중인 구급차로 인내한 적도 여러 번이었다. 남아 있는 손님들은 대부분 100명이 넘는 사우디아라비아의 외교관과 사업가들로 이루어진 대규모 단체로, 떠나지 못하고 봉쇄된 국경 밖에서 발이 묶여 현재 왕국의 돈으로 힐튼 호텔에 살고 있었다(이는 수십 명의 사우디 왕족과 장관들이 젊은 왕자의 권력을 과시하기 위해 리야드 리츠 칼튼에서 사우디 왕세자에 의해 인질로 잡혀 있던, 세간을 떠들썩하게 만든 사건의 전염병 버전인 것 같았다).

아마 항공사 다음으로 서비스 산업이 팬데믹으로 가장 큰 타격을 받았을 것이다. 비즈니스 및 레저 여행이 중단되었지만, 이들의 간접비는 그렇지 못했다. 워싱턴이 보이는 교외 캠퍼스에 자리 잡은 타이슨스 코너의 힐튼은 인근에 있는 국방부와 CIA 방문객들에게 인기가 많았다. 해밀턴은 2008년 대공황 당시 라스베이거스 호텔을 운영하면서 사람들이 여행을 중단하면 어떤 일이 일어나는지 목격한 바 있다.

그는 호텔 직원들의 80%를 해고했다. 그는 호텔을 전면 폐쇄할 것을 심각하게 고려했지만, 그의 재무팀은 호텔을 폐쇄하려면 세금과 공공요금, 그 밖의 고정비용 사이에 매달 60만 달러가 들 것이라고 말했다. 호텔을 폐쇄한 후 다시 문을 여는 데도 돈이 든다. 사우디 대표단과 자전거를 타고 드나드는 일부 정부 투숙객들로 볼 때, 이 호텔은 최소한의 직원을 유지하면서 영업을 유지할 가치가 거의 없었다.

4월 말, 힐튼은 호텔 객실에 대한 새로운 청소 규약을 마련하기 위해 청소 대행업체인 리솔과의 제휴를 발표했다. 그리고 위생상태가 양호한 객실의 문을 투숙객들에게 안전하다고 알려주는 스티커로 봉인한다고 말했다(힐튼 클린스테이라고 광고된 이 제휴는 힐튼의 공급관리 책임자인 아누 삭세나가 리솔의 제조사인 레킷의 최고경영자에게 링크드인에서 콜드 아웃리치cold outreach를 보내는 것에서 시작되었다. 그녀는 4월 4일자로 편지편지에 "당신들은 이 이상한 시기에 고통받고 있을 것이라고 확신합니다"라고 썼다). 규약에 의료적인 승인을 추가하기 위해 나세타는 80세인 콘래드 힐튼이 1972년 자신의 이름을 딴 연구실을 짓기 위해 1,000만 달러를 기부했던 메이요 클리닉에 줄을 댔다. 나세타는 이 명성 있는 의료센터가 힐튼이 따를 수 있는 몇 가지 청소 규약을 마련할 수 있을지 물었다. 이러한 계획은 힐튼의 호텔 문 하나하나에 도장을 찍어, 투숙객들에게 세계 최고 의사들의 기준에 따라 위생 처리되었다는 것을 알려 안심시키기 위해서였다.

힐튼의 상황은 너무나 암울했지만, 사우디아라비아 사람들이 8주 이상 그곳에 갇혀 있는 바람에 잠시 동안 해밀턴 호텔은 회사 전체에서 가장 많은 수익을 올렸다. 타이슨스 코너 호텔과 와이키키 비치 리조트를 모두 소유하고 있고, 힐튼이 내건 현수막에 라이선스를 부여하고 있는 '파크 리조트'의 한 임원은 해밀턴에게 이제는 회사 포트폴리오에서 가장 많은 수익을 올린 두 개의 부동산을 관리하고 있다고 농담했다.

팬데믹이 직간접적인 방법으로 이 나라에 계속해서 영향을 줄 것이라는 암울한 징후의 또 다른 신호로, 2021년 1월 6일 미국 국회의사당을 뒤덮은 대통령 선거 인증을 막으려는 폭도들 이후 주 방위군들이 예약했을 때, 예상치 못했던 이례적인 또 다른 손님들이 유입되었다.

앤드류 쿠오모는 명령조로 단도직입적으로 말하는 사람이다.

그는 "포드가 인공호흡기를 만들 것이라는 소식을 들었고, 나는 1만 5,000개를 원합니다"라고 포드의 최고경영자 짐 해켓에게 전화로 말했다. 뉴욕은 미국에서 발생한 전염병의 진원지가 되었고, 빠르게 세계의 진원지가 되었다.

해켓은 주지사에게 "우리는 당신이 믿지 못할 정도로 서두르고 있지만, 그것은 틀림없이 작동할 것입니다"라고 말했다. 그 기계들은 복잡했다. 포드는 기존의 특허들을 살펴보고 그것에서 무엇을 생각해내든 시험해볼 필요가 있었다. 또한 인공호흡기들

·18장· 구걸하고, 빌리고, 훔치고

이 효과적이고 안전하다는 것을 증명하는 미국 식품의약국의 승인이 필요했다. 해켓은 주지사에게 빠르면 6월까지 인공호흡기를 사용할 수 없을 것 같다고 말했다.

쿠오모는 "그건 너무 늦는다"라고 말하고 전화를 끊었다.

쿠오모뿐만이 아니었다. 포드의 최고경영자는 미시간, 일리노이 및 오하이오를 포함한 6개 주 주지사들로부터 이들 모두가 보호장비와 의료장비를 구하기 위해 재빨리 움직이고 있다는 소식을 들었다. 해켓은 이전에도 위기를 겪은 적이 있으며, 정치인들을 상대하는 것에 익숙했다. 그는 2008년 동안 중서부의 거대 은행인 피프스 서드 뱅크Fifth Third Bank 이사회 의장직을 맡고 있었고, 미시간 서부에서 샌드위치를 먹으며 비틀거리는 은행들을 지원하기 위한 정부의 노력에 대해 조지 W. 부시 대통령과 논의한 바 있다. 하지만 이번에는 달랐다.

바이러스의 도전과 무서움은 정치에 의해 증폭되고 있었다. 연방정부로부터 어떠한 도움도 받지 못했고, 주정부와 지방정부 관리들은 그들의 시민들을 보호하기 위해 비공식적인 연결고리를 이용하고 있었다. 그러한 예 중 하나는 쿠오모의 뒷마당에 있었다. 뉴욕시 마운트 시나이 뉴욕시티 병원은 인공호흡기가 매우 부족했다. 회사는 중국 전자상거래 회사 알리바바의 임원이자 시의 NBA팀인 브루클린 네츠의 구단주 조 차이[1]와 인공호흡기 1,000개와 절실히 필요한 수천 개의 마스크를 기부하는 계약을 체결했다. 그러나 문제가 하나 있었다. 트럼프는 코로나바이러스를

'중국 바이러스' 또는 '쿵플루'라고 부르며 반중 발언을 강화했고, 중국 정부는 그 비행기를 내보내는 것을 거부하고 있었다. 빌 포드는 캐시 와일드에게 전화를 걸어 존 손튼이 "쿠오모가 중국 대사와 이야기를 해야 한다"고 말했다고 전했다.

캐시 와일드의 메일함에 '좋은 소식'이라는 이메일이 있었다. "알리바바가 기증한 인공호흡기가 때마침 뉴욕시로 향할 수 있도록 중국 정부의 허가를 받았다"는 것이었다. 4월 3일, 뉴욕주는 팬데믹이 발생한 후 가장 치명적인 날을 맞이하게 되었다. 지난 24시간 동안 562명의 뉴욕 시민이 사망하여, 총사망자 수는 모든 주 중 가장 많은 2,953명이 되었다.

존 손튼 전 골드만삭스 경영진, 중국 전자상거래 억만장자 조 차이, 쿠오모와 중국 대사의 통화 등 일주일 동안 막후에서 벌어진 지정학적 공방이 정점에 달했다.

앤드류 쿠오모만 짐 해켓을 힘들게 한 것이 아니었다.

지난 5월 21일 아폴로 프로젝트가 인수한 입실란티 포드 계획에 대한 대통령의 방문은 처음부터 불편했다.

포드는 극도로 비정치적이고, 특히 선거의 해에 더욱 그렇다. 이번 선거를 앞두고 어느 정당이나 후보자의 정책도 유치하지 않았다. 하지만 미시간은 중요한 격전지였고, 포드의 인공호흡기를 보기 위해서라고 명시되었지만, 그 목적이 무엇이든 간에 해켓은 그것이 선거 행사로 바뀔 것이라는 것을 알고 있었다. 그리

•18장• 구걸하고, 빌리고, 훔치고

고 트럼프의 공개적인 성명과 행동이 바이러스의 위험을 경시했다는 문제가 있었다.

트럼프는 공공장소에서 마스크를 쓰지 않을 것이며, 마스크가 감염을 늦추는 데 도움이 된다는 증거들을 기각했었다. 그는 오바마 행정부가 지난 3월 15일, 사회적 거리두기를 시행하기 불과 일주일 전에 사회적 거리두기를 권장하도록 조치를 취했다면, 3만 6,000명의 미국인이 목숨을 구할 수 있었다는 컬럼비아 대학의 연구결과에 신빙성이 없다고 밝혔다.

하지만 포드의 DNA에는 애국적인 순간이 담겨 있었고, 포드가 만든 것을 과시하는 것은 자랑스러운 일이었다. 해켓은 백악관의 경제 고문 래리 커들로에게 다시 전화를 걸어 초청을 연장했고, 대통령이 마스크를 쓰지 않으면 올 수 없다고 덧붙였다. 포드는 공장을 다시 열 준비를 하고 있었고, 직원들의 마스크 착용에 대한 100% 준수가 필요했다. 대통령이 마스크를 쓰지 않으면 공장 직원들이 이를 심각하게 받아들이도록 하는 일이 더 어려워질 것임을 해켓은 알고 있었다.

대통령이 로슨빌 공장에 처음 도착했을 때, 이미 기자로부터 마스크 착용 여부에 대한 질문을 받았고 그는 질문을 일축했다. 대통령은 "일단 봅시다. 마스크에 대해 묻는 사람들이 많았어요"라고 말했다. 빌 포드와 해켓은 회의실에서 트럼프를 만났는데, 두 임원 모두 마스크를 착용하고 있었다. 해켓은 포드가 인공호흡기에 대해 미국 식품의약국으로부터 필요한 승인을 받도록 도와준 행정부의 도움에 감사했다.

그러자 트럼프는 빌 포드를 향해 "마스크를 써야 하나 봐요?"
라고 말했다. "네"라고 대답하자, 트럼프 대통령은 자리를 피한
뒤 대통령 직인이 찍힌 남색 마스크를 들고 돌아와 임원들에게
보여준 뒤 마스크를 썼다. 그는 "꽤 괜찮아 보이네요"라고 말했
다. 그는 공장 견학 때는 마스크를 쓰겠지만 기자들과 이야기할
때는 벗을 것 같다고 말했다. 그는 "기자들이 내가 마스크를 쓴
건 몰랐으면 좋겠군요"라고 말했다.

하지만 카메라 앞에서 마스크를 쓰고 있었지만 "언론에 그 모
습을 보이는 즐거움을 주고 싶지 않았다"라고 말했다. 마스크와
보안경을 쓴 빌 포드는 잠시 후 기자단의 한 구성원으로부터 대
통령에게 마스크를 쓰지 않아도 된다고 말했는지 질문을 받았
다. 그는 당황해하며 어깨를 으쓱할 뿐이었다.

미시간주 서부에 있는 자택 서재에 앉아 있던 해켓은 펜을 집
어 들었다가 내려놓고 눈을 비볐다. 지난 몇 주 동안 그는 회장인
빌 포드와 함께 극심한 분업 구조에 돌입했다. 포드의 한 직원이
코로나바이러스로 사망했을 때 빌 포드는 그의 가족에게 전화를
걸었고, 해켓은 가족들이 간직할 수 있도록 편지를 썼다.

6월 초 늦봄이 미시간주에 도착할 때까지 두 경영진은 12번이
나 편지를 써야 했다. 해켓은 편지 한 통도 힘들었지만 이번 편지
는 최악이었다. 한 가족에서 세 번째 사망이었다. 첫 번째는 60대

의 남자로 공장에서 일한 베테랑이었다. 그가 사망했을 때, 해켓은 두 아들에게 편지를 썼다. 몇 주 후, 아들 중 한 명이 사망했고, 해켓은 살아남은 형제에게 편지를 썼다. 이제 그 역시 사망했다.

편지를 보낼 사람이 아무도 남아 있지 않았다.

제이슨 암브로시 기장은 8층에 있는 자신의 사무실 창문 밖으로 20년 동안 자신을 고용한 델타 항공의 본사인 광활한 애틀랜타 하츠필드-잭슨 공항을 바라봤다. 2019년 하츠필드는 1억 명 이상의 승객이 이용하는 미국에서 가장 바쁜 공항이었다. 상쾌하게 햇볕이 내리쬐는 6월의 오후, 공항은 사실상 텅 비어 있었다. 유일한 소음은 새의 발톱이 비행기에 상처를 내는 소리뿐이었다.

델타 항공이 비행편을 단순화하기 위해 팬데믹 기간 동안 퇴역하게 될 수백 대의 비행기 중 하나는 MD-88이었다. MD-88은 암브로시가 델타 항공에서 20년 동안 일하면서 주로 비행했던 모델이었다. MD-88은 오래된 모델이었고, 연료를 많이 소비했다. 조종석은 비행하기에 안전했지만 새로운 모델들만큼 자동화되지 않았다. "보잉은 비행기를 만들고, 맥도날드는 인물을 만듭니다"라고 연로한 조종사는 말했다.

팬데믹이 시작될 무렵, 델타 항공이 운항중인 MD-88은 47대였으며, 예정보다 일찍 퇴역시켰다. 보유하고 있는 신형 항공기들을 채울 승객들은 부족했고, 구형 MD-88에 대해 훈련받은 조종사들도 적기 때문에 이 항공기들은 회사에 별 가치가 없었다. 이 항공기들 대부분은 아칸소주 블라이스빌에 있는 비행기로 날아가 부품을 해체하게 되었다. 몇몇 항공기는 비행하기 전에 정비가 필요했다. 하지만 항공기를 해체하기 위해 정비하는 것은 의미가 없기 때문에 작업자들을 고용하여 활주로에서 해체 작업을 진행했다.

CRASH LANDING

• 19장 •

하나의 공간

"미국에서는 훌륭한 원격근무 실험이 진행 중이었다."

*'어디서나 업무 수행' 정책

솔로몬은 몬탁에 있는 두리야의 랍스터 데크에 앉아 있었다. 7월 말 금요일 아침, 골드만삭스 사장은 아침 일찍 일어나 햄프턴 해변 마을에 있는 임대 별장에서 일을 하다가 뉴저지에서 온 친구들을 만나 해산물 식당에서 점심식사를 하기 위해 기다리고 있었다. 이 해산물 식당은 원래 랍스터 롤을 포장해 판매했지만, 이후 테이블을 놓고 VIP 서비스도 제공하는 레스토랑이 되었다.

솔로몬은 자신의 이름을 부르는 소리를 듣고 돌아보니 20대 초반의 한 여성이 있었다. 그녀는 자신을 골드만삭스에 입사한 지 1년 된 직원이라고 말하며, 회사의 최고경영자에게 전혀 거리끼는 기색도 없이 하루 휴가를 위해 해변에 놀러 온 또 다른 여섯 명의 젊은 동료들이 모여 있는 테이블을 가리켰다. 솔로몬은 아는 체를 해주어서 감사하다면서 "분명 유능한 직원인 것 같습니다"라고 말했다.

하지만 속으로는 분노하면서 자리로 돌아왔다. 그가 말단 직원이었을 때는 감히 최고경영자에게 말을 붙일 용기가 없었다. 게다가 지난 몇 주 동안 솔로몬을 괴롭힌 원격근무가 이루어지는 낮 동안이라면 더욱 그럴 것이다. 솔로몬은 넌더리가 났다.

2020년 여름 동안, 사람들을 가두어 놓고 한때 활기찼던 도시들을 유령도시로 만들었던 공포감이 사라졌거나, 최소한 파티를

·19장· 하나의 공간

하고 싶은 충동으로 상쇄되었다. 뉴욕 전역의 거리는 칵테일을 손에 든 사람들이 가득한 야외창고로 뒤덮였고, 이전의 활기를 되찾았다. 3개월 동안, 그 분위기는 장례식에서 축하식으로 바뀌었다. 공동체적인 순간이자 의료 및 응급 요원들을 위한 쏟아지는 지원, 매일 밤 창문 밖으로 쾅쾅 소리가 멈춘 지 오래이며, 예전보다 더 친숙한 마을 밖에서 들리는 흥청망청 소리로 대체되었다. 솔로몬은 주말에 자신이 살고 있는 뉴욕의 번화가 소호 지역을 산책하곤 했는데, 야외 술집들과 젊은이들로 가득 차 있었다. 일터로 돌아오고 싶어 하는 직원들을 위해 6월 말 다시 문을 연 골드만삭스의 사무실에 이들은 월요일 아침에야 모습을 드러냈다. 그에게는 직원들이 맥주 한잔을 위해 바이러스의 위험을 감수할 만큼 사무실로 돌아오고 싶어 하지 않는 것처럼 보였다. 그에게 이 모든 광경이 원격근무가 무의미하다는 증거였다.

솔로몬이 바하마와 햄프턴의 휴가지에서 주말을 보내며 팬데믹 기간 중 대부분을 자유롭게 여행했다는 점을 감안할 때, 이 문제에 대한 그의 불만은 많은 직원에게 약간 위선적으로 비쳐졌다. 그는 또한 햄프턴에서 주니어 분석가들과 마주친 지 며칠 후, 사우스햄프턴에서 열린 전자음악 축제에서 공연을 열었다. 이 축제는 공중보건 전문가들과 앤드류 쿠오모 주지사가 "심각한 사회적 거리두기 위반"을 이유로 심각하게 비판했다. 솔로몬은 나중에 골드만삭스의 이사회에서 콘서트가 실수였다고 인정했다.

하지만 여름이 길어지면서 그의 짜증은 여전했다. 솔로몬은 이전의 열심히 일하는 금융 임원 세대였다. 그는 1980년대 중반 월스트리트에 와서 초기에는 마이클 밀켄이 내부자 거래 혐의로 유죄 판결을 받기 전 정크본드 시장을 발명했던 드렉셀 번햄 램버트에서, 그리고 나서 사모펀드 남작들을 위한 자금을 모았던 베어스턴스에서 고수익 부채라는 용병 세계에서 경력을 쌓았다. 그는 골드만삭스가 상장된 직후인 2000년에 합류했고, 열심히 일해 상사로 승진했다. 그는 2019년에 최고경영자로 임명되었고, 회사에 대한 명확한 비전으로 반대할 수 없는 독재적이기는 하지만 대담하다는 명성을 쌓았다.

그럼에도 불구하고, 그는 월스트리트의 변화하는 문화와 신세대 근로자들의 태도를 수용하면서 골드만삭스의 가장 나이 어린 직원들과 가장 오래된 직원들이 주말을 지킬 수 있도록 보장하는 정책들을 시행하고 있었다. 그는 열심히 일하되 개인적인 삶을 살아야 할 필요성에 대해 종종 말했다. 하지만 팬데믹과 그에 따른 원격근무 체제는 그러한 균형을 망쳐 놓았다. 골드만삭스는 다른 월스트리트 기업들보다 가장 빨리 원격근무를 시작했는데, 특히 JP모건이 아직도 직원들에게 출근을 압박하고 있던 지난 5월에 있었던 거래소 거래장 사태를 피한 것은 주목할 만했다. 월스트리트는 다른 몇몇 산업에서 볼 수 있는 견습 산업이다. 대졸자들은 수천 명의 직원들 곁에 서서 배운다(골드만삭스에서는 말 그대로 여름 인턴들은 첫날 보안패스와 함께 접이식 의자를 들고 이 책상에서 저 책상으로 이동하면서 고위 경영진의 업무방식을 배울 수 있다).

•19장• 하나의 공간

2020년 여름과 가을, 뉴욕과 같은 핫스팟에서 팬데믹이 시들해지자, 경영진들은 수개월 전에 집으로 보냈던 수천 명의 직원을 어떻게 해야 할지, 어떻게 이야기해야 할지 고민했다. 육아는 여전히 부족해서 많은 부모가 이중 근무를 하게 되었고, 이성을 잃기 직전까지 이르렀다. 코로나 바이러스는 여전히 만연해 있었고, 백신에 대한 초기 소식은 유망하기는 했지만, 개발까지는 수개월이 남은 상태였다. 7월 말까지 15만 명 이상의 미국인들과 전 세계적으로 65만 명 이상의 사람들이 사망했고, 더 많은 사람이 이 달의 마지막 주에 산규 감염되었다. 그러나 솔로몬을 포함한 많은 기업주에게 여름의 긴 그라운드호그 데이(성촉절)는 특권의식, 즉 방임 의식을 길러준 것으로 보였다. 그들의 근로자들은 장기 임대를 위해 캣츠킬이나 오스틴, 마이애미 같은 인기 있는 도시로 떠났다. 남아 있던 이들은 수개월간의 격리와 야외 집회의 이점을 이용하는 것에 진저리가 났다.

미국에서는 훌륭한 원격근무 실험이 진행 중이었다.

1729년 6월, 거대한 석조 건물이 런던에서 문을 열었다. 이 건물은 동인도회사의 본거지인 최초의 현대식 기업 본사로 여겨지고 있다. 동인도회사는 그 당시 왕관과 자본주의의 이름으로 아시아의 전횡을 주장하던 준 정부기구였다. 5개의 대리석 기둥이 있고 꼭대기에 처마 장식이 있는 3층 높이의 그루지야 시대 런던의 위풍당당하고 권위 있는 모습이었다. 나중에 한 역사가가 "신뢰를 주고 주주들에게 깊은 인상을 주기 위해" 설계했다고 말한 건축물이다. 이 건물에는 회의실도 있었는데, 그 안으로 검은 피부의 원주민들이 진주, 자기, 차 그리고 다른 이국적인 부를 영국을 의인화한 여전사인 브리타니아에게 바치는 장면이 새겨져 있었다.

그 이후 3세기 동안 건물은 점점 더 높아졌지만 목적은 그대로였다. 건물의 목적은 물류상의 편리함과 기업의 힘을 투영하는 것이었다. 20세기가 저물어가는 시대에 인터넷으로 연결되는 세상이 더 빠르고 광범위해짐에 따라 많은 사람이 사무실의 종말을 예언했다. IBM이나 야후를 포함한 몇몇 대기업은 원격근무를 받아들였고, 직원들에게 자유를 약속했으며, 어디에 있든지 세계 최고의 인재를 채용할 수 있다고 자랑했다. 2009년 IBM의 보고서는 173개국에 근무하는 약 38만 6,000명의 직원 중 40%가 "사무실이 전혀 없다"라고 자랑했다. 이 회사는 5,388제곱미터의 사무실 공간을 없애 20억 달러를 절감했으며, 다른 회사들이 따라할 수 있도록 '어디서나 업무 수행' 정책을 모범을 만들었다.

하지만 이는 지속되지 않았다. 2013년 야후의 새로운 최고경영자 마리사 메이는 직원들에게 사무실로 복귀할 것을 명령하면서, 자발적인 상호작용과 인적 연결이 회사가 최고의 일을 하는 데 결정적이라고 말했다(알고 보니 야후 최고의 업적은 그 뒤에 있었다. 메이는 2017년에 떠났고, 회사는 그 후 몇 년 동안 부품 판매를 위해 효과적으로 매각되었다). IBM도 4년 후에 같은 일을 했다.

이와 동시에 기업들은 반짝이는 기업 캠퍼스에 수십억 달러를 투자하면서 근로자들을 다시 끌어들이고, 기업 성공의 열쇠라고 생각했던 협업을 장려하기 위해 워터 쿨러를 '혁신 라운지'와 콤부차로 교체했다. 어떤 기업들은 더 강경한 입장을 취했는데, 금융 뉴스 및 데이터 회사인 블룸버그는 근로자들이 아침에 출근하는 시간을 기록하고, 오후에 아이스크림 바에서 땅콩버터 카트에 이르기까지 실리콘 밸리에서 흔히 볼 수 있는 직장 내 특전들로 보상했다. 팬데믹이 발생하기 전날인 2010년대 후반의 직장 문화는 물리적인 근접성에 확고하게 뿌리를 두고 있었다.

브라이언 체스키 역시 외로웠다. 외향적인 에어비앤비의 최고경영자는 몇 주 동안 샌프란시스코 집에 틀어박혀 있었다. 평소에 그는 호스트들을 방문하는 것을 좋아했고, 여행자들이 얻고 있는 경험을 테스트하기 위해 종종 가명으로 에어비앤비에 머물렀다. 하지만 그는 몇 주 동안 실내에 갇혀 있었다.

에어비앤비를 고사시킬 것이라고 생각했던 봉쇄는 오히려 에어비앤비가 중심을 이동할 수 있도록 영감을 주었다. 팬데믹 이전에 이 회사는 '체험'이라고 불리는 작은 사업을 가지고 있었는데, 이는 여행자들이 숙소를 예약하는 것이 아니라, 나파에서 와인 시음회나 벨리즈에서 나무 위를 달리는 여행과 같은 경험들을 예약할 수 있게 하는 것이었다. 여행이 금지된 상황에서 에어비앤비는 체험을 온라인으로 진행하여 사람들이 투어나 수업과 같은 가상 경험을 제공할 수 있도록 하였다. 체스키가 가장 좋아했던 것은 '체르노빌의 개들'로, 호스트가 고프로 카메라를 착용하고 원전 사고 현장의 낙진 지역을 배회하며, 주민들이 도망갈 때 버려졌던 애완동물의 후손인 수백 마리의 들개들에게 먹이를 주는 것이었다(체스키는 모건 스탠리의 은행원 마이클 그라임스에게 이 체험을 추천했고, 그는 아내와 대학생 아이들과 함께이 체험에 참여했다).

팬데믹은 또 다른 예기치 못한 기회를 가져왔다. 5월이 되자, 체스키는 장기 체류를 위한 예약이 증가하는 것을 알아차리기 시작했다. 주말에 멀리 떨어진 여행지로 떠나는 여행이 고객의 거주지에서 수백 마일 이내에서 몇 주 동안 머무르는 일정으로 대체되었다. 도시 주민들은 항공편을 이용하지 않도록 이웃한 마을이나 도시에서 머무를 숙소를 찾았다.

7월 8일, 에어비앤비는 중대한 이정표를 세웠다. 예약은 마침내 팬데믹이 시작되기 전의 일일 수준으로 회복되었다. 에어비앤비가 월스트리트에 돈을 구걸하고 직원의 4분의 1을 해고하면서 우스꽝스러워 보였지만, 결국 체스키가 2020년 초 계획했던 IPO가 다시 논의되고 있었다.

모건 스탠리의 에어비앤비 은행가들은 그 주에 프레젠테이션을 작성하였는데, 그것은 에어비앤비가 상장할 수 있다는 것을 설득하고 모건 스탠리가 IPO를 이끌도록 고용되는 것이었다. 프레젠테이션에는 '스페이스 오브 원'이라고 제목이 붙여졌는데,

•19장• 하나의 공간

예상 고객의 귀에 부드럽게 들리도록 만들어진 세련된 월스트리트의 피칭이었다. 파워포인트 슬라이드의 왼쪽에는 '유주얼'이라는 제목의 칼럼이 있었는데, 보통의 회사가 투자자들에게 자리를 잡는 방식들을 똑딱똑딱 보여주고 있다. 오른쪽에는 '스페이스 오브 원'이라고 읽혔으며, 에어비앤비의 상장이 어떻게 달라질지 한 줄로 보여주었다.

대부분의 회사는 단기적인 결과가 좋을 때 상장하였지만, 에어비앤비는 "100년 만에 최악의 여행 침체기"에 상장하였다. 대부분의 회사는 "오로지 주주들을 위한 가치를 보존하기 위해" 위기를 관리할 것이다. 에어비앤비는 "위기로부터의 변화를 받아들이고 모든 이해관계자를 위해 봉사할 것"이다. 체스키를 특히 기쁘게 한 것은 "정의에 따르면 확실하지 않은 단기적인 상황에서 상장하는 것은 장기적인 투자자를 모을 수 있다"라는 것이었다. 다시 말해 팬데믹이 시작된 이래 에어비앤비의 재무 결과는 너무나 나빴고, 위기의 끝은 아직도 너무 모호해서 주식을 구매하려는 투자자라면 오랫동안 투자할 준비를 해야 했다. 그것은 IPO에서 돈을 빨리 벌기 위해 주식을 뒤집는 주주들을 한탄하는 기업 경영진들에게는 반가운 소리일 것이다.

이 은행가들은 잘 준비된 마지막 행동을 취했는데, 이 행동은 냉정하게 진행되는 거래 피칭의 정점이었다. 주식의 수요를 늘리기 위해 IPO를 앞두고 대형 투자자들에게 들려주는 이야기인 다른 회사의 '성공 서사'는 에어비앤비가 이전의 자금조달 라운드에서 얼마나 풍부하게 평가되었는지에 기초하고 있다. 기관투자자들이 이 회사에 대해 점점 더 높은 신뢰를 가지고 있다는 것을 보여주는 평가액을 꾸준히 상승시키면 투자자들은 깊은 인상을 받는다. 하지만 에어비앤비는 여기에 해당하지 않는다. 한때 310억 달러에 달했던 이 회사의 평가액은 지난 4월 실버 레이크와 식스스트리트 투자에서 180억 달러로 줄어들었다.

은행가들은 에어비앤비가 이러한 경향을 벗어날 것이라고 말했다. 에어비앤비의 이야기는 꾸준히 상승하는 가치나 엄청난 성장에 얽매이는 것이 아니라, "불가능한 일, 즉 생존에 기반을 두게 될 것이다."

CRASH LANDING

· 20장 ·

날아라, 비행기

"여기에 가치가 있다."
- 데릭 커

*항공사들, 새로운 노선을 개발하다

더그 파커가 6월 초 아메리칸 항공 본사의 복도를 걷고 있을 때, 그는 수석 대리인 로버트 이솜과 최고수익책임자 바수 라자가 회의를 하고 있는 유리벽으로 둘러싸인 회의실을 지나쳤다. 라자는 최고경영자를 알아보고, 불과 몇 주 전에는 상상할 수도 없을 정도로 대담한 연설을 듣기 위해 그에게 손을 흔들었다.

비행의 경제학은 변했다. 연방정부는 아메리칸 항공 직원 10만 7,000명의 급여를 충당하고 있었다. 비행기는 고정비용으로 항공사는 비행기가 착륙해 있더라도 임대료를 내야 한다. 그 결과, 남는 것은 제트 엔진과 착륙 수수료뿐이다. 아메리칸 항공의 최고수익책임자 라자는 절반 미만의 비행편으로도 이를 감당할 수 있다는 것을 계산해 보여주었다. 라자는 파커에게 "모두들 여기서 잘못된 길로 가고 있습니다"라고 말하며, 시장 점유율을 얻기 위해 역기편을 공격적으로 추가하라고 그에게 요구했다. "어떻게 생각하세요?"라고 그는 상사에게 물어보았다. 파커는 "환상적으로 들리네요"라고 말했다. "우리가 해야 할 일입니다. 어서 비행기를 띄우세요."

3월에 연방정부의 원조를 다시 받은 후, 아메리칸 항공은 다시 집중하기 시작했다. 아메리칸 항공은 그해 봄에 털사와 피츠버그, 그리고 로스웰 외곽의 뉴멕시코 사막의 활주로에 주차했던 410대의 제트기 중 약 절반을 다시 가져왔다. 경쟁사들은 망설이는 동안 전체 항공사와 맞먹는 약 400만 좌석을 스케줄에 추가하였는데, 이는 팬데믹 이전의 제트블루 크기와 맞먹었다.[1] 7월 중순까지 아메리칸 항공은 유나이티드 항공보다 2배 이상, 델타 항공보다 절반 이상 많은 좌석을 보유하게 되었다. 댈러스-포트워스의 허브는 잠시 세계에서 가장 붐비는 공항이 되었다. 그달 말까지 거의 700대의 비행기가 매일 이륙했는데, 이는 1년 전의 900대에서 감소한 것이지만 봄의 가장 조용한 날보다 200대에서 증가한 것이다. 라운지가 다시 문을 열었고, 터미널 D에 있는 A에 가끔 노선이 형성되기도 하였다.

경쟁사들은 혀를 내둘렀다. 지난 6월 직원들에게 보낸 내부 메모에서 아메리칸 항공이 120만 석을 추가한 달에 단 64만 석만 추가한 유나이티드 항공은 일부 이름 없는 경쟁사들이 '부풀려진 일정'을 운영하고 있으며, 이는 궁극적으로 돈을 잃는 실수로 판명될 것이라고 말했다. 바스티안은 델타 항공이 "능력에 대해 업계에서 가장 보수적인 접근법"을 취할 것이라고 월스트리트의 분석가들에게 약속했다.

파커의 도박은 효과가 있는 것으로 보였다. 6월에 아메리칸 항공의 국내선 좌석은 70%가 찼다. 파커는 5월 말 플로리다에 있는 휴가지로 여행을 가려고 할 때 비행기의 좌석을 잡지 못했고, 결국 사우스웨스트 항공을 이용해야 했다. 그는 그가 한때

'소의 차량'이라고 비유했던 항공사였다. 어느 순간, 라자는 질병통제센터의 고위 관계자로부터 화가 난 전화를 받았는데, 데이토나 해변으로 가는 아메리칸 항공의 할인된 항공편을 본 적이 있다는 것이었다. 비행기를 띄우는 전략은 공중보건 분야의 미움을 받는 것처럼 보였다.

그것은 단순한 항공 여행이 아니었다. 미국 경제는 2020년 여름과 초가을에 다시 포효했다. 봉쇄와 따뜻한 날씨에 유혹당한 미국인들은 넷플릭스를 끄고 그들의 사워도우 스타터를 냉장고에 다시 넣으면서 팬데믹의 족쇄에서 벗어나려 했다. 2분기에 31% 감소한 후,[2] 미국의 경제는 7월과 10월 사이에 38% 성장했다. 미국은 팬데믹이 시작된 이후 잃었던 일자리의 4분의 3을 회복했고 실업률은 5.4%였다. 식당 매출도 팬데믹 이전 수준의 80%로 회복되었다. 2020년 봄의 경제적 피해를 지우기에는 충분하지 않았다. 미국의 전체 경제 활동에서 여전히 약 2,800억 달러가 누락되었다. 하지만 피해를 거의 극복해낸 것 같았다.

크리스 나세타에게 반가운 소식이었다. 힐튼의 최고경영자는 지난 3월, 월스트리트로부터 15억 달러를 빌리고 아메리칸 익스프레스American Express와 체결한 신용카드 포인트 거래를 통해 추가로 10억 달러를 조달한 바 있다. 힐튼의 매출은 2분기에 3분의 2로 감소한 상태였다. 6월 말까지 이 회사의 주식은 여전히 70달러로 2월 최고치에 비해 거의 40%나 하락했다. 2019년 200일 이상을 이동하면서 보낸 나세타는 휴식을 위해 카보에서 보낸 일정 때문에 이후 알링턴의 집에 갇혀 안절부절못하고 있었다.

하지만 그는 가족과 즐거운 시간을 보냈다. 대학생 딸 다섯 명이 다시 집으로 왔고, 거의 매일 함께 저녁 식사를 했다. 나세타는 설거지를 하고 있었다. 그는 잘 닦이지 않는 라자냐 냄비를 닦으면서, 아내 페이지에게 "사람들은 우리가 죽었다고 생각하지만, 아니야"라고 말했다.

8월 여름이 되면서 날씨가 좋은 날에 힐튼 호텔의 예약률이 50%를 기록했다. 그러나 7월 중순, 코로나바이러스 감염증 환자가 다시 증가하는 추세에 있었다. 신용평가 및 경제 조사기관인 무디스는 모든 사람이 아직 존재하지 않는 백신을 접종한다고 가정하더라도 2023년 말까지 항공 여행은 팬데믹 이전 수준으로 회복되지 않을 것이라고 예측했다. 세계무역기구의 항공 산업 예측은 더욱 비관적이어서, 날짜를 2024년으로 잡았다.

비행기를 더 많이 띄우는 것만으로는 충분하지 않았다. 새로운 전략을 취하긴 했지만, 아메리칸 항공의 재정은 곤경에 처했다. 아메리칸 항공은 급여 동결과 본사 직원 3분의 1을 감축하는 등의 비용 절감에도 불구하고, 3월에는 하루 6,500만 달러, 4월에는 하루 8,600만 달러를 불태웠으며, 이는 최악의 결과가 될 것이다. 아메리칸 항공을 위해 48억 달러가 배정된 250억 달러의 정부 차관 프로그램이 아메리칸 항공의 급속히 악화되는 재정 구멍을 메울 수 있기를 바랐으나, 대출 세부 사항을 둘러싼 협상이 지연되고 있었다. 월스트리트의 부티크 회사인 PJT 파트너스의 재무부 은행가들은 납세자들을 보호하기 위한 충분한 담보물을 원했기 고 아메리칸 항공은 상대적으로 제공할 것이 별로 없었다. 아메리칸 항공은 대부분의 항공기를 임대하거나 그 밖의 방법으로 자금을 조달했으며, 이미 수익성이 가장 높은 노선을 담보로 대출을 받은 상태였다.

PJT의 수석 은행가인 짐 머레이는 아메리칸 항공에게 빛나는 세 본사들을 담보물로 내세울 것을 제안했다. 2019년에 완공된 1,124제곱미터 규모의 이 캠퍼스는 회사의 자랑거리 중 하나였다. 이 캠퍼스는 최첨단 조종사 훈련 센터와 현대 예술, 밥캣이 잠복해 있는 특수 목적 지역인 자연 보호구역 양 옆에 태양빛으로 가득 찬 휴게소를 자랑했다. 본관 건설 비용은 10억 달러에 달했고, 파커는 이 공사를 중단하기를 원하지 않았다. 아메리칸 항공의 최고재무책임자인 데릭 커가 대안을 제안했다. 외부 회사는 그들의 상용 고객 프로그램의 가치를 250억 달러로 평가했다. 항공 업계의 더러운 비밀은 그들이 주요 은행들과의 신용카드 제휴로 비행기 표를 판매해서 버는 것보다 더 많은 돈을 벌었다는 것이다. 커는 머레이에게 물었다. "재무부가 담보로 받아줄까?"

미국 연방정부의 은행들은 회의적이었다. 아메리칸 항공이 파산하면 어떤 일이 벌어지겠는가? 상용고객의 마일리지가 0이 된다면 이 프로그램은 가치가 없게 되어, 미국 납세자들을 엄청

•20장• 날아라, 비행기

난 손실에 노출될 것이다. 커는 PJT사에 그런 일은 일어나지 않을 것이며, 심지어 과거 항공시 피산 사건에서도 이들이 제공하는 충성도 프로그램은 그대로 나타난 적이 있다고 안심시켰다. 그는 PJT사들에게 "여기에 가치가 있다"라고 말했다.

항공사들이 지난 3월 CARES 법안의 일환으로 받은 250억 달러의 급여 지원이 9월 30일 만료될 예정이어서 파커는 지난 3월에 결성한 정치 정치연합이 2차 원조를 유지할 수 있을지에 대해 몇 주 동안 넬슨과 이야기를 나눠왔다. 넬슨은 파커에게 유지할 것으로 생각한다고 말했지만, 네이트 가튼은 덜 낙관적이었다. 그는 상사에게 항공사들에 대한 지원을 다시 늘릴 정치적 의지가 적었다고 말했다. 1차 부양책은 의회 의원 대부분이 불쾌하게 여겼고, 가을을 앞두고 2차 부양책을 둘러싼 정치적 싸움은 그 자체로 까다로웠다. 민주당은 개별 가정에 대한 더 많은 지원과 병원, 주정부 및 지방정부에 대한 더 많은 지원을 추구하는 반면, 공화당은 더 작고 목표가 분명한 종합대책을 추진했다.

일부 비판론자들이 항공사들에 대한 지속적인 지원이 기업복지와 유사한 것이 아닌지 궁금해하는 가운데 정치적 분노도 확산되었다.[3] 부동산이 비워지고 임차인들이 임대에서 벗어날 방법을 찾기 시작한 호텔리어나 부동산 소유주들에게는 눈에 띄는점이 없었다. 폐업한 수십만 개의 레스토랑은 유명 요리사들과 무역 단체들이 그들을 대신해 로비를 위해 서둘러 모여 열렬하게 청원했음에도 불구하고 특별한 분점은 만들지 않았다.

항공사 최고경영자들은 7월 중순, 이번에는 줌을 끄고 다시 통화하기 위해 모였다. 그들의 절실한 필요성이 어느 정도 대등했던 지난 3월, 그들이 지지했던 통합전선이 무너지기 시작했다. 위기가 길어지면서 그들의 근본적인 강점과 약점이 드러나기 시작했는데, 부채가 적고 재무상태표가 튼튼했던 델타와 사우스웨스트 항공은 두 번째 지원을 위한 노력을 철회했다. 그리고 다른 항공사들, 특히 경쟁사들보다 부채가 많았던 아메리칸 항공의 파커는 또 다른 지원을 위해 적극적인 자세를 취했다.

이 로비 단체를 이끄는 닉 칼리오는 개인적으로 파커에게 사우스웨스트의 바스티안과 게리 켈리는 워싱턴에서 막 시작된 그 당시의 회담을 방해하기 위해 어떤 것도 그렇게 열심히 하고 있지는 않다고 개인적으로 말했다. 칼리오는 두 번째 지원에 대한 주제는 회의 안건에 넣지 않았는데, 그 대신 이 회의에서는 항공사들이 봄에 의뢰한 하버드 보건 연구 보고서의 최신 정보를 포함하여 건강과 안전에 초점을 맞추고 있었다.

하지만 일상적인 일들이 처리되면서 파커는 말을 아꼈다. 그는 "한 가지 더 있습니다"라고 말하며 항공사들의 급여 지원 프로그램을 전면적으로 확대하기 위한 아이디어를 제시했다. 지난번 그렇게 문제가 많았던 대출 프로그램은 여기에 포함되지 않을 것이다. "오래 걸리겠지만 누가 수용하지 않으려 하겠습니까?" 바스티안이 말했다. 파커의 입장에서 이 프로그램은 신임투표였으며 전화를 끊자마자 그는 가튼에게 "이것이 이제 아메리칸 항공의 최우선 사항입니다"라고 이메일을 보냈다.

하지만 협상이 계속 지연되고 있었고, 6월이 되자 이 회사는 더 이상 버틸 수 없게 되었다. 바로 그때, 자금 모금에 있어서 교묘하고 창의적인 것으로 유명한 월스트리트 회사인 골드만삭스가 커에게 아이디어를 하나 생각해냈다. 아메리칸 항공의 지적 재산인 로고, 특허권 그리고 그 밖의 지저분하지만 잠재적으로 가치가 있는 자산들은 어떨까? 아메리칸 항공은 자사의 상징적인 'AA' 로고와 AA 혜택의 신용카드, 그리고 aa.com과 그 밖의 자산들에 대한 권리를 가지고 있었다. 미국 정부는 그것을 담보물로 받아들이려고 하지 않았지만, 어쩌면 개인투자자들은 그럴지도 모른다.

한 독립평가사는 이 상표들의 가치를 70억 달러 이상으로 평가했는데, 이 금액은 골드만삭스 은행들이 선순위 채무로 10억 달러를 조달하기에 충분한 금액이었다. 하지만 투자자들은 이 회사가 취약하다고 생각했기 때문에 이자율은 11.75%였다. 지난 2월, 아메리칸 항공은 아무런 담보도 제공받지 못하는 채권을 3.75%에 매각했었다. 다시 말해, 투자자들은 아메리칸 항공이 이 채권을 갚지 못할까 봐 너무나도 걱정했기 때문에, 수십억 달러에 달하는 지적재산권의 자랑스러운 새 소유자가 되어 신용카드로 가격을 매겼을지도 모른다. 이번 사태는 한 회사가 현금을 마련하기 위해 유명 브랜드를 저당 잡힌 첫 번째 위기가 아니었다. 지난 봄, 모건 스탠리 은행원들이 카니발 크루즈 라인에 대한 모금을 마무리 지을 때, 이 회사는 선박들과 운항허가증들을 담보로 내걸었다. 마지막 순간, 한 은행원은 카니발의 로고와 상표를 이 냄비에 추가하자고 동료에게 제안했다. "저는 '모건 스탠리 크루즈 라인'에 대한 수요가 많지 않다고 봅니다."

IP 채권과 비슷한 시기에 발행한 21억 5,000만 달러의 주식 및 전환사채로 아메리칸 항공은 몇 개월은 더 버틸 수 있는 현금을 보유하고 있었다. 그래서 2020년 봄과 여름에 우량 기업들을 차례로 인수했다.

채권시장이 1년 넘게 거의 문을 닫았던 2008년과 달리 비싸지만 쓸 수 있는 돈이 있었다. 이 회사의 하루 현금 손실액은 2021년 3월까지는 1,000만 달러 이하로 떨어지지 않을 것이며, 위기가 시작된 지 1년이 지난 4월까지는 플러스로 전환되지 않을 것이다. 그 12개월 동안 미국인들은 거의 230억 달러에 달하는 새로운 현금을 마련했는데, 이 중 3분의 2는 연방정부로부터, 나머지는 시장에서 주식과 채권을 조금씩 거래하면서 조달했다.

커는 마침내 승리를 거두었다. 재무부를 대표하는 PJT 은행가들은 항공사가 CARES 법안에서 할당받은 48억 달러의 대출에 대한 담보로 항공사의 신용카드 프로그램을 받아들일 용의가 있다고 말했다.

골드만삭스 은행가들은 기회를 감지할 수 없게 되자 미끼를 던져 전환을 제안했다. 왜 미국인들은 정부의 승인 도장을 대신 시장에 가져가서, 투자자들이 이 승인을 받아들일지 알아보지 않았을까? 이 회사의 수석 투자은행가들 중 한 사람인 그렉 리는 은행이 IP 담보 채권을 매각하고 몇 주 후, 여름에 커에게 이 아이디어를 제안했다.

아메리칸 항공에게는 두 가지 이점이 있다고 이 은행가는 말했다. 첫째, 아메리칸 항공은 보다 전통적인 자산인 비행기, 여분의 부품과 만일 그렇게 된다면 본사를 남겨두게 되어 향후 개인 투자자들로부터 돈을 빌리는 데 사용할 수 있다. 둘째, 아메리칸 항공은 동일한 거래를 시장에 판매하려고 한다면, 온갖 종류의 공시가 필요하게 된다. 신용카드 파트너가 하나인 다른 항공사들과는 달리, 아메리칸 항공에는 시티와 바클레이스라는 두 개의 제휴사가 있었다. 아메리칸 항공은 두 제휴사와의 정확한 거래 내역을 비밀에 부치고, 은행들이 가끔 재협상을 할 때 더 나은 조건으로 서로를 속이려고 열심히 노력했다. 만약 재무부가 신용카드 프로그램에 대한 소유권을 주장했다면, 이 계약들은 공적인 기록에 대한 문제가 될지도 모른다. 로열티 프로그램의 세부 정보를 방송하게 되면, 불가피하게 두 항공사 모두 분노하게 될 것이다.

그러나 아메리칸 항공은 투자자들로 하여금 자사의 IP 채권을 매수하도록 하려면 11.75%의 이자를 지불해야만 했다. 재무부는 이 신용카드 프로그램에 대해 기준금리보다 3.75%포인트 높은 가격으로 대출해주겠다고 제안하고 있었다. 그는 리에게 "골드만삭스의 따스한 빛을 받고 있지 않다면 거짓말일 겁니다. 하지만 비용이 얼마나 될까요?"라고 말했다. 그 은행가는 껄껄 웃었다. "훨씬 더, 아마도 10% 내지 11%일 것입니다."

재무부의 거래가 성사되었다(골드만삭스는 곧 유나이티드 항공에 동일한 거래를 제안할 것이며, 유나이티드 항공은 시장에 대한 충성도 프로그램의 지원을 받아 채권을 판매한 최초의 항공사가 되었다. 델타 항공은 가을에 그 뒤를 따를 것이다. 아메리칸 항공도 재무부에 돈을 갚고 프로그램에 대한 권리를 되찾으면 2021년 3월 결국 동일한 거래를 할 것이다. 이 채권들의 금리는 골드만삭스가 10개월 전에 커가 인용했던 것의 대략 절반인 약 5%에 달했다).

재정 상태가 훨씬 더 튼튼한 사우스웨스트 항공사가 자금을 받지 않기로 결정함으로써 7억 달러를 추가로 받게 되었다. 게다가 가을에 항공사들이 실제로 자금을 빌릴 것인지 말을 해야 하는 날에 델타 항공은 요구하지 않았다. 그래서 아메리칸 항공은 델타 항공의 자금과 추가로 20억 달러를 받게 되었고, 이로 인해 정부로부터 빌린 자금은 총 75억 달러가 되었다(아메리칸 항공의 경영진들은 당황했다. 비록 델타 항공이 이 자금을 필요로 하지 않더라도, 경쟁사에게 돌아가지 않도록 이 자금을 가져갈 것이라고 생각했기 때문이다).

항공사들은 새로운 노선을 개발하고 있다는 소식을 빠르게 알렸고, 한편으로는 조용히 노선을 폐쇄하고 있었다. 아메리칸 항공이 8월 20일 발표한 언론보도 자료가 이례적인 것도 이 때문이었다. 아이오와주 수시디와 미시간주 칼라마주와 같은 15개 소도시들의 서비스를 10월부터 중단하기로 한 것이었다. 이는 순전히 정치적인 것으로, 서비스를 제공하는 해당 항공의 지역구 의원들을 자극하기 위한 것이었다. 아메리칸 항공은 "항공사는 연방지원 연장이 계속되고 있기 때문에 이들 지역에 대한 계획을 재평가할 것"이라고 말했다.

파커는 지난 3월, 수십억 달러의 정부 원조를 받았던 항공 업계의 거래 담당자 역할을 다시 맡게 되었고, 워싱턴으로 돌아왔다. 지금 항공 업계는 수십억 달러가 더 필요했다. 그는 으스스하고 황량한 시내에 있는 윌러드 호텔을 떠나 조지타운의 포시즌스 호텔로 갔다. 조지타운에는 몇 개의 레스토랑이 문을 열었고, 강으로 걸어 내려갈 수도 있었다. 그는 무더운 날씨에 거의 매일같이 전화기를 귀에 대고 있었다. 그는 대부분 텅 빈 호텔에서 유명 인사가 되었고, 지배인에게 객실 점유율을 확인했다. 대부분의 날이 한 자리 숫자였다. 파커는 "그런 것같이 느껴지네요"라고 말했다.

9월 10일, 파커는 낸시 펠로시 전화 통화를 했다. 의장과는 통화하기 어려웠는데, 이는 정치적으로 그녀가 곤경에 처해 있음을 반영하는 것이었다. 대선은 거대하게 다가오고 있었다. 또 다른 거대한 원조 계획이 통과된다면, 그것이 트럼프의 재선 가능성을 높이고 하원을 장악하기를 희망하는 공화당원들에게 도움이 될 것이라는 정치적 견해가 강화되고 있었다. 그러면 펠로시 의장은 의사봉을 잃게 될 것이다.

게다가 지난 3월, 민주당이 1차 원조를 위한 투표에 도움을 주었던 노동자 조직의 단결된 전선이 이제 위태로워지고 있었다. 교사 노조는 학교들이 안전하게 다시 문을 열 수 있도록 적립 기금을 추진하고 있었으며, 랜디 와인가튼 노조위원장은 항공사 직원들을 위한 또 한 번의 개척에 불쾌감을 숨기지 않았다. 이는 펠로시 의장의 선거구가 협상에서 결정적인 걸림돌이 되었던 주정부 및 지방정부의 추가 원조에 대해 확고한 입장을 견지하는 데 기여했다(이러한 원조는 전염병으로 인해 큰 타격을 입은 공공 병원들에는 도움이 될 것이다).

펠로시의 요청에 따라 그 주제에 관한 전문가의 항공 원조 협상 동안 그 역할을 맡은 교통위원회 의장인 드파지오도 전화에 참여했다. 그는 기분이 좋지 않았다. 산불이 오리건주 서부 전역에서 맹위를 떨치고 있었고, 수천 명의 유권자들과 함께 집에서 대피하고 있었다. 그는 재빨리 대화를 가로챘다.

드파지오는 "낸시, 당신은 잘못된 싸움을 하고 있어요"라고 말했다. 주정부와 지방정부에 더 많은 자금을 지원해달라는 민주당의 주장은 좋은 의도에서 나온 것이지만, 근시안적인 것이었다. 아메리칸 항공과 유나이티드 항공은 연방정부의 지원을 연장하지 않으면 3만 명 이상의 직원들을 해고할 것이라고 경고했다. "그다음 우리가 얻을 수 있는 것을 얻으러 갑시다. 그리고 나서 우리는 그것을 이용해서 선거에서 이길 것이고, 더 많은 것을 얻을 것입니다. 우리가 선거에서 이기지 못하면, 더 큰 문제가 생길 것입니다." 이 하원의원은 파커가 그곳에 있다는 것을 잊은 듯 평소답지 않게 자기 당의 지도자를 질책했다. 파커는 말을 잇지 못하고 자신의 수석 로비스트인 가튼에게 고개를 돌렸다. 가튼은 "그를 그냥 보내주세요"라고 말했다. "그는 당신들의 싸움과 싸우고 있는 겁니다."

드파지오는 펠로시 의장에게 자신의 입장을 누그러뜨리라고 촉구하며 말을 이어갔다. 그는 "9월 30일이 되면 수만 명의 항공사 직원들이 실직하게 될 것"이라고 말했다. 그는 "낸시, 그들은 허세를 부리는 게 아니에요. 우리는 이 일을 끝내야 해요"라고 말했다. 그리고 나서 누군가 손으로 수화기를 막은 것처럼 전화가 먹통이 되었다. 드파지오는 다시 전화를 걸어 이렇게 말했다. "난 가야 해요, 대피 중이에요."

딸깍!

CRASH LANDING

•21장•

욜로 경제

"인생은 한 번 사는 것(You Only Live Once)!"

*소비자 자본주의, 팬데믹 상황에서도 길을 찾다

신이 세상을 집어 들고 흔들어 모든 사람을 세상 밖으로 떨궈낸 후, 다시 세상을 내려놓은 것처럼 보였다. 고먼은 텅 빈 타임스 스퀘어를 지나 사무실로 걸어가고 있었다. 2020년 10월 8일이었다. 그는 아파트에서 3개월을 거의 혼자 보냈는데, 이는 10년 전 모건 스탠리 최고경영자가 된 이후 뉴욕시에서 일주일을 계속 보낸 적이 거의 없었던 한 남자에게는 충격이었다. 그는 생각하기 위해 밤에 긴 산책을 했다. 지난 5월에는 미니애폴리스 경찰에 의해 흑인 조지 플로이드가 사망한 후 인종 차별 폭동이 뉴욕시와 전국을 휩쓸었다. 때문에 스쳐가면서 본 식당이나 가게는 판자를 덧댄 상태였다.

고먼은 모건 스탠리 직원 중 13번째로 코로나19에 걸렸다.

은행 임원진의 사무실 밖에서 일하던 경비원을 포함하여 20명이 사망했다. 그가 다시 자신이 된 것처럼 느끼는 데 10주가 걸렸다. 깊은 호흡을 하면 폐에서 탁탁 소리가 났고, 가슴이 꽉 조이는 느낌이었다. 그는 매일 자신의 모국인 호주에서 사랑받는, 다른 나라의 음식에서는 인지할 수 없는 양조업자의 효모로 만든 검고 고소한 스프레드 베지마이트 병에 코를 밀어 넣고 후각이 돌아왔는지 확인했다. 그날 아침 그는 손가락으로 스프레드를 찍어 훑어보았다. 아직 아무것도 느껴지지 않았다.

그는 2020년을 이-트레이드에 대한 인수로 시작했다. 그는 또 다른 인수를 발표하려던 참이었다. 그 작업은 6월에 시작되었다. 월스트리트에서 돈을 운용하는 모건 스탠리는 수년 동안 이튼밴스Eaton Vance를 탐내왔다. 이튼밴스는 소매 중개업체로 뮤추얼 펀드와 기타 상품들을 판매하고 있다. 고먼은 이튼밴스의 최고경영자인 톰 파우스트에게 인수의 손을 내밀었다. 고먼은 맨해튼 아파트에서, 파우스트는 뉴햄프셔에 있는 집에서 줌으로 이야기를 나누었다. 고먼의 팀은 조명 장치를 설치했지만 그것은 계속 떨어졌고, 그는 조명 장치를 벽장에 밀어 넣었다.

그는 시기가 좋지 않다는 것을 알고 있었다. 지난 여름, 코로나19의 2차 유행은 시장을 다시 흔들었고, 수년간 경제에 걸림돌이 될 수 있는 모든 봉쇄 조치를 촉발했다. 하지만 그는 신경 쓰지 않았다. 그는 모건 스탠리가 2012년 거대 소매업체인 스미스 바니를 인수했을 때 반대론자들을 무시했었다. 그 당시 고먼은 마치 '폴라 익스프레스'의 소년처럼 느껴졌고, 그 누구도 들을 수 없는 벨소리를 들었다(2017년, 한 대리인이 그에게 책상 위에 올려놓았던 은색 썰매 벨을 주었다). 그는 인수에 비용이 많이 들 것이고, 반격에 직면할 것을 알고 있었다. 모든 합병은 힘들지만, 금융회사들 간의 인수는 종종 치명적일 수 있는 문화적 내분의 희생양이 되기도 한다. 은행가들은 이기적이고 변덕스럽다. 거래자들은 이기적이다. 포트폴리오 매니저들은 겉치레를 하고 은밀하다. 서로 다른 회사들로부터 온 다양한 진영을 한데 묶는 것은 재앙에 대한 대비책이 될 수 있다. 모건 스탠리는 지난 1997년에 한 차례 그러한 재난을 겪은 적이 있는데, 이는 딘 위터와의 결탁으로 인해 수십 년간의 저격과 경영 쿠데타가 촉발되면서 회사는 수년 전으로 후퇴하게 되었다.

고먼은 이튼밴스를 위해 거액의 거래에 대한 지혜를 논의하면서 부하직원에게 "세상은 주변에 앉아 싸게 훌륭한 부동산을 구입하려고 노력하는 중역들로 가득 차 있습니다"라고 말했다. "그들은 둘러앉아 어떻게 해야 많은 돈을 지불하지 않을지를 서로에게 상기시킵니다. 문이 열리면, 당신은 그 문을 통해 걸어가야 합니다."

이제 그는 시장 개장 직전에 발표될 거래에 대해 설명하기 위해 오전 7시 타임스 스퀘어를 걷고 있었다. 그가 사무실로 돌아온 것은 수개월 만이었다. 타임스 스퀘어에서 근무하는 직원은 약 5%에 불과했다.

맨해튼이 반쯤 비어 있는 동안 온라인 세계에서 주식 거래는 급증했다. 미국 주식시장이 바닥에서 맹렬한 반격을 가했다. 8월 19일, 3월 중순에 시작했던 약세장은 공식적으로 사상 최고치로 마감하며 끝났다. 이는 역사상 가장 짧은 약세장이었다.[1] 연말까지 12번 이상의 새로운 종가 최고치가 경신되었다. 불과 몇 달 전 수십 년 만에 최악의 손실을 겪었던 주식시장으로서는 충격적이고 거의 터무니없는 반등이었다.

실리콘 밸리가 그 길을 이끌었다. 20년 전 닷컴 버블이 연상되는 광란 속에서 기술주들이 급등했는데, 이는 겉보기에는 팬데믹을 방지하는 것처럼 보이는 기업 이익을 지원할 수 있는 수준을 훨씬 넘어서는 것이다. 2018년, 애플은 세계 최초로 1조 달러 규모의 회사가 되었을 때,[2] 이 기술 로열티 성에 새로운 날개를 만들었다. 8월 19일,[3] 주식시장이 사상 최고치를 기록하면서 애플은 2조 달러 규모의 회사가 되었다. 아마존과 마이크로소프트가 몇친억 달리를 하킵은 겠으로 간주할 수 있다면, 그리고 긴 팬데믹 여름의 후반기에 실리콘 밸리에서는 가능한 일이었다.

물론, 이렇게 반등으로 얻은 재산은 균등하게 분배되지는 않았다. 미국 전체의 약 절반만이[4] 주식을 소유하고 있었고, 주식의 90%가 미국 최고 부자 20%의 손에 들어 있었다. 이들은 분명 하락하는 도중에 손실도 입었지만, 시장이 연이어 최고 기록을 경신하면서 손실을 만회하는 것 이상의 것을 누리게 되었다(창의적 회계사들 역시 투자 손실을 선택적으로 회수하여 세금 혜택을 창출할 수 있다).

여름이 가을로 바뀌면서 각양각색의 회사들이 자금을 조달하기 쉽다고 생각했다. 그리고 월스트리트 분위기가 좋았다면 데릭 커도 거기에 있었을 것이다. '아메리칸 항공'의 최고재무책임자는 지난 8개월 중 대부분을 은행들로부터, 채권 보유자들로부터, 재무부로부터, 의회로부터, 그리고 다시 은행들로부터 현금을 구걸하기 위해 파견되었다. 아메리칸 항공은 자사의 항공기

950여 대의 꼬리 부분에 새겨진 상징적인 빨강과 파랑의 로고를 담보로 제공했다(그중 한 가지 중요한 것은 아메리칸 항공의 본사는 정부 대출을 위한 담보물로 제공하는 것만은 피했다).

11월 9일, 투자자들은 그들이 3월부터 기다렸던 소식을 접했다.[5] 화이자는 오전 6시 45분에 바이오엔테크와 협력하여 개발한 백신이 바이러스로부터 초기 연구 참가자들을 90% 보호하는 데 효과적이라고 발표했다. 그들은 개장하자마자 구매하기 시작했고, 그날 S&P500 지수는 역대 두 번째로 높은 수준을 기록했다. 심지어 그날의 승자와 패자가 혼재된 것은 효과적인 백신이 눈앞에 다가오면서 팬데믹이 끝나가고 있다는 투자자들의 자신감에 대한 증거였다. 넷플릭스, 클로록스, 줌, 펠로톤 등 팬데믹 달링들은 시장가치에서 총 550억 달러를 잃었다. 그날의 가장 큰 승자들은 주가가 15% 상승한 콜스, 카니발 크루즈 라인, 그리고 아메리칸 항공으로 팬데믹의 패자들이었다.

포트워스 사무실에 앉아 있는 데릭 커는 돈을 벌기에 충분한 지식을 갖고 있었다. 그는 뱅크오브아메리카의 담당자에게 전화를 걸었다. 그 항공사는 5억 달러의 주식을 매각하기를 원했고, 아메리칸 항공이 지난 3월에 필요로 했던 10억 달러 대출에 참여한 것에 대한 감사의 선물로 매각 중개를 위해 뱅크오브아메리카를 고용하기를 원한다고 그는 말했다.

이 방식은 월스트리트에서 은행이 한 회사의 주식을 완전히 매입하여 다른 투자자들에게 매각하는 위험을 감수하기로 합의하는 블록 트레이드block trade로 알려져 있었다. 은행이 수요를 잘못 판단하여 처분할 수 없는 주식을 떠안게 될 수도 있는 위험 때문에 은행들은 보통 4% 내지 5%의 수수료를 부과한다. 하지만 이제 시장의 입맛이 얼마나 빨리 긍정적으로 바뀌었는지를 보여주는 징후로 뱅크오브아메리카는 이 주식을 빠르게 매각하여 이익으로 전환할 수 있다고 확신했고, 아메리칸 항공에 2% 못 미치는 수수료를 부과했다. 오전 8시가 되자 뱅크오브아메리카는 이 주식을 투자자들에게 넘겼고, 제트 연료로 운영되는 한 시장에서 하루에 100만 달러 이하의 수익을 올렸다.

그때는 욜로 경제가 막 인기를 끌기 시작했다. 'You Only Live Once(인생은 한 번 사는 것)'의 줄임말로 1990년대부터 존재해 왔지만, 래퍼 드레이크에 의해 2010년에 대중화되었다. 하지만 그는 나중에 그것에 대해 사과했다. 2012년 GIF에게 올해의 상을 빼앗기고, 새러데이 나이트 라이브Saturday Night Live에서 조롱을 받은 이후 욜로는 희미해진 것처럼 보였다. 그러나 팬데믹이 시작된 1년 후, 욜로는 모든 것을 버리기로 결정한 미국인들에게 모토가 되었다. 그들은 직장을 그만두고, 외곽으로 이사를 가서, 자신들의 저축을 새로운 인생에 투자했다. 그들은 트위터나 레딧에 '욜로!'라고 게시하곤 했다. 그것은 너무나 많은 죽음이 뒤흔든 한 해가 지난 후 갖게 된 반발심을 보여주는 것이었다.

수백만 명의 미국인이 주식시장으로 몰려들었다. 이들은 지루함과 끊임없는 소셜 미디어의 과장된 광고들로 촉발되었으며, 1년간의 억제된 지출과 아이디어를 교환하고 서로를 다독이는 레딧과 같은 인터넷 게시판에는 '자극제'라고 불리는 관대한 정부 부양책으로 인한 현금으로 넘쳐나고 있었다. 이들은 시장이 이길 수 있는 게임이라고 보여주는 앱들과 무료로 거래해주는 로빈후드와 같은 신생기업들에게 몰려들었다.

선더링 허드들도 복귀했다. 이들이 일으킨 먼지구름은 한때 교외 쇼핑몰의 붙박이였던 말썽 많은 비디오 게임 소매업체인 게임스톱, 그리고 애플과 구글에 의해 자체 게임에서 패배한 원래의 스마트폰 제조업체인 블랙베리 등 지나간 시대의 기업명을 날려버렸다. 팬데믹으로 사업과 주식이 타격을 입어 2020년 초 몇 달 동안 파산할 수도 있다고 경고했던 영화관 체인인 AMC는 실제로 파산할지도 모른다고 경고했다.

투자 지혜에 직면한 그들의 반항은 지난 몇 년간 정치 지형을 뒤흔든 포퓰리즘의 재정적 거울이었다. 워싱턴과 월스트리트의 지배층이 일상적인 미국인들을 팔아 치웠다는 상처와 거부감에 의한 것이다. 트럼프를 집권하게 만든 공화당 기반에는 정치 엘리트들이 있었다. 거의 파산지경인 회사들의 주식을 하늘 높이 올린 레딧의 군중들에게, 그것은 헤지펀드와 은행들이 개인투자자들을 짓밟는 일이었다.

대부분의 아마추어 트레이더들은 자신들을 그런 객관적으로

비합리적인 투자로 몰아가는 경제적 힘을 분명하게 표현하지 못할 것이다. 하지만 과학은 일리가 있다. 초저금리의 세상에서 부자로 가는 길은 보수적인 장기 투자 포트폴리오에 급여의 일부를 투자하고, 시간이 지남에 따라 복리로 계산되는 푼돈을 계산하는 것은 아니다. 확률은 낮지만 높은 보상을 제공하는 베팅을 한 바퀴 돌리는 데 모든 것을 걸었다. 이것은 2016년에 도널드 트럼프의 지렛대를 당겼던 유권자들과 비슷한 계산법이다.

개인투자자들은 전문적인 자금 관리자들을 끌어들였다. 그렇게 함으로써, 이들은 2008년 이후 10년 동안 개별 주식 선별자와 닷컴 거래자들이 후퇴하고, 자산운용 업계 거물들이 부상했던 힘의 균형을 깨뜨렸다. 이들은 단순히 전체 시장의 일부만을 소유하면서도, 이들을 능가할 것이라는 기대는 전혀 없이 금융 수익률과 일치하는 수조 달러의 자금을 운용했다. 그중 가장 규모가 큰 회사들은 거의 10조 달러에 육박하는 자금을 보유한 래리 핑크의 블랙록으로 시간이 지남에 따라 부를 축적하기 위해 고안된, 비용이 적게 들면서도 신중한 투자 상품들을 제공했다. '레딧' 소매업체들은 "급등을 기원한다"라는 또 다른 구호를 외쳤다.

월스트리트에서 추진되고 있던 새로운 상품으로 이러한 급등을 부채질했다. 백지 수표 회사는 자금 관리자가 대중에게 주식을 팔고 그 자금을 개인 회사를 인수하기 위해 사용했다 그리고 이 회사는 쉘 회사와 합병함으로써 공개 거래가 되었다. SPAC으로 알려진 특수 목적 인수 차량[6]은 2020년에 거의 난데없이 830

억 달러를 모았고, 2021년에 그들의 관리자들이 회사를 인수하기 위해 사용했던 또 다른 1,000억 달러를 계속 조달할 것이다. SPAC와 좀비 주식은 시장이 단지 상승할 수 있다는 믿음에 기반을 둔 욜로 경제를 구체화하였고, 몇 달 후 객관적인 교훈에 의해 제거되었다.

브라이언 체스키는 말문이 막혔다. 12월 10일 아침 블룸버그 TV에 출연했을 때 기자는 그에게 그날 아침 곧 나스닥 증권거래소에서 거래가 시작될 에어비앤비의 주식이 주당 139달러가 될 것 같다고 말했다. 체스키는 "그 숫자는 처음 들어본다"라고 말했다. 체스키는 자리에 앉아 어둡고 숱이 많은 눈썹을 치켜 올리고 눈을 빠르게 깜빡거리며 머릿속으로 계산해보았다. 그가 지난 봄 에어비앤비를 살아남게 해주었던 사모펀드 회사들로부터 긴급 자금 조달을 받았을 때 이 회사의 가치는 약 180억 달러로 추정 되었다. 이제 곧 이 회사의 가치는 900억 달러 이상이 될 것이다. 현재 서류상으로는 150억 달러의 가치이지만, 당황에서 완전한 문장을 만들 수 없었던 체스키는 "달리 뭐라고 말해야 할지 모르겠다. 겸허하게 받아들이겠다"라고 했다. 실제로 에어비앤비의 주식은 조금 더 나은 성과를 보였는데, 주당 146달러로 시작해서 이 회사의 가치는 1,000억 달러가 조금 넘는 수준이었다. 이러한 급등세는 투자자들을 선별하기 위해 IPO 주식을 나누어주었을 때 챙긴 35억 달러를 바꾸지는 못했지만, 특히 지난 봄,

몇몇 영리한 투자자를 제외하고 모든 사람에 의해 도외시되었던 회사가 받은 놀라운 평가였다.

실리콘 밸리에는 소위 말하는 '유니콘'들이 존재했는데, 대략 평가액이 10억 달러 미만인 민간 기업을 말한다. 어느 시점에는 유니콘 기업의 수가 너무 많아 투자자들과 언론인들이 집계를 중단하기도 했다. 「악시오스」지의 칼럼니스트 댄 프리맥은 100억 달러가 넘는 신생기업에 대해 '드래곤'이라는 단계를 부여해야 한다고 제안했다. 불과 9개월 전에 죽은 채로 떠났다가, 월스트리트의 두 회사에 의해 구조된 에어비앤비는 이제 실리콘 밸리의 폭발적인 종목이 되었고, 가치는 1,000억 달러에 달했다.

에어비앤비는 생존했을 뿐만 아니라 번창했다. 에어비앤비의 기업공개는 역사상 가장 큰 것 중 하나였으며, 소비자들(적어도 자신의 직업을 유지할 수 있을 만큼 충분히 운이 좋은 사람들)은 봉쇄 기간 동안 돈을 계속 지출했던 놀라운 방식을 알려주었다. 도시 거주자들은 산간벽지를 찾아 나섰고, 그들의 작은 아파트에서 화가 난 부모들은 시골 부동산에 돈을 썼다. 펠로톤의 판매는 급증했다. 음식 배달 주문도 마찬가지였다. 힐튼 역시 늦여름까지 해외여행이나 출장이 아닌, 주말에 차를 몰고 갈 수 있는 곳을 찾는 가족들의 예약이 증가하기 시작했다.

소비자 자본주의는 심지어 팬데믹 상황에서도 길을 찾는다.

CRASH LANDING

•22장•
도박

"경제가 브레이크를 밟았을 뿐만 아니라, 실제로는 뒤로 가고 있다."
_ 다니엘 자오(경제학자)

*신기루와 같은 경제의 회복

더그 파커는 크리스마스를 망치는 사람이 되고 싶지 않았다. 그는 정부의 지원금이 바닥나자 10월에 해고된 1만 2,000명의 근로자들에게 크리스마스까지 월급을 주겠다고 약속했었다. 아메리칸 항공의 근로자들은 정치인들에 의해 지옥을 경험했고 자신들이 신뢰하는 회사에 의해 일시 해고를 당했으며, 이들 중 많은 사람이 재정적으로 궁핍한 상태였다. 이 회사의 1만 9,000명이 넘는 직원들이 이 위기를 극복하는 데 도움이 되도록 401k 계좌에 예금을 넣어, 개당 평균 3만 달러를 인출했다. 8,000명이 더 퇴직적금을 대비해 대출을 받았다. 가장 많은 수의 근로자는 아메리칸 항공의 서비스 승무원들이었다. 이 승무원들은 승객들이 떠난 후 짐을 나르고, 비행기를 청소했다. 대부분의 근로자는 일시 해고되기 전에 한 시간에 20달러도 채 벌지 못했지만, 이들은 비상금을 손을 넣고 있었다.

12월 21일 아메리칸 항공의 경영진들이 포트워스에 위치한 회사의 이사회실에 모였다. 파커는 그러한 약속을 수 주 전에 한 바 있는데, 이때는 정부의 두 번째 지원이 있을 것이라는 전망이 유력해 보였기 때문이다. 하지만 항공사들의 급여를 충당하기 위해 책정된 250억 달러 대신 연장이 포함된 9,000억 달러짜리 법안은 대선을 향해가면서 교착 상태에 빠졌다. 공화당이 민주

•22장• 도박

당은 다수당이 되는 모든 경우의 수를 막으려고 했고, 이제 워싱턴은 그야말로 혼란의 도가니였다. 파커는 자신이 감당할 수 없을지도 모르는 수십억 달러짜리 약속을 했다는 것을 깨달았다.

이 항공사의 최고 사내 로비스트인 가튼은 워싱턴에 전화를 걸어 예후를 예측했다. 이 법안은 하원을 통과했고 상원에서 쉽게 통과될 것처럼 보였지만 큰 문제는 대통령이 서명할 것인지였다. 백악관 공식 계정은 이 법안에 대한 지지를 트위터에 올렸지만 워싱턴에서는 조 바이든에게 패배한 후 마라라고Mar-a-Lago로 떠난 트럼프가 서명하지 않을 것이라는 소문이 떠돌았다. 가튼은 대통령이 서명할 것으로 생각한다며 미국인들이 수천 명의 급여를 삭감하기 위해 운전대를 돌릴 수 있다고 말했다.

"잠깐만요." 파커는 이렇게 말하고 이사회실에서 나와 므누신 장관에게 전화를 걸었고, 므누신 장관은 벨이 울리자마자 전화를 받았다. 파커는 "이 수표들에 대해 버튼을 누를 것인지 지금 당장 결정해야 합니다. 만약 당신이 나라면 어떻게 할 건가요?"라고 말했다

그것은 위태로운 결정이었다. 재무장관이 '아메리칸 항공'을 적당히 달래줄 의무는 없었다. 사실, 이 법안이 법으로 제정되었다는 소식은 금융시장을 움직일 가능성이 거의 확실하며, 이는 므누신 장관이 자신의 카드를 유지할 필요가 있다는 것을 의미했다. 하지만 두 사람은 지난 9개월 동안 솔직하고 생산적인 관계로 발전시켜 왔고, 수십억 달러가 걸려 있는 상황에서 시도해볼

만한 가치가 있었다.

　그는 입을 굳게 다물고 있는 므누신으로부터 아무것도 얻지 못했는데, 그는 이것이 플로리다에서 선거 후 공황상태에 빠진 대통령이 무조건 법안을 반대할 수도 있다는 가능성으로 해석했다. 그것은 아메리칸 항공이 수십억 달러를 써야 하고, 파커가 이사회 의장실로 물러나면서 자신의 걱정을 혼자 간직하도록 하지 않았다는 것을 의미했다. 아메리칸 항공의 근로자들은 이미 충분히 희생했다. 1년간의 휴가와 조기 퇴직, 질병과 죽음을 겪은 후, 그가 할 수 있는 최소한의 일은 크리스마스까지 그들에게 월급을 주는 것이었다.

　다음 날 파커의 전화벨이 울렸다. 신경질적인 웃음을 지으며 므누신이 전화를 걸었다. "무슨 일인지 봤어요?" 트럼프는 그 법안에 서명하지 않을 것이라고 말하는 비디오를 막 공개했다. 그는 "그들이 지금 내 책상으로 다시 보낼 계획인 청구서는 예상했던 것과 다릅니다. 정말 수치스러운 일이군요"라고 카메라를 향해 말했다. 그가 불평하는 것 중에는 서류가 없는 이민자들의 가족들을 위한 부양책, 캄보디아에 대한 8,600만 달러의 해외 원조, 아시아 잉어의 외래종 퇴치를 위한 2,500만 달러, 스미소니언박물관을 위한 10억 달러 등이다. 그는 또한 자신이 '말도 안 되는 수준으로 낮은' 가계에 지급되는 600달러 수표가 2,000달러로 인상되어 중소기업들에게 더 많은 돈을 보태주기를 원했다.

　므누신 장관은 파커에게 이런 상황은 예상하지 못했지만, 계속되는 의심이 그가 전날 신중을 기했던 이유라고 말했다. 그는 회사가 아낄 필요가 없는 수십억 달러를 막 지출한 최고경영자에게 "힘내라"고 말했다.

6일 후, 파커는 콜로라도 텔루라이드Telluride에 있는 자신의 차에서 아내가 식료품점에서 나오기를 기다렸다. 비록 파커의 팀이 아메리칸 항공의 재정에 대해 계속 걱정하는 전화로 많은 시간을 보냈지만, 부부는 새해를 맞아 스키를 타러 갔다. 회사가 가을 초에 해고당한 직원들의 급여를 삭감했을 때, 그는 의회가 또 한 차례 코로나 구제 법안을 통과시키고 대통령이 서명할 것을 기대하고 있었다. 하지만 아직도 그런 일이 일어나지 않았고, 이는 수백만 달러의 직원 임금을 대체할 정부 자금이 들어오지 않는다는 것을 의미했다.

항공 산업은 여전히 피를 흘리고 있었다. 공중보건 당국이 강하게 비난했고, 곧 코로나19 급증의 책임이 될 휴가 여행의 증가는 전염병이 파놓은 재정적 구멍으로부터 항공사들을 끌어내는 데 거의 도움이 되지 않았다. 그리고 트럼프 대통령은 코로나바이러스의 경제적 영향과 싸우기 위해 의회를 통과한 두 번째로 큰 부양 법안인 9,000억 달러의 코로나 구제 법안에 서명하지 않았다. 파커는 그가 생각할 수 있는 모든 사람을 안심시키기 위해 손을 내밀었다. 트럼프 대통령의 비서실장인 마크 메도스는 그가 수표를 보내는 것은 옳은 일이며, 대통령은 정말로 그 법안에

서명할 것이라고 장담했다. 하지만 이 법안은 회사가 방금 삭감한 수표를 보상하기 위해 항공사들에게 수십억 달러의 급여를 보낼 것이었다.

당황한 기색이 역력한 파커는 로이 블런트 미주리주 공화당 상원의원에게 전화를 걸어 무슨 일이 일어나고 있는지 확인했다. 블런트는 파커에게 지연된 이유가 무엇인지 모르겠다고 말했다. 트럼프 대통령은 마음을 바꿔 법안에 서명할 것임을 시사했으며, 블런트는 직접 워싱턴 공항으로 법안을 가져갔고, 므누신 장관과 케빈 매카시 하원의장은 이 법안을 마라라고에 있는 대통령에게 검토와 서명을 위해 전송했다.

마침내 12월 27일 일요일 오후 7시 10분에, 맥카시로부터 온 문자메시지와 함께 그의 전화기가 울렸다. "대통령의 서명을 받았습니다. 제가 여태까지 일한 것 중 가장 열심히 일했습니다"라고 했다.

므누신 장관은 절대 포기하지 않는다고 했다. 9분 후, 「월스트리트저널」은 의회에서 수개월 동안 묶여 있던 9,000억 달러의 법안이 이제 법이 되었음을 확인하는 속보를 보냈다.[1] 파커는 "수천만 명의 미국인들이 결과적으로 더 잘살게 되었습니다"라는 감사의 메시지를 보냈다.

비록 이러한 평가는 늦여름과 가을 내내 국가의 지도자들이 정치를 하는 동안 많은 사람이 감내해왔던 고통을 과소평가하고 있기는 하지만, 분명한 사실이었다. 각각 11월 선거에서 우위

를 다투던 두 정당이 벌인 치킨게임은 비용이 많이 들었다. 5월
과 11월 사이에 매달 일자리를 추가해왔지만, 고용주들이 정부
의 조치에 대한 신뢰를 잃으면서 일자리는 꾸준히 줄어들었다.
누적적으로 팬데믹의 첫 두 달 동안 사라진 3,000만 개의 일자리
중 약 절반에 달했다. 일주일 후,[2] 12월 수치는 이달 동안 경제가
14만 개의 일자리를 잃었다는 것을 보여줄 것이다.[3] 이 보고서는
경제학자 다니엘 자오가 CNBC와의 인터뷰에서 경제가 "브레이
크를 밟았을 뿐만 아니라, 실제로는 뒤로 가고 있다"라고 말했다.

한때 예상됐거나 최소한 바라던 경제의 빠른 회복은 신기루
와 같았고, 만약 존재했더라도 빠르게 사라지고 있었다.

CRASH LANDING

· 23장 ·

수요와 공급

"음악이 재생되는 동안 춤을 취야 한다.
하지만 지금은 음악을 줄이고 안정을 취할 때이다."
_ 빌 애크먼

*녹색으로 변한 블랙스완

팬데믹이 시작된 지 2년이 지난 2022년 2월, 브라이언 체스키는 몇 주 전에 원격근무의 미래에 대한 실험을 시작하기로 결정하였다. 위기의 가장 어두운 시기에 에어비앤비를 구해주었던 단기 임대에서 장기 체류로의 변화는 이제 사람들이 살고 여행하는 방식에 영구적인 혁명으로 보였다. 그것이 그들이 어떻게 작동하였는지 역시 혁신적으로 보일 수 있을까? 2021년 가을까지, 에어비앤비에서 거의 절반이 최소 일주일 이상 체류 기간을 예약했다. 전년도에는 10만 명 이상의 여행객들이 3개월 혹은 그 이상의 체류를 예약하였다. 에어비앤비가 자체적으로 1년 동안 호스트 숙소에서 사람들이 무료로 살 수 있도록 12개의 슬롯을 열었을 때, 30만 명 이상의 사람들이 신청하였다. 에어비앤비는 이 프로그램을 '어디서나 살기Live Anywhere' 도전이라고 불렀다. 지난 2년 동안 한 번씩의 봉쇄로 미국 경제에 숨어 있던 유연성의 한계에 대한 실시간 실험임이 증명될 것이다.

그래서 체스키는 자신도 동참할 수 있을지 궁금했다. 그의 첫 방문지는 애틀랜타[1]였고, 그다음은 내슈빌, 그다음은 마이애미의 별장이 있는 찰스턴이었다(그는 "마이애미에서 꼭 해야 할 일이라고 생각했기 때문"이라고 기자들에게 말했다). 그다음은 태평양이 내려다보이는 말리부의 오두막집이었다. 그는 샌프란시스코에 있는 자신의 집에서 주로 혼자 2년의 시간을 보냈고, 그나마 소피라는 이름의 골든 리트리버와 함께 지냈다.

그렇게 해서 그는 로스앤젤레스 외곽에서 '동화 속의 꿈의 오두막'이라는 이름의 건물 목록을 재빨리 클릭했는데, 이 오두막은 1920년대에 지어진 5,000제곱피트의 건물로, 뒤쪽에 폭포가 있었고, 그가 표본으로 삼기를 바랐던 별난 나무 집이었다. 하지만 그는 울타리로 둘러싸인 목초지에서 돌아다니는 닭 떼들과 소형 돼지들에 관한 부분을 간과했고, 이 설명을 충분히 주의 깊게 읽지 않았다. 매일 아침 새벽에 수탉 두 마리가 크게 울었는데, 이 닭들의 목록을 좀 더 자세히 읽었다면 알아차렸을 사실이었다. 이 사무실은 수리 중이었고, 덕분에 그는 뒷마당의 나무집에 있는 임시 사무실에서 전화를 받고 있는 자신을 발견하게 되었다. 그는 두 가지를 확신하며 특별한 숙소에서 체크아웃 했다. 앞으로 작은 글씨는 더 자세히 읽어야 한다는 것과 이것이 바로 앞으로의 길이라는 것이다.

2022년 4월, 에어비앤비는 자사 6,000명의 직원이 전 세계 거의 모든 곳에서 근무할 수 있다고 발표했다.[2] 이 조치는 자사 근로자들이 비자, 세금, 급여 및 그 밖의 생활 적응을 할 수 있도록 돕기 위한 투자가 필요했다. 하지만 나중에 체스키가 '서류상의 큰 골칫거리'라고 부르는 것은 전 세계적인 인재 풀을 활용할 수 있다는 이점으로 상쇄되고, 팬데믹이 가져다준 슬픔과 불안은 자유에 스며들어 분명한 희망이 되고 있다고 믿었다. 브라질, 체코, 바베이도스 및 아이슬란드는 위기에서 벗어나고자 하는 자국의 경제를 부양시킬지도 모르는 상향 이동성 소비자들을 유인하기를 희망하면서, 원격 근로자들을 위한 신속하고도 새로운 비자를 발표한 수십 개 국가 중 하나였다.

미국 전역에서 최고경영자들은 5일 출퇴근과 고된 업무로 인한 제약으로부터 해방된 2년을 보낸 후, 복귀하기를 꺼리는 사무직 직원들과 씨름하고 있었다. 2022년 2월까지, 100개 이상 도시들의 출입증 데이터를 기준으로 계산했을 때 사무실로 복귀한 직원은 3명 중 1명 꼴이었다.[3] 동시에, 공항 보안 검색대는 팬데믹 이전의 승객 수의 약 80%를 목격하고 있었다. NBA 경기장의 관중석은 2019년과 마찬가지로 95%가 꽉 차 있었다. 미국인들은 그들의 삶으로 돌아갔으나, 사무실로 돌아가지 않았을 뿐이다.

일부 상사들은 이에 맞서 싸우기로 선택했다. 그들은 화면에 격자무늬 사각형이 웅얼거리는 직장들의 자발적인 창의력을 대체하는 디스토피아적인 미래에 대해 경고했다. 일부 직원들에게는, 직장 생활의 마법을 과대평가하고, 도시 사회기반시설이 쇠퇴함에 따라 더 길고 덜 쾌적해졌던 회의와 통근을 위한 회의의 지루한 작업을 과소평가한 이러한 주장이 일부 직원들에게는 작용한 것이다.

전 세계적인 팬데믹으로 인해 교육과 규정 준수 감시가 모두 어려워진 도제 사업체인 월스트리트의 경영진들은 특히 직원들을 본사로 복귀시키기를 열망했다. 2021년 봄, 모건 스탠리의 제임스 고먼은 직원들에게 노동절까지 책상으로 돌아가거나 급여 삭감을 결정하라고 말했다.[4] 그는 직원들에게 "뉴욕시에 있는 식당에 들어갈 수 있다면 사무실로 들어와도 된다"라고 말했다.

그러나 효과가 없었다. 참을성 없는 최고경영자들은 직원들의 저항을 과소평가했다. 2021년 말 전국을 휩쓴 오미크론 변종이 감소할 때까지 절반 이상이 이런저런 변종의 코로나바이러스에 걸린 것으로 생각되었으며, 이는 복귀를 꺼리는 직원들에게 자리를 비울 충분한 이유를 제공했다. 12월까지 모건 스탠리의 타임스 스퀘어 본사에 있는 직원은 평소의 절반 정도밖에 되지 않았다. 고먼은 "내가 틀렸다. 나는 우리가 이 문제에서 벗어났을 것이라고 생각했다"라고 말했다. 전국의 회사들은 이전에 출시했던 일정에 따라 뒷걸음질 쳤다. 차량 호출 앱인 리프트는 2023년까지 사무실로 직원들이 돌아올 필요가 없다고 말했다. 포드의 경우 3만 명의 직원들이 업무에 복귀할 것으로 예상했으나(공장 직원들은 1년 반 전에 복귀했다), 이제는 적어도 3월까지 집에서 근무할 수 있다고 들었다. 구글과 우버는 선택적 원격근무를 무기한 연장했다.

이 일이 시작되기 전 수년간, 기술 전도사들은 초고속 인터넷에서 가상현실 헤드셋에 이르기까지 소프트웨어가 개선되면 사람들이 어느 곳에서든 원활하게 일할 수 있게 되어 한때 출퇴근

시간을 절약할 수 있고, 직업 생활을 재구성할 수 있으며, 물리적 사무실의 죽음과 그에 따른 고된 노동을 예측해왔다. 하지만 그런 일은 결코 일어나지 않았고, 과거의 실험들은 완전히 실패했다. 2013년에 야후가 놀랍게도 마리사 메이를 최고경영자로 영입했을 때,[5] 그녀가 취한 첫 조치들 중 하나는 전임자 시절 느슨해졌던 원격근무 정책을 강화하는 것이었다.

IBM은 원격근무의 선구자였다.[6] 1979년에 실리콘 밸리에 있는 산타테레사연구소의 직원 5명을 컴퓨터 터미널 박스와 함께 집으로 보냈다. 이후 웹사이트에서 삭제된 2009년 보고서에서, 회사는 직원 38만 6,000명 중 40%가 원격으로 일한다고 자랑했다. 2017년에 IBM은 직원들에게 사무실로 돌아오거나 새로운 직업을 찾으라는 최후통첩을 했다. IBM이 그 자신의 말을 빌리자면 "다른 사업체들이 사업을 하는 방식을 사업으로 하는 사업"이었기 때문에, 이러한 역전 현상[7]이 기업 경영의 구조 전반에 반향을 일으켰다. 그들이 미래지향적인, 더 말할 것도 없고, 탈중앙화된 인력에 대한 비전을 실행 가능하게 할 수 없다면, 아무도 할 수 없었다.

기업들이 정말로 외딴 미래의 사무실을 가능하게 했을지도 모르는 혁신적인 기술들을 쏟아내고 있던 2010년대의 벤처캐피털 붐은 어떤 면에서는 그 반대의 결과를 가져왔고, 이는 샌프란시스코에서 남쪽으로 20마일 떨어진 아치형 반경에 전문가들의 경계를 정하기도 했다. 기업들은 채팅앱과 워크플로 소프트웨어 및 비디오 연결을 암호화했을지 모르지만, 낮잠 자는 공간과 마사지룸, 무료 식사 등을 갖춘 기업 캠퍼스들은 하나의 메시지를 분명히 했다. "우리는 당신이 사무실에 있기를 바란다."

하지만 팬데믹은 그것을 변화시켰다. 애플의 아이폰과 맥용 비디오 채팅 앱인 페이스타임은 2011년부터 존재해온 반면, 기업용 비디오 컨퍼런스 소프트웨어는 마이크로소프트, 구글, 그리고 나중에 줌과 같은 것들로부터 확산되어 왔지만, 기술적인 부분이나 감정적인 공명에 대한 실제적인 테스트는 해보지 못했다. 팬데믹은 두 가지를 모두 제공했다.

에어비앤비는 물리적인 사무실과 관련이 작은 미래의 일로부터 이익을 얻으면서, 새로운 세계의 리더이자 수혜자가 될 준비가 되어 있었다. 원격근무자들은 수백만 달러의 수익을 벌어들이며, 기업의 자산을 키울 것이다. 에어비앤비의 내부 조사는 대부분의 사람이 호텔에 일주일 이상 머무는 것을 좋아하지 않는다는 것을 보여주었다. 미국의 전문 인력이 길을 나설 때는 머무를 수 있는 장소가 필요했다.

공급과 수요는 경제에서 작동하는 두 가지 기본적인 힘이다. 물건들이 얼마나 비용이 드는지, 하루에 일하는 것이 얼마인지, 혁신의 속도는 얼마나 빠른지, 혹은 사람들이 얼마나 간절히 원하거나 필요한지 사이의 균형으로 되돌아갈 수 있다. 이는 초등

학생들이 파악하기에도 충분히 간단한 법칙이다. 대부분의 경제는 늘 원활하지는 않더라도 자연스럽게 균형을 찾는다. 폭염 속에 전기 가격은 오른다. 주가는 판매자들의 공급이 구매자들의 수요와 일치할 때 안정된다. 소비자들은 더 작고 더 빠른 전자제품을 원해서 1990년대 안테나가 달린 벽돌 같은 휴대전화가 10년도 채 되지 않아 멋진 스마트폰으로 변했다.

팬데믹은 두 번이나 그 균형을 깨뜨렸고, 그것이 가져왔고 앞으로도 계속 가져올 경제적 고통은 이러한 혼란으로 설명될 수 있다. 팬데믹의 초기에는, 공급이 항공편, 호텔 예약, 자동차, 콘서트 티켓, 레스토랑 테이블, 심지어 노동력과 같은 거의 모든 것에 대한 수요를 앞질렀다. 미국에서 2,200만 개의 일자리가 사라진 이 대량 해고[8]는 잔인할지 몰라도, 학문적으로는 기술에 대한 수요가 없는 세계에서 노동자들의 공급 과잉으로 설명될 수 있다.

팬데믹에서 벗어나는 과정에서 그러한 힘은 역전되었다. 사람들은 그들이 갈망했던 경험에 굶주려 집에서 나왔고, 2년간의 정부 지원과 오랜 동면으로 절약한 덕분에 대부분의 경우 더 부유해졌다. 그 폭발적인 수요는 엄청난 공급 부족에 정면으로 부딪혔다. 문을 닫은 공장들은 팬데믹 이전의 산출물로 돌아가는 것이 더뎠다. 전 세계, 특히 중국에서의 지속적인 봉쇄는 글로벌 공급망을 마비시켜, 부품 및 원자재 부족을 초래했다.

그리고 자발적으로 혹은 팬데믹 해고의 결과로 노동력을 떠났던 수백만 명 중 많은 사람이 복귀하지 않기로 선택했다.

그 결과, 경제학자라면 누구나, 그리고 많은 경제학자가 예측할 수 있었던 것처럼 물가가 치솟았다. 월세에서 클레멘타인 오렌지에 이르기까지, 그리고 새 브레이크 한 세트와 이를 장착하기 위한 정비공에 이르기까지, 흔히 구입하는 물품 한 바구니의 가격으로 측정된 미국의 물가상승률은 팬데믹 이전까지 10여 년 동안 연간 2%를 밑돌았다. 이는 2013년에 3달러였던 우유 1갤런의 가격이 2014년에는 약 5센트 더 비싸졌음을 의미한다. 연방준비제도이사회와 그 밖의 대부분의 중앙은행은 2%의 물가상승률을 목표로 하고 있다. 이는 국민들과 기업들이 금융 관련 결정을 내릴 때 이 물가상승률에 대해 너무 많이 생각하지 않을 정도로 낮은 수준이지만, 경기둔화가 발생할 경우 중앙은행들에게 유연성을 줄 수 있는 충분한 쿠션이 되기 때문이다. 낮고 안정적인 물가상승률이 목표인 이유는 이 인플레이션이 경제주체들에게 주택 구입이나 공장 건설과 같은 투자할 수 있는 자신감을 주고, 이로 인해 경제가 성장하고 실업률이 낮아지기 때문이다.

하지만 이것은 2021년 가을에 지옥으로 날아갔다. 그리고 빌 애크먼은 기다리고 있었다.

애크먼은 월스트리트 역사상 가장 큰 단일 거래 횡포 중 하나인 채권시장을 상대로 팬데믹 초기 베팅을 통해 26억 달러를 벌어들였다. 그는 약 3주에 걸쳐 이 작업을 수행하여, 기준 자금 담당자들이 판단하는 연간 300,000%의 수익률을 올렸는데, 이는 두 자릿수의 연간 수익률이 최상위로 간주되는 세계에서 믿을 수 없는 수치이다. 모든 투자에 대한 연금술은 주제, 표현 및 타이밍이라는 세 가지 주요 요소를 가지고 있다. 그리고 애크먼은 세 가지 모두를 적중시켰다. 팬데믹의 위험은 사실 금융시장에 의해 엄청나게 과소평가되고 있었다. 채권에 대한 짧은 투자가 그러한 견해를 표현하는 적절한 방법이었으며, 2020년 2월이 그러한 작업을 수행할 적절한 시기였다.

1년 후, 그 억만장자에게 세상은 매우 달라 보였다. 첫 번째 백신이 주어졌다. 사람들은 봉쇄에 지쳤고, 2년 동안 그들이 저축한 돈을 집 안에 갇혀서 쓸 준비가 되었다.

그는 위기의 배후에 연방준비제도이사회가 있다고 믿었다. 중앙은행은 팬데믹이 시작된 이래 경제를 보호하고 신용 흐름을 유지하기 위해 금리를 제로에 가깝게 유지해왔다. 하지만 일자리가 회복되고, 기업들이 다시 문을 열고, 소비자들이 다시 지출을 하고 있다. 이 모든 것이 경제가 빠르게 회복되고 있다는 것을 보여주는 징후이며, 이로 인해 연준은 규모에서 손을 떼야 할 것이다. 다시 문을 열면, 소비자 지출 홍수가 터져 수십 년 동안 볼 수 없었던 인플레이션이 촉발될 것이며, 연준은 금리를 인상함으로써 개입해야 할 것이다.

그래서 2020년 말부터 그는 또 다른 거대한 거래를 시작했는데, 이번에는 금리가 오르면 성과를 얻을 수 있는 국채와 관련된 옵션들에 1억 7,700만 달러를 제시했다. 1년 전 그의 신용거래와 비슷하게, 애크먼의 베팅이 서류상 성과를 내기 위해서 중앙은행이 기준금리를 올리게 만들 사건이 발생할 필요는 없었다. 다만 투자자들은 그저 그런 일이 일어날 것이라고 믿기 시작하면 되었다. 그리고 시장이 일어난 2020년 초에 일어났던 것처럼, 그것은 매우 빨리 일어났다. 3월 말까지 애크먼의 투자는 가치가 3배 이상 올랐다. 가을이 되자, 인플레이션에 대한 우려가 월스트리트를 사로잡았고 수익은 계속해서 상승했다.

그는 지난 10월 연준 투자자문위원회 줌 회의에 접속했다.

십여 명의 월스트리트 투자자들과 중역들로 구성된 이 위원회는 2008년 금융위기 직후, 시장에 대한 통찰력을 제공하고, 정책 조정과 규제 개입을 위한 권고사항들을 제공하는 일종의 중앙은행의 사설 고문단으로, 때때로 애완동물 문제에 대한 회원들의 주요 메모가 포함되기도 했다. 세계 최대 헤지펀드 브리지워터의 대표 레이 달리오는 비트코인을 내놓았고, 투자회사 구겐하임의 스콧 마이너드는 채권시장에 유동성이 부족하다고 한탄했다.

오늘 마이크는 애크먼의 것이었다. 그는 주최자인 뉴욕연방준비은행을 비난하는데 거의 시간을 낭비하지 않았다. 그는 금리를 인상하기 위한 '두고 보자'는 접근법은 실수였다고 주장했다. 그는 팬데믹 기간 동안 잃었던 일자리의 거의 80%가 다시 돌아왔고, 2020년 2월보다 고용이 500만 명의 적을 뿐이었고, 이들 중 많은 사람이 선택으로 고용되었을 가능성이 크다고 말했다. 4억 개 이

·23장· 수요와 공급

상의 노력이 무력화되었다. 불과 4일 전, 영국에 있는 파월의 상대인 잉글랜드 은행 총재는 물가 인상이 일시적인 것인지, 아니면 영구적인 것인지에 대한 견해를 바꿨으며, 잉글랜드 은행이 금리를 인상함으로써 "행동을 취해야" 할 것이라고 말했다.

왜 연준은 시간을 끌었을까? 맨해튼 펜트하우스에 있는 자택으로 돌아온 그는 트위터를 통해 공개적으로 그리고 더욱 날카롭게 핵심을 밝혔다. 그는 "음악이 재생되는 동안 춤을 취야 한다. 하지만 지금은 음악을 줄이고 안정을 취해야 할 때이다"라면서 "가능한 한 빨리 금리 인상을 시작해야 한다"고 썼다.

그가 이익을 얻었다는 사실은 비밀이 아니었다. 퍼싱 스퀘어는 3월에 베팅 내용을 공개했고, 연준에 제출한 프레젠테이션 링크와 함께 트위터에 올렸다. 그는 "우리는 돈을 벌 수 있을 만한 곳에 돈을 넣었다"고 썼다. 그것은 그가 자신의 경력을 통해 사용했던 것과 동일한 방식이었다. 즉 일부는 자신의 포트폴리오를 위한 옹호이고, 일부는 스스로 임명한 구세주이며, 나머지는 복음을 전파하는 것이었다.

3개월이 더 걸렸지만 애크먼의 소원은 실현되었다. 1월 말 파월이 반복하여 말했듯이 '일시적'이 아니라 계속해서 해결해야 한다는 증거가 늘어나자 연준은 3월 다음 회의에서 금리 인상을 시작할 것임을 시사했다. 그는 메시지의 무게를 강조하는 기자회견에서 "올해는 팬데믹의 경제적 효과를 다루기 위해 시행한 매우 수용적인 통화정책으로부터 우리가 착실히 벗어나는 해가 될 것"이라고 말했다.

처음에는 2008년의 폭락으로부터 서서히 회복되는 것을 보호하기 위해, 그리고 나중에는 현대 역사상 최악의 경제 봉쇄에서 살아남기 위해 값싼 돈을 경제에 쏟아부은 연준은 이제 수도꼭지를 잠그고 있었다. 돈은 이제 전처럼 자유롭지 않을 것이다.

그러나 애크먼은 이미 돈을 벌었다. 퍼싱 스퀘어는 며칠 동안 포지션을 매도하기 시작했고, 파월이 워싱턴에서 연단에 올랐을 때 이미 포지션을 정리한 상황이었다. 이 거래로 회사는 12억 5,000만 달러를 벌어들였다.

손이 닿지 않는 이사회와 잘못된 최고경영자들과 전쟁을 벌이는 것으로 더 잘 알려진 애크먼은 역사상 가장 큰 거시경제가 다녀갔다고 말하며 두 가지 논제를 취했는데, 첫째는 바이러스가 경제적 재앙이 될 것이라는 것이고, 둘째는 미국의 경제 회복이 예상했던 것보다 더 빠르고 강력할 것이라는 것이었다. 두 거래에서 모두 애크먼은 시장이 생각하기에 가능성이 희박한 것에 베팅했다. 2020년 초, 투자자들은 바이러스가 아시아 전역으로 확산되는 것에 당황하지 않았고, 그래서 그들은 화재보험에 해당하는 것을 기꺼이 싸게 매도하려고 했다. 1년 후, 경제의 호조에 대해 상반된 징후들을 보이면서, 트레이더들은 연준이 금리를 낮게 유지할 것이라고 생각했고, 그래서 그들은 베팅에서 기꺼이 다른

쪽 편에 설 사람들에게 승산의 가능성을 제시했다.

블랙스완은 녹색으로 변해 있었다.

CRASH LANDING

· 24장 ·
위대한 사임

"팔리는 죽음과 정부 구조, 악몽 같은 정치가 없는 포드의 다음 장을
소유할 예정입니다, 지금 시작해야 합니다."

_ 짐 해켓

짐 해켓과 빌 포드가 2020년 1월 팜 스프링스의 포드 목장에서 만들어낸 후계자 계획은 선의를 바탕으로 했다. 두 사람은 경쟁자들보다 더 오랜 시간을 보냈고, 블루칼라 노동자들의 사랑을 받으며, 자동차를 좋아하는 짐 팔리를 포드의 다음 최고경영자로 선택했다. 해켓이 연말에 은퇴를 발표하고 봄에 있을 포드의 2021년 연례 회의까지 남아 있을 계획을 세웠다. 두 사람은 그해 여름에 공식적인 투표를 통해 정확한 발표 시기를 이사회에 상정할 계획이었다. 해켓은 팔리의 승진이 발표된 날 CNBC와의 인터뷰에서 "한동안은 자리에 남을 계획입니다"라고 말했다.

이 결정은 최고경영자 승계를 지휘봉을 넘기는 것보다는 일종의 대관식으로 취급하기 때문에 현대 기업의 관점에서 깔끔한 계획이었다. 특히 포드에게는 큰 의미가 있었다. 포드는 7년 만에 세 명의 최고경영자를 거치면서 휘청거렸으며, 산업의 심장부보다는 월스트리트에서 더 자주 볼 수 있는 왕실의 음모 같은 것을 일으켰었기 때문이다.

그러나 포드와 전 세계 모든 회사와 마찬가지로, 팬데믹은 그 계획을 망쳐 놓았다. 우선, 해켓은 지쳤다. 그는 회사가 실존하는 위기를 겪는 것을 보아왔다. 그는 재정적인 파멸을 피했고, 공장들을 다시 열었으며, 기적처럼 전기 F-150 픽업트럭과 같은 새로운 모델의 생산 일정을 대부분 예정대로 유지했다. 사실, 생산 성공의 공은 대부분은 지난 2월 최고운영책임자이자 명백한 후계자로 승진한 이후 자신이 유능한 운영자임을 입증해온 팔리에게 있었다. 그는 경기 침체기 동안 광고비와 공급업체 대금을 회수하고, 공장 작업 흐름을 능률적으로 개선함으로써 회사 전체에서 약 60억 달러를 절감했다. 그는 숙련된 마케팅 담당자였으며, 자동차 딜러로서 폐단을 초래하는 공급업체들과도 동등하게 잘 협력했다.

그리고 좀 더 넓게 보면, 2020년 여름에 바이러스가 잠잠해지는 것처럼 보이자(새로운 변종이 제2, 제3, 제4의 물결을 가져오기 전에 밝혀진 바와 같이), 해켓은 한 챕터의 끝을 감지했다. 팬데믹이 일단 종식되면 훌륭한 최고경영자가 2년간의 여행 제한을 풀어줄 것으로 기대한다는 것을 알았고, 회사의 공장들과 공급업체들, 전 세계의 딜러들을 방문할 것이라고 생각했다. 그는 다음 해를 비행기에서 보낼 마음이 없었다.

애크먼의 감각은 6월 중순, 유틸리티 업계의 베테랑 최고경영자이자 포드에서 가장 오래 근무한 이사 중 한 사람인 토니 얼리Tony Earley와의 대화를 통해 확인되었다. 얼리는 "짐이 메이 대신 10월에 인수인계를 하는 것에 대해 어떻게 생각하십니까?"라고 물었다. 얼리는 해켓을 높이 평가하며, 설득하는 만큼이나 칭찬을 아끼지 않았다. 얼리는 "마이클 조던과 톰 브래디, 위대한 인물들은 계속해서 자신들에게 좋은 한 해였다고 말하지만, 너무 길어지고 있어요"라고 말했다.

해켓이 듣고 싶은 말이었다. 무더운 디트로이트 오후, 그는 빌 포드에게 전화를 걸었다. 그는 "우리가 시작한 일정표에 대한 재고가 필요하다고 생각합니다"라고 말했다. 해켓은 헨리 포드의 마지막 남은 손자에게 "팔리는 죽음과 정부 구조, 악몽 같은 정치가 없는 포드의 다음 장을 소유할 예정입니다, 지금 시작해야 합니다"라고 말했다.

8월 4일, 포드는 해켓의 은퇴와 팔리의 승진을 발표했다. 이러한 조치는 월스트리트를 놀라게 했지만 기분 좋은 일이었다. 그날 아침 포드의 주가는 3% 상승했다. 빌 포드는 퇴임하는 최고 경영자에게 "민감하게 받아들이지 마세요"라고 말하며 3년 전 그가 고용되었을 때 했던 말을 상기시켜 주었다.

공정한 회계 처리로 보아도 해켓의 임기는 엇갈렸다. 약속한 대로 그는 적자가 나는 자동차들을 자사의 생산 라인업에서 제외했고, 포드의 운영을 간소화했다. 그는 F-150 픽업트럭이나 브롱코와 같은 상징적인 차량들의 새로운 버전을 출시했으며, 100년도 더 전에 설립된 이 회사가 다음 단계에서 살아남을 것임을 확실하게 보장해줄 것이라 굳게 믿고 있던 자율주행 자동차나 전기 자동차 같은 기술 분야에 투자했다. 그러나 점수판은 어두웠다.[1] 포드의 주식은 그가 주시하는 대로 40% 이상 하락했고, 110억 달러를 개편한 포드의 해외 사업장들에 대한 그의 구조조정은 지금까지 보여준 것이 거의 없이 수익을 날렸다.

해켓의 깜짝 은퇴는 사실상 모든 산업에 영향을 미친 직원들의 대이동으로 알려진, 수많은 위대한 사임 중 하나였다. 2,700만 명이 넘는 미국인들이 2020년 9월부터 2021년 말 사이에 직장을 그만두었다.[2] 그들은 패스트푸드 일과 교사직을 그만두고, 공항 활주로와 쇼핑몰을 떠났다. 많은 사람이 저임금 일자리를 그만두거나, 예측 불가능한 일정과 긴 통근 시간을 가진 일자리를 그만두었다. 한 가지 원인에서 촉발된 결괴기 아니었다. 팬데믹 초기의 경제적 불확실성이 오랫동안 계획했던 퇴직을 지연시켰고, 2020년 4월, 단지 200만 명의 미국인들이 자발적으로 직장을 떠났는데, 이는 8년 만에 최저치이다.

긴 팬데믹의 힘든 기간은 많은 사람이 그들의 우선순위를 재고하도록 강요하였는데,[3] 텍사스 A&M 교수는 이것을 '팬데믹 깨달음'이라고 말했다. 블루칼라 노동자들은 그들의 신변 안전을 걱정하였다. 교사들은 대체적으로 자신이나 학생들에게 통하지 않았던 원격교육 2년 후에 손을 들었다. 팬데믹 기간 동안 사무실에서 물러난 화이트칼라 노동자들은 그들이 집 사무실이나 새로운 도시에서 찾을 수 있는 자유를 선호하였다. 보육 부족과 치솟는 비용(노동력을 떠난 수천 명의 저임금 간병인들로 추세가 악화되었다)은 가정 경제를 파고들었고, 일부의 경우 일할 가치가 없게 만들었다.

사람들에게 일하지 않도록 돈을 지불하는 지나치게 관대한 정부 혜택에 의해 발생하든, 사람들로 하여금 실제로 중요한 것이 무엇인지 재고하도록 강요하는 대규모 트라우마 사건에 의해 발생하든, 그 결과 수십 년 동안 볼 수 없었던 인력 부족과 급여와 오랫동안 이루어지지 않았던 혜택을 늘리기 위한 기업들의 노력이 이어졌다. 팬데믹 초기에 2021년 말까지 수천 명을 해고했던 기업들은 그 반대의 문제에 직면했다. 바로 그들은 충분한 근로자들을 고용할 수 없다는 것이다. 메이시스는 2020년 3월 12만 5,000명의 백화점 근로자들 대부분을 해고했다. 1년 6개월 후, 그해 여름과 가을 200만 명이 넘는 소매 근로자들이 직장을 그만두면서, 약 7만 6,000개의 자리로 지원자들을 유인하기 위해 메이시스는 초임 시급을 15달러로 인상했다. 그리고 대학 등록금 지원을 도입했다. 절망적인 블랙 프라이데이 전날,[4] 이 회사는 사무실의 근로자들을 셔츠 폴더와 선반 저장고 업무에 동원하고, 인적 자원부의 중역들과 회계사들에게 '경험 상승의 요정'이 되어 달라고 요청했다.

팬데믹이 세계 경제와 사회에서 전파되는 과정이 늘 그렇듯 전염병은 믿을 수 없을 정도로 빠르게 역전된다. 2020년 4월, 미국의 실업률은 거의 15%에 달했다. 2021년 말까지 실업률은 4% 미만으로, 거의 사상 최저치를 기록했다. 고용주들은 개방된 일자리 1,000만 개를 채우려고 노력하고 있었다. 그 불균형은 신생

노동 운동에 새로운 힘을 실어주었다. 미국 회사들은 2022년 3월 직원들에게 1년 전보다 거의 5% 더 많은 임금을 지급했다. 타겟, 아마존과 코스트코는 시급이 15달러에서 16달러로, 20달러 이상으로 인상해야 한다는 임금 싸움에 휘말렸다.

다른 면에서는 노동이 우위에 있는 것처럼 보인다. 2021년 10월 1일부터 2022년 3월 31일까지 일터에서 노동조합을 만들어달라고 전국노동위원회에 요청된 건수는 1,174건[5]으로 전년도 동기 대비 57% 증가했다. 이러한 요청에는 현대 역사상 가장 예의주시되고 치열한 경쟁을 뚫고 성공한 스태튼 아일랜드의 스타벅스 매장과 아마존 창고 수백 개가 포함되었다. 이러한 노력들은 지난 50년간 약화된 노동조합의 권력에 큰 영향을 미치지 못할 것이다. 2018년 노조원의 비율은 노동자의 약 4분의 1이 노동조합에 가입했던 1960년 대비 약 10% 수준으로 떨어졌다. 그러나 대기업들이 수년간 임금 상승을 저항하다가 굴복한 사실을 감안하면, 경영진과 직원들 사이의 힘의 균형이 변화하고 있음을 시사한다. 코로나바이러스 팬데믹은 언젠가는 새로운 설정으로 생각될지도 모른다. 그러면 노동의 진자는 자연스럽게 흔들릴 뿐만 아니라 다른 방향으로 흔들리게 될지도 모른다.

CRASH LANDING

결론

정상으로의 복귀

과거의 팬데믹은 사망자를 크게 늘렸지만, 동시에 경제에 엄청난 변화를 촉발했다. 1300년대 중반에 유럽에 창궐했던 흑사병은 유럽 대륙 인구의 최소 3분의 1에서 많게는 절반의 목숨을 앗아갔다. 하지만 도움을 기반으로 하는 것이 아니라 시장에 기반을 둔 자본주의 경제가 탄생하도록 만들었다.

흑사병이 발생하기 선, 유럽 노동사 내부분은 보호와 생계유지를 대가로 지주의 밭에서 일하는 지주 소유의 농노였다. 코로나바이러스 팬데믹과 마찬가지로, 흑사병은 하층민들에게 가장 큰 타격을 주었다. 하지만 살아남은 이들은 경제가 변했음을 깨달았다. 농사를 위한 충분한 사람이 남아 있지 않았기 때문이다. 그 결과, 다소 짧은 시기이기는 했지만 이들에게 협상력이 생겼다. 많은 사람이 농노를 그만두었고, 가장 높은 가격에 스스로를 판매하는 서구 최초의 진정한 임금 경제가 시작되었다. 1348년부터 1351년까지,[1] 영국은 인구의 거의 절반을 잃었고, 임금은 3분의 2가 상승했다. 그 영향은 흑사병이 잠잠해진 후에도 오래 지속되었고, 흑사병이 종식된 지 50년이 지났을 때 영국의 소작농들은 병이 유행하기 전에 받던 임금의 두 배를 벌고 있었다.

1918년 독감 유행병도 이와 비슷하게 경제에 큰 영향을 미쳤다. 3년간의 죽음과 정치적 격변(당시 마스크가 의무화되었는데, 100 년 후인 지금보다 훨씬 더 큰 파장을 미쳤나)이 제1차 세계내전의 고동 과 결합하여 방향을 잃고 경험도 부족한 세대를 탄생시켰다. 이 들은 워런 하딩Warren Harding 대통령이 강조한 '정상으로의 복귀'에 대한 호소를 차용했다[2](1920년 선거 운동 연설 중에 하딩 대통령은 '정상 normality'라는 단어를 '정상으로의 복귀return to normalcy'로 잘못 읽었는데, 그 표 현이 유행되었다. 이후 수년간의 고통과 병폐에서 터져 나온 사회적 경제적 혁 신의 시기인 '광란의 20년Roaring Twenties'이 이어졌다).

코로나바이러스를 벗어났을 때, 이전에 두 가지 팬데믹과 같 은 상황을 목격할 수 있었다. 노동은 우월하고, 중세의 소작농들 만큼 변화를 겪지는 않겠지만, 더 나은 임금과 조건을 요구하는 이들의 투쟁은 국내 노동자들이 마지막으로 희소한 상품이었던 제2차 세계대전 이후 그 어느 때보다도 큰 견인력을 얻고 있다.

게다가 오늘날의 시장에서도 1920년대의 냉철함을 확인할 수 있다. 시장에 대한 기본적인 이해와 역사의식을 가진 사람들에 게 그것이 동일한 붕괴의 끝에 도달할 것인지 여부는 명확하지 않더라도 쉽게 상상할 수 있다.

분명한 것은 팬데믹 이후의 경제가 팬데믹과 정면 충돌했을 때의 경제와는 다르다는 사실이다. 인플레이션이 급등하면서, 소 비자들은 40년 만에 처음으로 지갑 속에 들어 있는 달러의 가치를 의심하게 되었다. 원격의료와 전문 협력, 물류 분야에서 지연되었던 디지털 발전이 실현되었다. 고용시장은 수년 후에야 평형을 찾겠지만, 한동안 미국이 필수 근로자(간호사, 공공 근로자, 택배 운전사 등)들에게 진 부채에 대하여 더 나은 임금과 투자의 형식으로 금융적인 보상이 이루어질지에 관한 테스트가 진행될 것이다(그런데 적어도 처음에는 보상이 제대로 이루어지지 않고 있었다. 가장 낮은 임금을 받고 있지만 절대적으로 필요한 간병인의 임금 인상을 위하여 4,000억 달러의 비용을 투자하려는 바이든 행정부의 제안은 최종 법안에서 배제되었다).

급격하고 빠른 금리 인상은 프리 머니free money 시대의 종말을 예고하고 있다. 2008년 금융 위기 후 몇 년 동안 금융시장은 중앙은행 정책의 수혜를 받았고, 그 결과 부채는 저렴하고 사용하기 쉬워졌다. 주가는 상승했다. 이 두 가지 배경 때문에 모든 투자자는 마치 투자의 천재처럼 보일 수 있었다. 정부의 지원이 없었다면, 시장은 더욱 위험하고 리스크에 대한 이해는 높아졌을 것이다.

팬데믹 동안 기업의 리더십은 시험대에 올랐고, 새롭게 정의되었다. 정부에 대한 신뢰는 약화되었고, 근로자들은 상관들에게 지침을 받으려고 했다. 미국의 최고경영자들은 기꺼이 해결을 위하여 나서주었다. 물론 이들의 행동의 이면에는 어느 정도 자존심이 자리 잡고 있었지만, 가장 큰 이유는 자신의 기업의 생존을 위해서였다. 이들은 전보다 더 많이 소통했고, 투명했으며, 정책적인 사안과 관련하여 목소리를 내고, 한동안 멀어져 있어도 문제가 없을 정도로 호황기였던 10년 동안 잃어버렸던 근로자들과의 관계를 다시 수립하였다.

역할이 재설정되면서 도전 과제가 대두되었고, 지금은 더 폭넓게 진행되고 있다. 포용은 쉽지 않은 과정이다. 팬데믹 초기에 서로 단결하던 단출했던 입장은 팬데믹이 계속되고 사회적인 불안이 진행되며, 국가가 분열되면서 복잡해졌다. 마스크와 백신 때문에 근로자와 고객은 이념을 좇아 분열되었다.

한편, 일터로의 복귀는 사람들을 세대별로 분열시켰다. 기업의 지도자들은 기업을 살리고 근로자들을 안심시키기 위하여 정치적인 싸움에 발을 들여놓았고, 이후에는 다시 물러나기 어렵다는 사실을 깨닫게 되었다. 미국의 정치는 문화적인 전쟁에 휘말렸고, 언론은 상업적인 목적 때문에 대립하기 시작했다. 디즈니와 델타 항공이 각각 플로리다와 조지아에서 보여준 정치적인 대응이 그러한 예이다. 이러한 갈등은 언젠가는 폭발했겠지만, 펜데믹은 갈등에 불을 붙이고 가속화하는 결과를 낳았다.

팬데믹의 경제적인 결과는 훨씬 더 나쁠 수도 있었다. 만약 미국 정부가 빠르게 행동하지 않았다면 더욱 최악의 결과로 이어졌을 것이다. 어쩌면 경기 부양을 위한 수표가 사람들에게 너무 과도하게, 너무 오랫동안 지급되었다고 비난할 수도 있을 것이다. 항공 업체에 대한 지원이 수년 동안 형편없는 계획을 세워왔던 경영진들을 구제하는 것에 그쳤다고 비난할 수도 있을 것이다. 더 엄격한 감독하에서 맞춤형의 기준에 따라 가장 필요한 기업과 가정에 돈을 지원했어야 한다고 비난할 수도 있을 것이다. 경제 회복이 아직도 더딘 상황에서 연방준비제도가 미국 경제에 6조 달러를 지원한 것에 대한 비난이 있을 수도 있다. 하지만 정부의 모든 대응은 속도와 정확성 사이에서 균형을 맞출 수밖에 없다. 국가 재정 관료들과 미국의 의원들이 찾아낸 2020년의 해법은 미국 경제를 붕괴하지 않도록 막았고, 결국 바이러스가 잦아들도록 만들었으며, 미국인들은 다시 외식을 하고, 항공기를 타고, 일터로 돌아올 수 있었다. 물론 식당과 항공기, 사무실이 여전히 건재한 수 있었음은 말할 것도 없다.

| 감사의 말 |

이 책은 1년이 넘는 시간 동안 직접 운영했거나 규제에 도움을 준 기업들이, 아니 전 세계 경제가 위험에 빠졌을 때의 상황을 말해준 사람들의 전폭적인 도움이 없었다면 존재할 수 없었을 것이다. 돌아보면 경제는 추락한 것이 아니라 2008년에 겪은 위기의 재발을 피했다는 것을 알 수 있다. 하지만 이들의 이야기는 처음 들었을 때 어떤 것도 분명하지 않았다. 바이러스는 백신과 변종을 통해 두 번째, 세 번째 물결로 접근했고, 사람들은 사회와 정치적 불안을 겪으면서, 시간과 관심을 쏟아야 했다. 하지만 그들은 계속해서 나의 전화를 받아주었다. 이들에게 감사를 표한다.

크라운의 폴 휘틀래치Paul Whitlatch는 타협하지 않고 힘을 실어주는 편집자였다. 그는 유머와 인간성을 겸비한 초짜 작가의 신경질을 받아주었고, 나의 글을 높이 평가하고, 몇 번이고 큰 그림에 집중하게 해주었다. 크라운의 케이티 베리Katie Berry에게도 감사를 전한다. 나의 에이전트인 데이비드 맥코믹^{David McCormick}은 이 책의 아이디어를 검증했고, 전체를 견고하게 뒷받침하고, 날카로운 편집을 제공했다. 또한 크라운의 TK에게도 감사를 드린다.

월스트리트저널은 기자들의 고향이었다. 매트 머레이^{Matt Murray}는 나를 응원해주었고, 책을 위한 휴가를 마치고 복귀할 때도 안달하지 않았다. 2020년 4월 4일 새벽에 출간된 8,000단어 분량의 기사에 지침을 주었던 마르셀로 프린스^{Marcelo Prince}는 내가 책을 쓸 수 있다고 확신을 주었다. 그에게도 감사를 전한다. 또한 찰스 포렐^{Charles Forello}, 제이미 헬러^{Jamie Heller}, 데이니 시밀루카^{Dana Cimilluca}, 엘레나 체니^{Elena Cherney}와 카렌 펜시에로^{Karen Pensiero}에게도 내가 배우고, 이야기를 하는 방법을 알도록 시간을 내어 도움을 준 것에 감사한다. 영광이었다.

저널지의 편집장인 마리 보데트^{Marie Beaudette}에게도 특별한 감사를 드린다. 그녀의 자신감 덕분에 이 프로젝트를 시작할 수 있었고, 그녀의 인내심 덕분에 프로젝트를 끝낼 수 있었다. 다양한 역할로 함께 8년간 일해왔으며, 보네트는 저의 직감을 신뢰하고, 마감을 제대로 지키지 않는 나를 채찍질했고, 내가 가장 권위적인 방법, 즉 책을 쓰기 위한 견고한 훈련을 할 수 있도록 격려해주었다.

이 책을 쓰면서 어려웠던 일 중 하나는 지금까지 내가 경험해보지 못했던 산업을 이해하는 것이었다. 나는 월스트리트에 관해 글을 쓰느라 몇 년을 보냈지만, 사람들의 인터뷰를 읽기 위해 컴퓨터 앞에 앉아 있는 순간, 항공사나 소매업체, 자동차 제조업체에 대해 잘 모른다는 사실을 깨닫게 되었다. 저널의 동료들은 저에게 시간과 전문 지식을 아낌없이 할애했는데, 그중 앨리슨 사이더Alison Sider, 크레이그 카민Craig Karmin, 앤드류 애커먼Andrew Ackerman, 은퇴한 전설적인 기자 수 캐리Sue Carey가 바로 그들이다.

롭 코프랜드Rob Copeland는 비공식 출처와 글이 도착하지 않았을 때 마음을 편하게 먹도록 조언을 제공했다. 브래들리 호프Bradley Hope는 지속적인 영감의 원천이었고, 이 책에 기대한 기여를 했다. 2019년에 그는 크라운에서 곧 편집자가 될 폴을 소개해주었고, 나에게 언젠가 책을 써야 한다고 말하고, 폴에게는 그 책을 출판해야 한다고 말했다. 부러울 정도로 쉽게 서사적인 이야기를 찾는 브래들리에게 책의 내용은 중요하지 않은 것 같다.

사라 크라우스Sarah Krouse는 내가 이 책의 제안서를 읽어주자 수술용 마스크와 샴페인을 떨어뜨렸다. 크라우스는 나중에 비판적인 눈으로 중요한 부분을 읽어주었고, 부사에 특히 민감하여 건강한 조언을 제공했다. 피터 루드게어Peter Rudegeair는 내가 휴가 중인 동안 내 업무를 처리해주었으며, 언제나 귀를 열어주었다. 찰스 포렐Charles Forelle은 복잡한 통화정책을 논의한 것보다 더 자주, 그리고 자세하게 설명해주었다. 그의 무한해 보이는 지식과 좋은 소재에 대한 애정에 영원히 감사할 것이다. 나는 친구이자 동료인 에리히 슈워첼Erich Schwartzel, 모린 패럴Maureen Farrell, 트립 마이클Tripp Mickle, 엘리엇 브라운Eliot Brown, 저스틴 섹Justin Scheck 의 책을 탐독했고, 그들의 지혜를 공유했다.

내가 세마포Semafor에 합류하기 위해 저널의 보호 둥지를 떠 났을 때, 이 프로젝트에 열정을 가져준 벤 스미스Ben Smith에게 특 별한 감사를 드린다. 이 책을 출판하게 해준 크라운 팀에게도 감 사를 드린다. 데이비드 드레이크David Drake, 길리안 블레이크Gillian Blake, 앤슬리 로즈너Annsley Rosner, 줄리 세플러Julie Cepler, 스테이시 스타인Stacey Stein, 시에라 문Sierra Moon, 앨리슨 폭스Allison Fox, 샐리 프랭클린Sally Franklin에 감사한다. 또한 메러디스, 일레나, 리즈, 쿠 리에게 내가 제 정신을 유지하도록 도와준 것에 감사한다.

그리고 우리 가족, 내가 아는 최고의 작가인 나의 오빠 벤, 매 일같이 근성과 이모티콘을 보내준 동생 다이애나 덕분에 계속 글 을 쓸 수 있었다. 우리의 접착제인 내 동생 앨리, 백신 접종 상태 와 1년 동안 떨어져 있다가 방문할 수 있는 자유가 여행 보도와 충 돌했을 때 묵묵히 용서해주었던 엄마에게 감사한다. 데이비드와 카라, 메리 엘렌과 코윈에게 모든 것을 감사드린다.

이 책은 아버지 밥 호프먼Bob Hoffman에게 바친다. 아버지는 나 의 첫 편집자였다. 훌륭한 아버지였지만, 약간 짜증 나는 변호사 였다. 아버지는 2017년에 돌아가셨고, 나는 아버지의 낡은 정원 용 바지를 입고 이 책을 쓰곤 했다. 아버지가 이 책을 읽으셨다면 메모를 여러 개 해주셨을 텐데, 그러지 못해서 아쉽다.

|미주|

이 책은 연대기로 나열된 당시 사건을 직접 또는 간접적으로 목격한 100여 명을 인터뷰해 작성되었다. 개인적인 회상, 같은 시기의 메모, 달력, 회의 일정, 이메일, 문자메시지 등 개인적인 의사소통을 활용하였다. 대화는 현장에 있었던 사람들이나 보고 받은 사람들의 기억을 최대한 구성하였다.

특별한 언급이 없는 한, 확진자, 사망자 및 기타 의학적 사실에 관한 통계는 저명한 공공보건 데이터센터로 지정된 존스 홉킨스 코로나바이러스 자원 센터^{Jones Hopkins Coronavirus Resource Center}의 자료를 활용하였다.

프롤로그

1 "some 350 Americans" Miriam Jordan and Julie Bosman, "Hundreds of Americans Were Evacuated from the Coronavirus Epicenter. Now Comes the Wait", The New York Times, February 12, 2020.

2 "The 1918 flu killed" "1918 Pandemic (H1N1 Virus)", Centers for Disease Control and Prevention, March 20, 2019.

1장 빌려온 시간

1 "An official at the U.S. Department of Health" Lawrence Wright, "The Plague Yea", The New Yorker, December 28, 2020.

2 "Corporate profits hit" Data from Bureau of Economic Analysis, Table 6.19B, Corporate Profits After Tax by Industry, July 30, 2021.

3 "Benefits like pensions" James Manyika, Jan Mischke, Jacques Bughin, Jonathan Woetzel, Mekala Krishnan, and Samuel Cudre, "A New Look at the Declining Labor Share of Income in the United States", McKinsey Global Institute, May 22, 2019.

4 "Between the end of 2010" Nonfinancial Corporate Business; Debt Securities and Loans; Liability, Level, FRED Economic Data.

5 "The price-to-earnings ratio" Data from Nasdaq, Shiller PE Ratio per Month, August 6, 2022.

6 "The biggest U.S. airlines" Arne Alsin, "Stock Buybacks Made Corporations Vulnerable. Then the Coronavirus Struck", Forbes, April 24, 2020.

2장 축제의 10년

1 "The company that Conrad had built" Hilton Worldwide Holdings Form 10- K, United States Securities and Exchange Commission, December 31, 2019.

2 "Seven thousand miles away" "CHP Closely Monitors Cluster of Pneumonia Cases on Mainland", Government of the Hong Kong Special Administrative Region, December 31, 2019.

3 "It was the biggest deal" Liz Hoffman, "Morgan Stanley Is Buying E*Trade, Betting on Smaller Customers", The Wall Street Journal, February 20, 2020.

4 "Bill had wintered there" Bryce G. Hoffman, American Icon: Alan Mulally and the Fight to Save Ford Motor Company (New York: Crown, 2012).

5 "He once answered" Stephen J. Dubner, "Can an Industrial Giant Become a Tech Darling?," November 7, 2018, in Freaknomics, produced by Greg Rosalsky, podcast, MP3 audio, 56:41.

6 "When he mandated" Christina Rogers, "Ford's New CEO Has a Cerebral Style- and to Many, It's Baffling," The Wall Street Journal, August 14, 2018.

7   "When asked by a Morgan Stanley analyst" Joann Muller, "Ford CEO James Hackett, Under Fire from Wall Street, Shows Forbes the Early Fruits of His Turnaround Plan", Forbes, September 6, 2018.

8   "But he was a car nut" Stephen Edelstein, "Ford's New CEO Races a 1966 Ford GT40 as His Form of Yoga" Motor Authority, October 16, 2020.

9   "Ringing in his head" Clare Foges, "This Has Been the Decade of Disconnection," The Times, December 30, 2019.

10 "Bastian laid out" Eric J. Savitz, "Delta Is Using CES to Talk About Better Baggage Handling, Shorter Lines, and More Wi-Fi," Barron's, January 7, 2020.

11 "Spending on air travel" "IATA Annual Review 2019", International Air Transport Association, June 2019.

12 "The first reported U.S. case" Mike Baker and Sheri Fink, "Covid- 19 Arrived in Seattle. Where It Went from There Stunned the Scientists", The New York Times, April 22, 2020.

3장 이번엔 심각할 것 같아

1   "one early scientific study" Shu Yang, Peihua Cao, Peipei Du, Ziting Wu, Zian Zhuang, Lin Yang, Xuan Yu, Qi Zhou, Xixi Feng, Xiaohui Wang, Weiguo Li, Enmei Liu, Ju Chen, Yaolong Chen, and Daihai He, "Early Estimation of the Case Fatality Rate of COVID-19 in Mainland China: A Data-Driven Analysis", Annals of Translational Medicine 8, no. 4 (2020).

2   "There were widespread reports" Emily Feng and Amy Cheng, "Critics Say China Has Suppressed and Censored Information in Coronavirus Outbreak", NPR, February 8, 2020.

3   "Chinese officials suppressing information" Raymond Zhong, Paul Mozur, Jeff Kao, and Aaron Krolik, "No 'Negative' News: How China Censored the Coronavirus", The New York Times, December 19, 2020.

4   "That outbreak, in 2003" "Airlines May See $10- Billion Loss as SARS Takes Its Toll", Los Angeles Times, May 6, 2003.

5   "It was the next piece" Mike Colias, "Ford Increasing Electric Vehicle

Investment to $11 Billion by 2022", The Wall Street Journal, January 14, 2018.

4장 거품

1 "Dialing in from the sitting room" Claire Moses, "Bill Ackman and Friends Just Dropped $91.5 Million on NYC's Second-Most Expensive Apartment Sale Ever", Insider, April 10, 2015.

2 "My name is Bill Ackman" "A Young Bill Ackman Asks Warren Buffett and Charlie Munger a Question in 1994", YouTube, May 27, 2020, video, 5:12, available at https://youtu.be/Mp4Je5OCIZ0.

3 "he had plowed 11 percent" "Investment Manager's Report", Pershing Square Holdings, July 2019.

4 "The market for credit- default swaps" Tim Reason, "Who's Holding the Bag? Everyone Knows Banks Are Shedding More Risk These Days. So Where Does It Go?", CFO Magazine, October 27, 2005.

5 "$61.2 trillion three years later" Iñaki Aldasoro and Torsten Ehlers, "The Credit Default Swap Market: What a Difference a Decade Makes", BIS Quarterly Review, June 5, 2018.

6 "In 2016, lenders were charging" Federal Reserve Bank of St. Louis, ICE BofA US High Yield Index Option-Adjusted Spread, available at https://fred.stlouisfed.org/series/BAMLH0A0HYM2.

7 "The next day, February 26" "CDC Confirms Possible First Instance of Covid-19 Community Transmission in California," California Department of Public Health, February 26, 2020.

8 "Of the twenty-six previous market slides" Yun Li, "It Took Stocks Only Six Days to Fall into Correction, the Fastest Drop in History", CNBC, February 27, 2020.

9 "It's a brand-new thing" Julia- Ambra Verlaine and Akane Otani, "Wall Street Prepares for Another Unruly Week", The Wall Street Journal, March 1, 2020.

5장 도움이 필요한 사람은 누구인가?

1 "Founded in 1972" Eileen Shanahan, "Antitrust Bill Stopped by a

Business Lobby", The New York Times, November 16, 1975.

2 "As the meeting wrapped up" Sam Mintz, "Trump Seeks to Stamp Out Airline Bailout Talk", Politico, March 4, 2020.

3 "The $8.3 billion bill sailed" Lauren Hirsch and Kevin Breuninger, "Trump Signs $8.3 Billion Emergency Coronavirus Spending Package", CNBC, March 6, 2020.

4 "On March 6, the University of Washington" Andy Thomason, "U. of Washington Cancels In- Person Classes, Becoming First Major U.S. Institution to Do So amid Coronavirus Fears", The Chronicle of Higher Education, March 6, 2020.

6장 대청산

1 "The Microsoft founder and philanthropist" Noah Higgins- Dunn, "Bill Gates: Coronavirus May Be 'Once-in-a-Century Pathogen We've Been Worried About',' CNBC, February 28, 2020.

2 "In the decades since" Richard Dewey, "The Crash of '87, from the Wall Street Players Who Lived It", Bloomberg, October 16, 2017.

3 "The circuit breakers were designed" Avie Schneider and Scott Horsley, "How Stock Market Circuit Breakers Work", NPR, March 9, 2020.

4 "Peter Cecchini, a strategist" Paul Vigna, Avantika Chilkoti, and David Winning, "Stocks Fall More Than 7% in Dow's Worst Day Since 2008", The Wall Street Journal, March 9, 2020.

5 "Publicly traded money-market funds" S. P. Kothari, Dalia Blass, Alan Cohen, and Sumit Rajpal, "U.S. Credit Markets: Interconnectedness and the Effects of the COVID- 19 Economic Shock", U.S. Securities and Exchange Commission Division of Economic and Risk Analysis, October 2020.

6 "Just 211,000 people" Lucia Mutikani, "U.S. Weekly Jobless Claims Unexpectedly Fall", Reuters, March 12, 2020.

7 "Mortgage securities in 2008" David Goldman, "Your $3 Trillion Bailout", CNN Money, November 5, 2008.

7장 현금으로의 돌진

1 "Stock buybacks by companies" William Lazonick, Mustafa Erdem Sakinç, and Matt Hopkins, "Why Stock Buybacks Are Dangerous for the Economy", Harvard Business Review, January 7, 2020; Mark Jewell, "Stock Buybacks Finally Decline in 4Q," The Seattle Times, March 28, 2012.

2 "A few days later, reporters caught wind of the move" Gillian Tan, "Hilton Draws Down $1.75 Billion Credit Line to Ease Virus Hit", Bloomberg, March 11, 2020.

8장 세상이 봉쇄된 날

1 "News reports surfaced" Sridhar Natarajan and Heather Perlberg, "Blackstone, Carlyle Urge Portfolio Companies to Tap Credit", Bloomberg, March 11, 2020.

9장 스트레스 테스트

1 "Goldman owned" "Form 10-K Goldman Sachs Bdc, Inc.", U.S. Securities and Exchange Commission, February 20, 2020.

2 "a forty- day work stoppage" Michael Wayland, "UAW Strike Cost GM up to $4 Billion for 2019, Substantially Higher Than Estimated," CNBC, October 29, 2019.

10장 비행금지

1 "At the risk of being alarmist" Jamie Freed and Tracy Rucinski, "Governments Scramble to Prop Up Airlines as Virus Forces More Flight, Job Cuts", Reu ters, March 17, 2020.

2 "American missed its profit projections" "American Airlines Group Reports Fourth- Quarter and Full- Year 2019 Profit", American Airlines Newsroom, January 23, 2020.

3 "85 percent of aviation workers" Data provided to author by Association of Flight Attendants.

11장 기병대

1 "He also thought Yellen" Philip Rucker, Josh Dawsey, and Damian Paletta, "Trump Slams Fed Chair, Questions Climate Change and Threatens to Cancel Putin Meeting in Wide-Ranging Interview with The Post", The Washington Post, November 27, 2018.

2 "The Treasury market is the foundation" Nick Timiraos and Julia-Ambra Verlaine, "Federal Reserve Accelerates Treasury Purchases to Address Market Strains", The Wall Street Journal, March 13, 2020.

12장 충분하다

1 "The prospect of such a giant pot" Erica Werner, Mike DeBonis, and Paul Kane, "Senate Approves $2.2 Trillion Coronavirus Bill Aimed at Slowing Economic Free Fall", The Washington Post, March 25, 2020.

2 "The restaurant industry's lobby" Kenneth P. Vogel, Catie Edmondson, and Jesse Drucker, "Coronavirus Stimulus Package Spurs a Lobbying Gold Rush", The New York Times, March 20, 2020.

3 "Her ambivalence was shared" Sebastian Pellejero and Liz Hoffman, "Bond Market Cracks Open for Blue- Chip Companies- Then Slams Shut", The Wall Street Journal, March 18, 2020.

14장 지옥이 덮치는 순간

1 "When he lost a battle for control" Joe Nocera, "Investor Exits and Leaves Puzzlement", The New York Times, May 29, 2009.

2 "Exchange floor" John McCrank, "Nasdaq Keeps Philadelphia Trading Floor Closed Due to Protests", Reuters, June 1, 2020.

3 "Its CEO, Terrence Duffy" Justin Baer and Alexander Osipovich, "Some Asset Managers Argue Markets Should Close, NYSE Urged to Close Trading Floor", The Wall Street Journal, March 17, 2020.

4 "On Tuesday, March 17" Sebastian Pellejero and Liz Hoffman, "Bond Mar-ket Cracks Open for Blue-Chip Companies- Then Slams Shut", The Wall Street Journal, March 18, 2020.

15장 구제금융

1 "the number of U.S. airline passengers" "TSA Checkpoint Travel Numbers(Current Year Versus Prior Year(s)/Same Weekday)", Transportation Security Administration.

2 "Trump had invoked" Maegan Vazquez, "Trump Invokes Defense Production Act for Ventilator Equipment and N95 Masks" CNN, April 2, 2020.

3 "Mnuchin had taken heat" Kate Davidson and Bob Davis, "How Mnuchin Became Washington's Indispensable Crisis Manager", The Wall Street Journal, March 31, 2020.

4 "Our major focus" Sam Mintz, "Democrats Look to Stave Off 'Blank Check' for Airlines", Politico, March 17, 2020.

5 "The previous high" Ben Casselman, Patricia Cohen, and Tiffany Hsu, "Job Losses Soar; U.S. Virus Cases Top World", The New York Times, March 27, 2020.

16장 문샷

1 "Trump was talking" Reuters Staff, "Trump Says U.S. Will Make 100,000 Ventilators in 100 Days", Reuters, March 27, 2020.

2 "was an ardent pacifist" David Long, Henry Ford: Industrialist(New York: Cavendish Publishing, 2016).

3 "Tony Wilkinson, chief executive of a trade group" Ruth Simon, Peter Rudegeair, and Amara Omeokwe, "The Rush for $350 Billion in Small-Business Loans Starts Friday. Banks Have Questions", The Wall Street Journal, April 2, 2020.

4 "Maine Community Bank in Biddeford" Ruth Simon, Peter Rudegeair, and Amara Omeokwe, "The Rush for $350 Billion in Small-Business Loans Starts Friday. Banks Have Questions", The Wall Street Journal, April 2, 2020.

5 "PPP's opening day" Bob Davis, Ruth Simon, and Peter Rudegeair, "Small Firms See Hiccups Applying for New Loans", The Wall Street Journal, April 4, 2020.

6 "Researchers at Brown University" Scott Horsley, "Did Emergency PPP

Loans Work? Nearly $800 Billion Later, We Still Don't Know", NPR, April 27, 2021.

7 "Faulkender would publicly defend" Michael Faulkender and Stephen Miran, "Time for a Second Round of PPP", The Wall Street Journal, December 17, 2020.

18장 구걸하고, 빌리고, 훔치고

1 "It had struck a deal" Reuters staff, "NBA, Knicks, Nets Help Donate One Million Masks", Reuters, April 4, 2020.

20장 날아라, 비행기

1 "While its rivals hung back" Alison Sider, "Airlines Add Flights as Travel Slowed by the Coronavirus Starts to Pick Up", The Wall Street Journal, June 4, 2020.

2 "After shrinking by 31 percent" "Gross Domestic Product(Second Estimate), Corporate Profits (Preliminary Estimate), Second Quarter 2022" Bureau of Economic Analysis, August 25, 2022.

3 "Political resentment had spread" Andrew Ross Sorkin, "Were the Airline Bailouts Really Needed?", The New York Times, March 16, 2021.

21장 욜로 경제

1 "shortest bear market in history" Saqib Iqbal Ahmed and Noel Randewich, "Say Goodbye to the Shortest Bear Market in S&P History", Reuters, August 18, 2020.

2 "Apple had built" Rob Davies, "Apple Becomes World's First Trillion-Dollar Company", The Guardian, August 2, 2018.

3 "on August 19" Jessica Bursztynsky, "Apple Becomes First U.S. Company to Reach a $2Trillion Market Cap", CNBC, August 19, 2020.

4 "Only about half the country" "Share of Corporate Equities and Mutual Fund Shares Held by the Top 1%", Federal Reserve Bank of St. Louis, June 29, 2022; "Share of Corporate Equities and Mutual Fund Shares Held by the 90th to 99th Wealth Percentiles", Federal Reserve Bank

of St. Louis, June 22, 2022; Lydia Saad and Jeffrey M. Jones, "What Percentage of Americans Owns Stock?," Gallup, May 12, 2022.

5 "On November 9, investors got the news" "Pfizer and BioNTech Announce Vaccine Candidate Against COVID-19 Achieved Success in First Interim Analysis from Phase 3 Study", Pfizer, November 9, 2020.

6 "Special-purpose acquisition vehicles" Ken Shimokawa, "SPAC and Equity Issuance Finish 2021 with Strong Momentum", S&P Global Market Intelligence, February 3, 2022.

22장 도박

1 "breaking-news alert" "What's in the $900 Billion Covid- 19 Relief Bill", The Wall Street Journal, December 27, 2020.

2 "Just a week later" Jeff Cox, "Economy Sees Job Loss in December for the First Time in Eight Months as Surging Virus Takes Toll", CNBC, January 8, 2021.

23장 수요와 공급

1 "His first stop was Atlanta" Brian Chesky (@bchesky), "2. This week I'm in Atlanta. I'll be coming back to San Francisco often, but for now my home will be an Airbnb somewhere", Twitter, January 18, 2022.

2 "Airbnb announced that its six thousand employees" Sara Ashley O'Brien, "Airbnb Says Staffers Can Work Remotely Forever, If They Want", CNN Business, April 28, 2022.

3 "only one in three U.S. employees" Peter Grant, "People Are Going Out Again, but Not to the Office", The Wall Street Journal, February 14, 2022.

4 "James Gorman had told employees" Jack Kelly, "Morgan Stanley CEO James Gorman on His Return- to- Work Plan: 'If You Can Go to a Restaurant in New York City, You Can Come into the Office'", Forbes, June 15, 2021.

5 "When Yahoo recruited" Jenna Goudreau, "Back to the Stone Age? New Yahoo CEO Marissa Mayer Bans Working from Home", Forbes, February 25, 2013.

6 "IBM had been a pioneer" Jerry Useem, "When Working from Home Doesn't Work", The Atlantic, November 15, 2017.

7 "The reversal reverberated" John Harwood, The Interface: IBM and the Transformation of Corporate Design, 1945-1976 (Minneapolis: Quadrant, 2011).

8 "The mass layoffs" Heather Long, "U.S. Now Has 22 Million Unemployed, Wiping Out a Decade of Job Gains", The Washington Post, April 16, 2020.

24장 위대한 사임

1 "But the scoreboard was bleak" Mike Colias, "Ford Swings to a Loss, Misses Analysts' Profit Estimates", The Wall Street Journal, January 23, 2019.

2 "More than twenty-seven million Americans" "Table 10. Quits Levels and Rates by Industry and Region, Not Seasonally Adjusted", U.S. Bureau of Labor Statistics, August 30, 2022.

3 "The long slog" Alex Miller, "A&M Professor Who Predicted 'Great Resignation' Explains Potential Factors of Why Theory Came True", The Eagle, January 8, 2022.

4 "Still desperate" Abha Bhattarai, "Macy's Offers Corporate Workers a 'Valuable Opportunity': In-Store Shifts", The Washington Post, November 17, 2021.

5 "Workers filed 1,174 requests" "Union Election Petitions Increase 57% in First Half of Fiscal Year 2022", National Labor Relations Board, April 6, 2022.

결론

1 "Between 1348 and 1351" "The Black Death in the Malthusian Economy", The FRED Blog, December 3, 2018.

2 "They took President Warren Harding's call" William Deverell, "Warren Harding Tried to Return American to 'Normalcy' After WWI and the 1918 Pandemic. It Failed", Smithsonian Magazine, May 19, 2020.

CRASH LANDING

세계 최고의 기업은 어떻게
위기에 더 성장하는가

초판 1쇄 발행 2024년 2월 13일
초판 2쇄 발행 2024년 3월 15일

지은이 리즈 호프먼
옮긴이 박준형
펴낸이 김선준

편집이사 서선행
책임편집 송병규 **편집4팀** 이희산
디자인 김세민
마케팅팀 권두리, 이진규, 신동빈
홍보팀 조아란, 장태수, 이은정, 권희, 유준상, 박미정, 박지훈
경영관리팀 송현주, 권송이

펴낸곳 (주)콘텐츠그룹 포레스트   **출판등록** 2021년 4월 16일 제2021-000079호
주소 서울시 영등포구 여의대로 108 파크원타워1 28층
전화 02) 2668-5855   **팩스** 070) 4170-4865
이메일 www.forestbooks.co.kr
종이 ㈜ 월드페이퍼   **인쇄·제본** 한영문화사

ISBN 979-11-93506-32-5 (03320)

㈜콘텐츠그룹 포레스트는 독자 여러분의 책에 관한 아이디어와 원고 투고를 기다리고 있습니다. 책 출간을 원하시는 분은 이메일 writer@forestbooks.co.kr로 간단한 개요와 취지, 연락처 등을 보내주세요. '독자의 꿈이 이뤄지는 숲, 포레스트'에서 작가의 꿈을 이루세요.